Über den Autor:

Wolfgang Schneider, geboren 1938 in Stolp/Pommern, absolvierte eine Ausbildung zum Journalisten und studierte Geschichte und Kunstgeschichte
in Berlin, Leipzig, Jena und Weimar. Seit 1970 arbeitet er als freier Autor und
Journalist. Er ist ein ausgewiesener Kenner der NS-Geschichte und hat zu
diesem Thema mehrere Bücher veröffentlicht, u. a. die Bände *Soldaten für
Hitler* (1998), *Die Waffen-SS* (1998) und *Alltag unter Hitler* (2000).

Wolfgang Schneider

Frauen unterm Hakenkreuz

Knaur

Besuchen Sie uns im Internet:
www.droemer-knaur.de

Vollständige Taschenbuchausgabe 2003
Droemersche Verlagsanstalt Th. Knaur Nachf., München
Copyright © 2001 by Hoffmann und Campe Verlag, Hamburg
Alle Rechte vorbehalten. Das Werk darf – auch teilweise –
nur mit Genehmigung des Verlages wiedergegeben werden.
Umschlaggestaltung: ZERO Werbeagentur, München
Umschlagabbildung: DIZ/SZ-Archiv, München
Satz: Ventura Publisher im Verlag
Druck und Bindung: Clausen & Bosse, Leck
Printed in Germany
ISBN 3-426-77632-4

5 4 3 2 1

Inhalt

Vorbemerkung

Dieses Buch nimmt unbescheiden für sich in Anspruch, die bislang komplexeste Darstellung zur Situation des weiblichen Geschlechts im Dritten Reich vorzulegen. Ziel war, das nationalsozialistische Frauenbild, im Unterschied zu den vorherrschend monographischen, auf Einzelaspekte konzentrierten Untersuchungen, umfassend zu bündeln und den Blickwinkel auszuweiten auf sämtliche Bereiche des damaligen Alltags: Familie und Arbeit, Sozial- und Gesundheitswesen, Handel und Versorgung, Kultur und Bildung, Urlaub und Freizeit, Jugend und Sport, Feste und Feiern, Hitlerkult und Propaganda, Repression und Widerstand, das Bangen um die Männer an der Front und um die Kinder in den Luftschutzkellern, aber auch die eskalierende Menschenverachtung all jenen gegenüber, die nicht »guten Blutes« waren: Jüdinnen, Sinti und Roma, Ost- und Fremdarbeiterinnen, weibliche KZ-Häftlinge, zu Tode geschunden in deutschen Konzernbetrieben oder mißbraucht zu medizinischen Experimenten. Kurz, hier wird der Versuch unternommen, die Rolle der »Frauen unterm Hakenkreuz« in all ihren Facetten darzustellen.

Das weibliche Geschlecht galt den extrem patriarchalischen NS-Ideologen als natürliche »Gefolgschaft« des Mannes. Die Frau – eingebunden in die »kleine Welt« von Haushalt und Familie, ausgegrenzt aus maßgeblichen öffentlichen Funktionen – sollte einfach nur in der überkommenen Weise weiter »funktionieren« und nach den Worten der sogenannten Reichsfrauenführerin Gertrud Scholtz-Klink »so sein, daß sie alles, was von ihr gefordert wird, gern tut«.

Zumindest in den ersten Jahren wurde es der übergroßen Mehrheit der »Volksgenossinnen« leicht gemacht, sich mit dem Regime zu arrangieren, letztendlich auch zu identifizieren – mit einer starken Staatsmacht, die auf »Zucht und Ordnung« sah, den Männern wieder Arbeit verschaffte, junge Ehen und Kinderreichtum großzügig förderte, Kriminalität und Prostitution energisch bekämpfte und selbst den Traum vom Urlaub unter Palmen erfüllte. Rassenpolitische Auswüchse und räuberische Territorialansprüche gingen in der allgemeinen Loyalität unter, die im Ergebnis der »Blitzkriegs«-Erfolge zu fast bedingungsloser Gefolgschaft wuchs und schließlich einmündete in die mitgetragene Totalität eines längst verlorenen Krieges.

Lange Zeit dominierte das Pauschalurteil, das Dritte Reich habe die Frauen völlig entrechtet, versklavt und zu Gebärmaschinen degradiert. Historische Genauigkeit und eine differenzierte Betrachtungsweise ergeben allerdings ein deutlich anderes Bild. So gab es, abgesehen von anfänglichen, meist vorübergehenden Bestrebungen, in Anbetracht hoher Arbeitslosenzahlen die weibliche Berufstätigkeit zugunsten der Männer einzuschränken, keinerlei grundsätzliche Verfügungen, das »zweite Geschlecht« nur um seiner selbst willen zu benachteiligen. Vielmehr galten bis zum Ende des Krieges weitreichende Mutter- und Arbeitsschutzbestimmungen, die im Ersten Weltkrieg undenkbar gewesen wären. Auch hatte Hitler zwar verkündet, Emanzipation sei »ein nur vom jüdischen Intellekt erfundenes Wort«, dennoch waren unter dem Diktat kriegsbedingter Notwendigkeit unfreiwillige Ansätze partieller Gleichberechtigung zu verzeichnen.

All dies soll keinesfalls das mörderische System entlasten, sondern vielmehr aufmerksam machen auf eine angesichts sonstiger brutaler Kompromißlosigkeit seltsam zögerliche, ja widersprüchliche Haltung den »Volksgenossinnen« des Reiches gegenüber. Die Gründe dafür sind vielschichtig und offenbaren bislang gar nicht oder nur wenig beachtete Aspekte einer »NS-Frauenpolitik«, die eigentlich gar keine war, da ihr von Anfang an jegliche programmatische Konsequenz fehlte. Bestes Beispiel ist die lange umstrittene zentrale Frage, ob dem weiblichen Geschlecht vorrangig Mutterschaft oder Berufstätigkeit zuzuweisen wäre – »Zuchtstute oder Arbeitspferd?«, wie die polarisierte Fragestellung lautete. Die Dokumente belegen, daß Hitlers 1942 gefällte Entscheidung, trotz verheerenden Arbeitskräftemangels auf eine »von Staats wegen vorgenommene Dienstverpflichtung aller deutschen Frauen und Mädchen für die deutsche Kriegs- und Ernährungswirtschaft« zu verzichten, gegen den Willen der Parteispitze wie auch der NS-Frauenschaft erfolgte. Die devote Bereitschaft, sich »mit der größten Ehrfurcht ... der Einsicht unseres Führers« zu beugen, demonstriert dessen unangefochtene Machtfülle, der Entschluß selbst erlangt im Kontext mit Albert Speers späterer Beurteilung eine gar nicht zu überschätzende historische Dimension: »Unschwer hätte Hitler Mitte 1941 eine doppelt so stark ausgerüstete Armee haben können ..., sofern nur die gleichen Maßstäbe angesetzt worden wären, wie sie für die Frauenarbeit in England und den Vereinigten Staaten gültig waren.«

Die Gründe für Hitlers Haltung, die »Volksgenossinnen« nicht mit genereller Dienstpflicht und auch ansonsten nur in auffälliger Zurückhaltung zu belasten, dürften zum einen in seiner krankhaften Angst gewurzelt haben, die »Heimatfront« – deren Hauptträger nun einmal die Frauen waren – könnte dem Regime gleichsam in den Rücken fallen, zum anderen wohl auch in einer allgemeinen, dumpfen Verunsicherung dem weiblichen Geschlecht gegenüber.

Das Buch ist in vier chronologisch abfolgende Kapitel gegliedert. Jedes bietet einen zusammenfassenden Haupttext, der die Schwerpunkte der jeweiligen Periode bündelt; daran schließt sich zur weiterführenden Information jeweils eine

Auswahl von seinerzeit zum Teil streng geheimen Dokumenten an. Eine in ihrer Ausführlichkeit bisher einmalige thematische Chronik erfaßt alle wichtigen Daten für den Gesamtzeitraum 1933 bis 1945, über hundert selten publizierte zeitgenössische Fotos vervollständigen das Buch.

Wolfgang Schneider
Januar 2001

»Die deutsche Erhebung ist ein männliches Ereignis!«

Vorkriegsjahre:
Januar 1933 bis September 1939

Vorherige Seite:
»Volksgenossinnen« im »Führer«-Jubel.

»Für die politische Frau ist in der Ideenwelt des Nationalsozialismus kein Platz … Die geistige Einstellung der Bewegung … weist die Frau in ihren naturgegebenen Kreis der Familie und in ihre Aufgaben als Gattin und Mutter zurück … Die deutsche Erhebung ist ein männliches Ereignis.«

Mit diesen Worten brachte der NS-Ideologe Engelbert Huber 1933 die Haltung des Nationalsozialismus zu den Frauen auf den Punkt. Es war kein organisierter Feldzug gegen die Emanzipation, die während der Weimarer Republik vor allem durch die Einführung des allgemeinen Frauenwahlrechts bescheidene Fortschritte erreicht hatte, es war vielmehr ein gedankenloses Festhalten an einem über Jahrhunderte praktizierten Modell, wonach das schon in der biblischen Schöpfungsgeschichte degradierte »zweite Geschlecht« dem Mann unterzuordnen sei. Diese dienende Rolle erschien so selbstverständlich, daß niemand es für notwendig hielt, ernsthaft darüber nachzudenken. Das bestätigte sich schon 1921 auf der ersten Generalmitglie-

Gepriesener Kindersegen: mecklenburgische Landarbeiterfamilie.

derversammlung der NSDAP, die einstimmig beschloß, daß Frauen weder in die Führung der Partei noch in den leitenden Ausschuß aufgenommen werden konnten. Auch in Hitlers programmatischem Machwerk »Mein Kampf« (1925/26) fand das weibliche Geschlecht nur marginalste Erwähnung (im ansonsten recht üppigen »Personen- und Sachverzeichnis« fehlen die Stichwörter »Frau« und »Familie« bezeichnenderweise völlig), und Chefideologe Alfred Rosenberg verstieg sich in seinem »Mythus des 20. Jahrhunderts« (1930) gar zu der Anmaßung: »Halten wir uns die Tatsachen vor Augen, daß in der ganzen Weltgeschichte Staat, soziale Architektonik, überhaupt jeder dauernde Zusammenschluß, die Folge männlichen Willens und männlicher Zeugungskraft gewesen sind, so ist klar, daß ein grundsätzlich zugestandener Einfluß der Frau den Beginn des offenkundigen Verfalls darstellen muß.«

Emanzipation war für Hitler »ein nur vom jüdischen Intellekt erfundenes Wort«, nicht wert, dagegen gezielt anzugehen. In fast einfältiger Erwartungshaltung des NS-Männerregimes gegenüber dem weiblichen Geschlecht sollten Frauen schlicht in der überkommenen Weise »funktionieren«. Das behielt für die Gesamtdauer des Dritten Reiches Gültigkeit und wurde mindestens von der sogenannten Reichsfrauenschaft auch vorbehaltlos akzeptiert. Deren »Führerin«, Gertrud Scholtz-Klink, formulierte das männliche Weltbild zum weiblichen Auftrag um: »Die deutsche Frau … muß so sein, daß sie alles, was von ihr gefordert wird, gern tut.«

Die Quittung für diese festgeschriebene Entmündigung folgte prompt, als bei der Reichspräsidentenwahl im März/April 1932 Hindenburg und nicht Hitler zum Staatsoberhaupt gewählt wurde. Im Vorfeld hatten politische Konkurrenten der NSDAP nicht zuletzt Front gegen deren radikale Geschlechterideologie gemacht und weibliche Wähler davor gewarnt, sich für ein Los »als Magd und Dienerin« zu entscheiden.

Die Wahlschlappe schreckte die NS-Spitze auf. Bereits am 23. März 1932 notierte Joseph Goebbels in seinem Tagebuch: »Führer entwickelt ganz neue Gedanken zur Stellung der Frau. Die sind für den nächsten Wahlkampf von eminenter Bedeutung, denn gerade auf diesem Gebiet sind wir bei der 1. Wahl angegriffen worden.« (Gemeint war der erste Wahlgang am 13. März, bei dem Hitler nur 30,1 Prozent der Stimmen erhalten hatte.) Eiligst gestand Hitler nun zu, die Frau sei sowohl Geschlechts- als auch Arbeitsgenossin des Mannes. »Sie ist das immer gewesen und wird das immer bleiben. Auch bei den heutigen wirtschaftlichen Verhältnissen muß sie das sein. Ehedem auf dem Felde, heute auf dem Büro.« Und dann wieder einschränkend: »Der Mann ist Organisator des Lebens, die Frau seine Hilfe und sein Ausführungsorgan!«

Geradezu euphorisch feierte Goebbels die eher bescheidenen wahltaktischen Zugeständnisse: »Diese Auffassungen sind modern und heben uns turmhoch über alles deutschvölkische Ressentiment« – und wirklich konnte sein Chef beim zweiten Wahlgang am 10. April 1932 immerhin 6,7 Prozentpunkte zulegen. Modern mußten die Äußerungen Hitlers dem Reichspropagandaleiter der Partei in der Tat erscheinen, hatte der doch selbst einmal verkündet: »Die Frau hat die Aufgabe, schön zu sein und Kinder zur Welt zu bringen. Das ist gar nicht so roh und unmodern, wie sich das anhört. Die Vogelfrau putzt sich für den Mann und brütet für ihn die Eier aus. Dafür sorgt der Mann für die Nahrung. Sonst steht er auf der Wacht und wehrt den Feind ab.«

Vor allem die Zusicherung der NSDAP, weibliche Erwerbstätigkeit erhalten zu wollen, scheint – repräsentative Zahlen fehlen – zu einem langfristig wirkenden Stimmengewinn unter den Frauen geführt zu haben, zumal auch die fortdauernde ideologische Verherrlichung der Mutterschaft den Wählerinnen gleichsam auf den Leib geschrieben war. Die daraus abgeleitete spätere Behauptung aber, die Frauen hätten Hitler an die Macht gebracht, ist ebenso unsinnig wie eine analoge geschlechterspezifische Schuldzuweisung an die Männer.

Als Hitler am 30. Januar 1933 die Macht übernahm, ruhten auf ihm die Hoffnungen nicht nur der mehr als sechs Millionen Arbeitslosen. Auch große Teile der weiblichen Bevölkerung hatten in den Jahren der Weltwirtschaftskrise das Vertrauen in die Handlungsfähigkeit der von liberalen und konservativen Politikern geführten Weimarer Republik verloren, wachsende Existenzängste den Ruf nach einem »starken Mann«, einem »Retter aus der Not« lauter werden lassen. So fielen die radikalen Parolen der sich in Massenaufmärschen dynamisch gebenden nationalsozialistischen »Bewegung« ins-

NS-Idealbild der Frau:
die sorgende Mutter.

besondere beim Bürger- und Kleinbürgertum auf fruchtbaren Boden. Mahnende Stimmen von links erstickten im Gebrüll der Menge.

Unmittelbar nach Regierungsantritt begannen Hitler und seine Ideologen, das Volk mittels einer diabolischen Mischung aus sozialdemagogischer Suggestion und brutaler Gewalt auf die eigenen weltanschaulichen Zwangsvorstellungen einzuschwören. Die Macht über Staat und Gesellschaft reichte ihnen nicht, sie wollten die Beherrschung der Gehirne. Und dies war auch unabdingbar angesichts ungeheuerlicher globaler Eroberungspläne, zu deren Durchsetzung es im Innern über Loyalität und Duldung hinaus millionenfacher Komplizenschaft bedurfte – nicht zuletzt der Frauen und Mädchen, die fast die Hälfte der »Volksgemeinschaft« ausmachten. Sie waren zwar wie alle männlichen Bürger dem in solcher Totalität bis dahin beispiellosen Machtapparat ausgeliefert, doch begegneten ihnen die Nationalsozialisten von Anfang an mit einer angesichts sonstiger extremer Kompromißlosigkeit auffälligen Zurückhaltung.

Küche und Kindbett

Die programmatische Verdrängung aus öffentlicher Verantwortung und die einseitige Delegierung in Küche und Kindbett vollzogen sich nur in den wenigsten Fällen per Dekret, wie beispielsweise die im Dezember 1933 gesetzlich verfügte, später aber wieder aufgehobene Beschränkung auf 10 Prozent aller Hochschulzulassungen. Bis auf solche, meist vorübergehende Restriktionen gab es während der Gesamtdauer des Dritten Reiches keinerlei grundsätzliche Verfügungen, welche die Frauen allein wegen ihres Geschlechts benachteiligt hätten. Vielmehr wurden gezielte Anreize zur Freiwilligkeit geschaffen.

Ein Paradebeispiel dafür war die im Wahlkampf zugesicherte Erwerbstätigkeit der Frauen, die die NS-Führung aber in Wirklichkeit aus zweierlei Gründen ablehnte: Zum einen wollte man die hohe Arbeitslosigkeit der Männer durch die Freimachung weiblich besetzter Stellen abbauen, zum anderen die Gebärmaschinerie künftigen Soldaten- und Siedlernachwuchses für den zu erobernden Ostraum aktivieren. Offiziell las sich dieser bevölkerungspolitische Aspekt freilich anders, so beispielsweise im *Völkischen Beobachter* vom 16./17. April 1933 in einer der zeitlichen Dimension des »Tausendjährigen Reiches« angemessenen, weit vorausschauenden Berechnung: »Hand in Hand mit dem Geburtenschwund geht eine gewaltige Vergreisung des deutschen Volkes. Während der Anteil der Bevölkerung über 65 Jahre 1900 5,3 Prozent und 1925 5,7 Prozent betrug, wird im Jahre 1950 dieser bereits etwa 9,5 Prozent, im Jahre 1980 etwa 15 Prozent betragen, das heißt, wir haben in den kommenden Jahrzehnten mit einer Verdreifachung der erwerbsunfähigen Altersschicht zu rechnen.« Und sogleich war auch die Erklärung dafür parat: »Die wesentliche Ursache dieser zunehmenden Kinderscheu beruht in einer einseitigen materialistischen Lebensauffassung und einer damit verknüpften Überemanzipation der Frau, wie sie der Liberalismus und der Materialismus seit Jahrzehnten besonders in den städtischen Volksschichten propagierte. Die Frauen ersehen in dem ihnen ureigenen Beruf der Mutterschaft eine Belastung und ein Opfer, anstatt ihre erste Aufgabe darin zu erblicken.«

Um dieser Entwicklung gegenzusteuern und zugleich die weibliche Erwerbstätigkeit zugunsten der Männer zurückzudrängen, wurden am 1. Juni 1933 im »Gesetz zur Minderung der Arbeitslosigkeit« für künftige Ehen zinslose Darlehen von bis zu 1000 RM beschlossen, was immerhin etwa zwei Drittel eines durchschnittlichen Jahreseinkommens entsprach. Die in

Form von Einkaufsgutscheinen für Möbel und Hausrat ausgegebenen, im kalkulierten Nebeneffekt zugleich die entsprechenden Industriezweige ankurbelnden Anleihen waren an die Bedingung gebunden, daß weibliche Darlehensnehmer »spätestens im Zeitpunkt der Eheschließung« ihre Tätigkeit aufgaben und sich verpflichteten, eine solche »so lange nicht auszuüben, als der Ehemann … nicht als hilfsbedürftig im Sinne der Vorschriften über die Gewährung von Arbeitslosenunterstützung betrachtet wird und das Ehestandsdarlehen nicht restlos getilgt ist«. Daß sich die Tilgung für jedes neugeborene Kind um 25 Prozent verringerte, das Darlehen also nach vier Geburten als »abgekindert« galt, war zugleich ein raffinierter Schachzug, den »ureigenen Beruf der Mutterschaft« wiederzubeleben.

All diese wie auch nachfolgende Bestimmungen zur Familienförderung galten »selbstverständlich« nur für »erbgesunde deutsche Eltern«, was durch eine entsprechende vorherige Untersuchung nachzuweisen war. Ebenso selbstverständlich erschien es dem männerbündischen NS-Regime, daß sämtliche Unterstützungsgelder in die alleinige Verfügungsgewalt der Väter beziehungsweise Ehemänner gelangten.

Die Darlehen, bis 1939 in fast eineinhalb Millionen Fällen gewährt, finanzierten sich aus der sogenannten Ehestandshilfe, einer Zwangsabgabe für einkommensteuerpflichtige ledige Personen. Dies animierte zusätzlich zur Familiengründung – wegen des doppelten Vorteils, sowohl darlehensberechtigt als auch abgabenbefreit zu sein. Daß dabei auch ledige Mütter keine Ehestandshilfe zu entrichten hatten, weist eindeutig auf die bevölkerungspolitische Orientierung dieses Gesetzeswerkes hin.

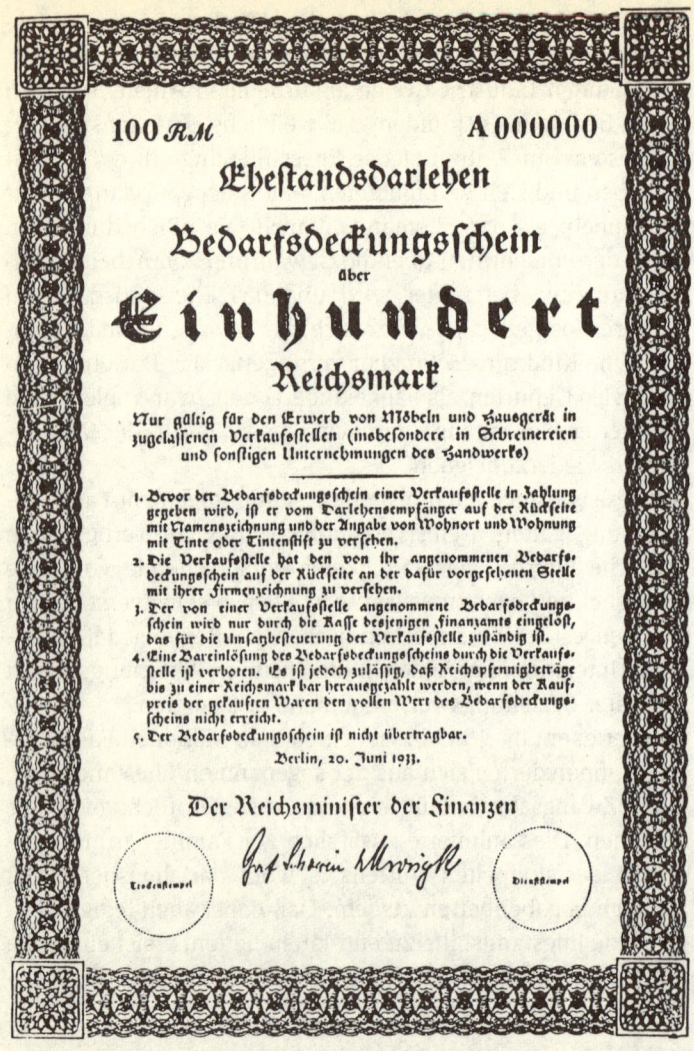

Seit 1933 vergebene zinslose Ehestandsdarlehen werden in Form von Einkaufsgutscheinen für Möbel und Hausrat ausgereicht.

»Guten Blutes«

Es ging der NS-Führung von Anfang an nicht um Kinderreichtum schlechthin. Mit allen Mitteln gefördert wurde die nordisch-arische »Auslese«. Im Gegenzug sollte das »Unwerte« radikal ausgemerzt werden. Der alles dominierende Rassenwahn bestimmte die gesamte Bevölkerungspolitik, leitete das dunkelste Kapitel dieser Zeit ein.

Bereits am 14. Juli 1933 – kein halbes Jahr nach der Machtergreifung Hitlers – wurde als Vorstufe späteren Massenmords das »Gesetz zur Verhütung erbkranken Nachwuchses« erlassen. Es bezog sich auf Leiden wie angeborenen Schwachsinn, Schizophrenie und manisch-depressives Irresein sowie erbliche Fallsucht, Veitstanz, Blindheit, Taubheit und schwere körperliche Mißbildung; außerdem galt es für Personen, die an chronischem Alkoholismus litten. Die jeweiligen Ermittlungsverfahren, für die gesonderte »Erbgesundheitsgerichte« geschaffen wurden, fanden unter Ausschluß der Öffentlichkeit statt (womit willkürlichen Entscheidungen Tor und Tür geöffnet waren) und hoben die Schweigepflicht für Ärzte auf. »Hat das [dreiköpfige] Gericht die Unfruchtbarmachung endgültig beschlossen, so ist sie auch gegen den Willen des Unfruchtbarzumachenden auszuführen … Soweit andere Maßnahmen nicht ausreichen, ist die Anwendung unmittelbaren Zwanges zulässig.« Allein von 1934 bis 1936 wurden 168 000 Eingriffe vorgenommen, bis Kriegsende rund eine halbe Million Menschen beiderlei Geschlechts – Frauen und Männer mit annähernd gleichem Anteil – sterilisiert.

Zahlreiche junge Frauen versuchten, durch Mutterschaft dem drohenden Eingriff zu entgehen, was der Amtsjargon als »Trotzschwangerschaften« bezeichnete. Um dem entgegenzuwirken, wurde das Gesetz 1935 durch einen Abtreibungsparagraphen ergänzt, der Abbrüche bis zum sechsten Monat zuließ. Insgesamt rund 30 000 solcher Unterbrechungen wurden vorgenommen, ausnahmslos verbunden mit der gleichzeitigen Zwangssterilisation. Noch im selben Jahr erfolgte das bevölkerungspolitisch begründete Verbot von Eheschließungen zwischen sterilisierten und nichtsterilisierten Deutschen. Bei Verabschiedung dieses Gesetzes hatte Reichsinnenminister Wilhelm Frick verkündet: »Wir müssen wieder den Mut haben, unser Volk nach seinem Erbwert zu gliedern.« Annähernd ein Viertel der Bevölkerung galt in der rassehygienischen Einstufung als »minderwertig« und sollte um jeden Preis daran gehindert werden, sich mit »arischen Erbträgern« in »Bastardierung« zu vermischen. So verboten die antisemitischen Nürnberger Gesetze vom 15. September 1935 sowohl Eheschließungen als auch außereheliche Verkehr »zwischen Juden und Staatsangehörigen deutschen oder artverwandten Blutes«. Julius Streicher, Begründer des berüchtigten Hetzblattes *Der Stürmer* und maßgeblich am Zustandekommen dieser Gesetze beteiligt, schwang sich zur folgenden »wissenschaftlichen« Erklärung auf: »Artfremdes Eiweiß ist der Same eines Mannes anderer Rasse. Der männliche Same wird bei der Begattung ganz oder teilweise von dem weiblichen Mutterboden aufgesaugt und geht so in das Blut über. Ein einziger Beischlaf eines Juden bei einer arischen Frau genügt, um deren Blut für immer zu vergiften. Sie hat mit dem artfremden Eiweiß auch die fremde Seele in sich aufgenommen. Sie kann nie mehr, auch wenn sie einen arischen Mann heiratet, rein arische Kinder bekommen, sondern nur Bastarde, in deren Brust zwei Seelen wohnen und denen man körperlich die Mischrasse ansieht. Auch deren Kinder werden wieder Mischlinge sein, das heißt häßliche Menschen von unstetem Charakter und mit Neigungen zu körperlichen Leiden. Man nennt diesen Vorgang Imprägnation.«

Noch im Oktober desselben Jahres wurden für alle Heiratswilligen sogenannte Ehetauglichkeitszeugnisse eingeführt, ohne die fortan keine Trauung vollzogen werden durfte. Verweigern konnten die zuständigen Gesundheitsämter die Ausstellung des im Volksmund »Heckpaß« genannten Papiers bei körperlichen und geistigen Störungen, »die die Ehe für die Volksgemeinschaft unerwünscht erscheinen läßt«.

Ehetauglichkeitsuntersuchungen waren durch Himmlers »Verlobungs- und Heiratsbefehl« bereits 1932 bei der SS eingeführt worden; das Rasse- und Siedlungs-Hauptamt wachte über die Einhaltung höchster Ansprüche an die künftigen Partnerinnen der »Elite«, wobei allein rund zwanzig Kriterien physiognomischer Natur zu beachten waren, beispielsweise »Krümmung, Breite und Höhe der Nase« oder »Körperbehaarung (Farbe, Wuchs und Qualität)«. Überhaupt zeigte sich der Reichsführer SS im besonderen Maße der bevölkerungspolitischen »Sendung« seiner Organisation verpflichtet. So gründete er Ende

Seit 1935 ein Muß für alle Heiratswillige: das Ehetauglichkeitszeugnis.

1935 den »Lebensborn e.V.« mit dem Ziel, »den Kinderreichtum in der SS zu unterstützen, jede Mutter guten Blutes zu schützen und zu betreuen und für hilfsbedürftige Mütter und Kinder guten Blutes zu sorgen«. In sieben bis 1939 eingerichteten vereinseigenen Entbindungsheimen kamen vor allem uneheliche Kinder zur Welt, die später bei »zuverlässigen« Adoptiveltern aufwuchsen; zur Verschleierung ihrer Herkunft verfügten die Heime über gesonderte Standesämter. Für spätere Behauptungen, diese »Rassefarmen« – so der Volksmund – hätten auch zur organisierten Begattung »gutblütiger« Mädchen durch ausgesuchte SS-Recken gedient, fehlt jeder Beleg.

»Geburtenschlacht«

Der »Lebensborn« war Teil eines komplexen Programms zur gezielten Geburtensteigerung, in der die NS-Führung eine Hauptvoraussetzung für künftige Kriegs- und Eroberungszüge sah. Dabei umfaßte das Instrumentarium das gesamte Spektrum zwischen Zuckerbrot und Peitsche, reichte von der sozialpolitischen Aufwertung und ideologischen Verherrlichung der Mutterschaft über flammende Verantwortungsappelle zur »völkischen Erneuerung« und attraktive ökonomische Anreize bis hin zur verschärften Strafandrohung für Schwangerschaftsabbrüche, die als »Volksverrat« bezeichnet wurden.

Die Zahl der Abtreibungen im Reich belief sich nach einem Tätigkeitsbericht des »Lebensborn« noch 1939 auf jährlich etwa 600 000, obwohl das Regime bereits im Mai 1933 die während der Weimarer Republik gestrichenen Paragraphen 219 und 220 des Strafgesetzbuches wieder eingeführt hatte; in ihrer Neufassung drohten sie der öffentlichen Werbung für Mittel zum Schwangerschaftsabbruch und einschlägige »Dienste« bis zu zwei Jahren Freiheitsentzug an. Abtreibungen aus »erbgesundheitlichen« Bedenken hingegen wurden seit 1935 ebenso zugelassen wie ab 1938 die Schwangerschaftsabbrüche jüdischer Frauen, welche ihre Entscheidung noch nicht einmal zu begründen hatten.

Den Müttern »guten Blutes« aber galt alle zweckgebundene Fürsorge, für die insbesondere Organisationen wie das Deutsche Frauenwerk als Zusammenschluß der gleichgeschalteten bürgerlichen Frauenverbände, die NS-Frauenschaft, die NS-Volkswohlfahrt und die Deutsche Arbeitsfront zuständig waren. In sogenannten Bräute- und Mütterschulen wurden vier- bis sechswöchige Lehrgänge zur Haushaltsführung, Gesundheits-, Säuglings- und Krankenpflege sowie zur Kindererziehung angeboten, ebenso wie spezielle, auf Zubereitung vor allem »deutschen« Essens aus einheimischen Zutaten orientierte Hauswirtschaftskurse. Rund 25 000 Mütterberatungsstellen (1938) wurden von mehr als zehn Millionen Frauen genutzt, etwa fünf Millionen nahmen in den seit Gründung des Reichsmütterdienstes (1934) folgenden zehn Jahren an entsprechenden Schulungen teil, die auch in ländliche Gebiete hinausgetragen wurden und unzweifelhaft zum Rückgang der Säuglingssterblichkeit von 77 je 1000 Geburten (1933) auf 60 (1939) beitrugen.

All diese Fürsorgemaßnahmen bezogen sich ausschließlich auf die »erbgesunde deutsche Familie«. Daß mit solcher Einschränkung zugleich alles »Unwerte« wie selbstverständlich ausgegrenzt wurde, entlarvte den zutiefst rassistischen Charakter dieser vermeintlich reinen Wohlfahrtsleistungen, was damals jedoch so gut wie keine Beachtung fand. Aus heutiger Sicht darüber den Stab zu brechen wäre verführerisch einfach, ließe aber die damalige Realität unberücksichtigt: Die Mehrzahl aller Frauen stand, korrumpiert nicht zuletzt durch diese öffentliche Wohlfahrt, durchaus loyal zum Regime, fühlte sich in der Fürsorge der »Volksgemeinschaft« aufgehoben und war dadurch wenig motiviert, über den gewohnten

Tageslauf der Mutter

Bilder und Reime von Hildegard Schwartz

6 Uhr:
Früh schon steht die Mutter auf
und beginnt den Tageslauf.

7 Uhr:
Mann und Kinder zu versorgen
kocht sie Kaffee gleich am Morgen.

8 Uhr:
Nun zur Schule geht der Lauf:
„Seid hübsch brav und paßt gut auf!"

9 Uhr:
Dann ans Wischen und ans fegen,
Reinemachen allerwegen!

10 Uhr:
Auf den Markt um einzukaufen
sieht man hier die Mutter laufen.

11 Uhr:
Auch vom Kaufmann nebenbei
holt sie sich noch allerlei.

12 Uhr:
Doch nun ist es hohe Zeit,
daß das Essen sei bereit.

1 Uhr:
Denn schon naht die ganze Schar,
Hunger hat sie immerdar.

2 Uhr:
Kommt nach Tisch der Aufwasch dran,
Erna hilft, soviel sie kann.

3 Uhr:
Bei dem schönen Sonnenschein
Röschen will gefahren sein.

4 Uhr:
Auch im Garten gibt's zu tun,
niemals darf die Mutter ruhn.

5 Uhr:
Schularbeiten sind gar schwer,
„Mutter, komm doch einmal her!"

6 Uhr:
Sieht mit Heini ins Buch,
klingelt es — es kommt Besuch!

7 Uhr:
Vater ruft: „Heut ist SA.,
Oma, bleib zum Essen da!"

8 Uhr:
Schlafen muß die kleine Schar —
„Gott die Nacht Euch treu bewahr!"

9 Uhr:
Mutter hat noch keine Ruh,
flicken muß sie immerzu.

»Tageslauf der Mutter« (1936).

Alltag hinauszudenken. Wer aber würfe da den ersten Stein, zumal eingedenk des Unterschieds, daß das, was für uns heute mahnende geschichtliche Erfahrung ist, damals noch unerlebte Zukunft war?

Es entstand ein wahrer Kult um die Mutter. »Jedes Kind, das sie zur Welt bringt, ist eine Schlacht, die sie besteht für Sein oder Nichtsein ihres Volkes«, beschwor Hitler zum Nürnberger Reichsparteitag 1934 die NS-Frauenschaft. Der bereits 1922 aus den USA in Deutschland eingeführte Muttertag am jeweils zweiten Mai-Sonntag wurde 1934 fester Bestandteil des »NS-Feierjahres«; ab 1939 erfolgte an ihm die Verleihung des von Hitler (nach französischem Vorbild von 1920) gestifteten »Ehrenkreuzes der Deutschen Mutter«, das übrigens die Ehefrau des Reichspropagandaministers, Magda Goebbels, als eine der ersten erhielt. Die Auszeichnung wurde in drei Klassen an »würdige« deutschblütige Mütter vergeben: in Bronze ab dem vierten, in Silber ab dem sechsten und in Gold ab dem achten Kind. Die Trägerinnen – 1939 wurden rund drei Millionen meist ältere Frauen geehrt – genossen Bevorzugungen bei Behördengängen, Veranstaltungen, Eisen- und Straßenbahnfahrten sowie bei der Altersversorgung, zudem bestand Grußpflicht für alle Mitglieder der NSDAP-Jugendorganisationen.

Mutterschaft und Kindersegen wurden auch mit handfesten ökonomischen Lockmitteln zielstrebig gefördert. Einkommensschwache Familien erhielten ab Juli 1936 für das fünfte und jedes weitere Kind monatlich zehn Reichsmark, ab April 1938 dieselbe Summe schon für das dritte und vierte und ab dem fünften Kind stattliche zwanzig Reichsmark. Hinzu kamen einmalige und laufende Beihilfen für kinderreiche Familien – denen ab Dezember 1937 auch ein »Ehrenbuch« verliehen wurde –, Ermäßigungen bei der Einkommens-, Vermögens- und Erbschaftssteuer, Fördermittel für Kleinsiedlungen und vieles andere mehr.

Dieses ganze komplexe Programm zur »Geburtenschlacht« wurde flankiert von einer allgemeinen wirtschaftlichen Konsolidierung im Reich, namentlich dem auch von der Wiedereinführung der allgemeinen Wehrpflicht (1935) beeinflußten kontinuierlichen Rückgang der Arbeitslosenzahl von über sechs Millionen (1933) auf faktisch null (1939). Damit wuchs die Heiratsfreudigkeit im gleichen Zeitraum von 639 000 auf 774 000 Eheschließungen, die übrigens ab Oktober 1935 auch nach dem Zeremoniell der Deutschen Volkskirche vollzogen wurden, bei dem das Brautpaar anstelle des bisherigen Jawortes mit »Jawohl, Heil Hitler!« zu antworten hatte.

Mehr Ehen gleich mehr Kinder – nach dieser einfachen Formel funktionierte die stetige Geburtensteigerung, die erstaunliche

»Mutter ist zur Arbeit, und Vater ist Soldat« – im Kindergarten werden die Kleinen von Mädeln des Frauenhilfsdienstes und NS-Schwestern liebevoll betreut.

Zuwachsraten von 971 000 (1933) auf 1 407 000 (1939) aufwies. Allerdings stieg auch die Zahl der Scheidungen von 43 000 (1933) auf 62 000 (1939), was nicht zuletzt auch im neuen Ehegesetz vom 6. Juli 1938 begründet lag, das – stets in Hinblick auf das Hauptziel völkischer Vermehrung – Nachwuchsverweigerung und Unfruchtbarkeit zum gerichtlichen Trennungsgrund machte.

Gesetzlich war die Frau während des Dritten Reiches eindeutig dem Mann untergeordnet, auch wenn es im übernommenen Artikel 119 der Weimarer Verfassung hieß: »Die Ehe … beruht auf der Gleichberechtigung der Geschlechter.« Tatsächlich galten aber weiterhin die konservativen Bestimmungen des im Bürgerlichen Gesetzbuch von 1900 verankerten Familienrechts, wonach der Mann die Entscheidungsgewalt in allen das gemeinschaftliche Leben betreffenden Angelegenheiten ausübte, Wohnort und Wohnung bestimmte, auch im Hauswesen das letzte Wort hatte; selbst die Berufstätigkeit der Frau bedurfte seiner Zustimmung.

Dieser Tendenz folgte auch das schon genannte neue Ehegesetz von 1938, indem es beispielsweise den vorehelichen Geschlechtsverkehr der Frau (nicht aber den des Mannes)

Ab 1939 wird das »Ehrenkreuz der Deutschen Mutter« (Mutterkreuz) in drei Stufen für vier und mehr Kinder verliehen.

Ehrenkreuze für kinderreiche Mütter.

zum Scheidungsgrund erhob – übrigens im unverständlichen Widerspruch zu Hitlers bevölkerungspolitisch motiviertem Bekenntnis zum beiderseitigen »Probier«. Ansonsten war das Gesetz konsequent auf Geburtensteigerung ausgerichtet, was allein schon die Festsetzung der Ehemündigkeit bewies: Der Mann sollte mindestens 21, die Frau 16 Jahre alt sein. Zur Begründung hieß es, der Eheanwärter erreiche erst in diesem Alter die geistige und sittliche Reife zur Familiengründung und sollte zuvor seine Berufsausbildung beendet sowie Wehrpflicht und Arbeitsdienst abgeleistet haben. Für die vorwiegend zur Mutterschaft bestimmte Frau hingegen sollte das jugendliche Alter kein Ehehinderungsgrund sein – im Gegenteil, verlängerte sich doch dadurch die Dauer der Gebärfähigkeit. Dem »Führer« und der »Volksgemeinschaft« viele »erbgesunde« Kinder zu schenken und sie in häuslicher Geborgenheit aufzuziehen blieb während der gesamten Zeit des Nationalsozialismus die wichtigste staatsbürgerliche Aufgabe der Frauen. Doch die solchermaßen bezeichnete geschlechterideologische Ausschließlichkeit der Verbannung in diese »kleinere Welt« (Hitler) geriet durch die tiefgreifenden Veränderungen auf dem Arbeitsmarkt ins Wanken. Ursprünglich gezielt aus der Berufstätigkeit gedrängt, mehrten sich mit Vollbeschäfti-

Weiblicher Reichsarbeitsdienst: »komplexer« Einsatz in der Landwirtschaft.

gung und verstärkter Einbindung der Männer in den beschleunigten Ausbau der Wehrmacht die Forderungen nach Einsatz
von billigen, weil tariflich um etwa ein Drittel benachteiligten
weiblichen Arbeitskräften.

Die NS-Gesetzgebung reagierte prompt und beschloß beispielsweise im November 1937 – zu diesem Zeitpunkt hatte
das Berliner Institut für Konjunkturforschung bereits ein Ar-
beitskräftedefizit von einer halben Million aufgelistet – den
Wegfall einer der bisherigen Hauptbedingungen für die Gewährung der Ehestandsdarlehen: Heiratswillige Frauen mußten ihre Berufstätigkeit nicht mehr aufgeben, um in den
Genuß der begehrten Zahlung zu kommen. Auch zahlreiche
weitere Maßnahmen warben um freiwillige Rückkehr zu au-
ßerhäuslichen Tätigkeiten. Zugleich gab es repressive Ansätze
wie das 1938 eingeführte sogenannte Pflichtjahr, das sämtliche 18- bis 25jährigen Frauen vor allem in der Landwirtschaft, aber auch in Haushalten meist kinderreicher Familien
abzuleisten hatten. Beim schon 1935 gesetzlich beschlossenen Reichsarbeitsdienst »für alle jungen Deutschen beiderlei
Geschlechts« hingegen war der vorgeschriebene sechsmonatige weibliche Einsatz zunächst noch freiwillig.

Ungeachtet aller Appelle wuchs die Zahl der berufstätigen
Frauen mehr als verhalten auf 14,6 Millionen (Ende Mai 1939)
und damit der Anteil an der weiblichen Gesamtbevölkerung
von 34,2 (1933) auf 36,1 Prozent.

»Männerdinge«

Die Teilnahme an maßgeblicher Entscheidungsgewalt in Par-
tei- und Staatsführung blieb dem weiblichen Geschlecht konsequent verwehrt – und dies für die Gesamtdauer des nationalsozialistischen Regimes. In keiner Ortsgruppe der NSDAP
durften Frauen vertreten sein, geschweige denn in der Reichs-

regierung und deren Fachressorts. Zwar gab es die auch zahlreich genutzte Möglichkeit aktiver Mitwirkung in Massenorganisationen wie der NS-Frauenschaft und dem Deutschen Frauenwerke, der NS-Volkswohlfahrt und der Deutschen Arbeitsfront sowie in weiteren Verbänden, die Millionen weibliche Mitglieder zählten, doch waren all diese Gliederungen in letzter Instanz von Männern dominiert und die organisierten Wirkungsweisen der Frauen ohne politische Tragkraft.

Die maßlose patriarchalische Arroganz, in der diese grundsätzliche Ausgrenzung von fast der Hälfte einer vielbeschworenen »Volksgemeinschaft« wurzelte, brachte Hitler rückblickend in einem nichtöffentlichen Monolog so auf den Punkt: »1924 tauchten bei mir die politischen Weiber auf …, sie wollten Reichstagsmitglieder werden, um die Sitten dort zu veredeln. Ich sagte ihnen, neunundneunzig Prozent aller Beratungsgegenstände sind Männerdinge, die Sie nicht beurteilen können! Die Frauen wollten aufbegehren, konnten mir aber nicht mit der gleichen Waffe begegnen, als ich ihnen vorhielt: Sie werden doch nicht behaupten, dass Sie die Männer so gut kennen, als ich die Frauen kenne! Ein Mann, der brüllt, das ist nicht schön, aber schlimmer ist es noch bei der Frau: Ihre Stimme wird um so piepsiger, je mehr sie schreit! Sie fangen an, zu kratzen oder mit Haarnadeln zu stechen! … Alles, was mit Kampf- und Bluteinsatz zusammenhängt, ist Sache ausschließlich des Mannes, er hat die letzte Konsequenz zu tragen. Zu vielen Sachen muß man eine Frau heranziehen, weil die Frauen da mehr praktisches Verständnis haben. So zum Beispiel, wenn man eine Wohnung einrichtet.«

Im demagogisch geschönten Redetext vor der NS-Frauenschaft zum Reichsparteitag 1934 hörte sich dies so an: »… die Frau, die in dieses parlamentarische Getriebe gerät, wird nicht das Parlament veredeln, sondern dieses Getriebe wird die Frau schänden.«

Nach dem Motto »Mädchen von heute – Mütter von morgen« vollzog sich die Einbindung der jungen weiblichen Generation in das Regime. »Analog der Erziehung des Knaben kann der völkische Staat auch die Erziehung des Mädchens von den gleichen Gesichtspunkten aus leiten«, programmierte Hitler. »Auch dort ist das Hauptgewicht vor allem auf die körperliche Ausbildung zu legen, erst dann auch die Förderung der seelischen und zuletzt der geistigen Werte.« Dazu bestand innerhalb der Hitler-Jugend der Jungmädelbund für die 10- bis 14jährigen, der Bund Deutscher Mädel für die 14- bis 21jährigen und in ihm gesondert zur »geschlechtsspezifischen Erziehung« der 17- bis 21jährigen das Werk »Glaube und Schönheit«. Durch Verbot und Übernahme anderer Jugend-organisationen sowie permanent ausgeübtem, nicht zuletzt schulischem Druck, aber auch realer Begeisterung für ein geschickt zugeschnittenes, vielseitiges Programm wuchs die Zahl der weiblichen Mitglieder kontinuierlich von 593 000 (1933) auf 3 426 000 (1939). Hitler hatte dafür das Wort: »Diese Jugend, die lernt ja nichts anderes, als deutsch denken, deutsch handeln, … und dann werden sie nicht mehr frei ihr ganzes Leben!«

Wie selbstverständlich wuchs die junge Generation in dieses »deutsch denken, deutsch handeln« hinein, welches sich in Schulbüchern beispielsweise 1935 so las: »Aufgabe 97. Ein Geisteskranker kostet täglich RM 4,–, ein Krüppel RM 5,50, ein Verbrecher RM 3,50. In wie vielen Fällen hat ein Beamter nur täglich etwa RM 4,–, ein Angestellter kaum RM 3,50, ein ungelernter Arbeiter noch keine RM 2,– auf den Kopf der Familie. a) Stelle diese Zahlen bildlich dar. Nach vorsichtiger Schätzung sind in Deutschland 300 000 Geisteskranke, Epileptiker usw. in Anstaltspflege. b) Wieviel Ehestandsdarlehen zu je RM 1000,– könnten – unter Verzicht auf spätere Rückzahlung – von diesem Geld jährlich ausgegeben werden?«

Von jung bis alt tagtäglich den offenen und verdeckten Einflüs-

Mitglieder des Bundes Deutscher Mädel (BDM) empfangen den »Führer« mit dem Deutschen Gruß (Hitlergruß).

sen der nationalsozialistischen Ideologie ausgeliefert, erlag die große Mehrheit der deutschen Frauen in kurzer Zeit der Verführung des Regimes. Ihre Haltung reichte von stiller Billigung über loyale Gefolgschaft bis hin zu heller Begeisterung, die sich nicht selten zu einem wahren Hitlerkult auswuchs. Dem Großteil der Frauen wurde es in dieser Anfangsphase leicht gemacht, sich mit dem System zu identifizieren – einer starken Staatsmacht, die auf »Zucht und Ordnung« sah, den Männern nach den schweren Jahren der Weltwirtschaftskrise wieder Arbeit verschaffte, junge Ehen und Kinderreichtum großzügig förderte, Kriminalität und Prostitution drakonisch bekämpfte und ab 1935 mittels der NS-Gemeinschaft »Kraft durch Freude« für Millionen sogar den Traum vom Urlaub unter Palmen erfüllte. Freilich waren da auch Schattenseiten wie die Verdrängung aus Werktätigkeit und höherer Verantwortung, der zeitweise Numerus clausus für Studentinnen und Hitlers noch 1936 eigenhändig verfügtes Berufsverbot für Richterinnen, Staats- und Rechtsanwältinnen, doch konnte dies die Loyalität der Masse nicht spürbar beeinträchtigen.

Brot und Spiele

Eine wesentliche Rolle spielte dabei die propagandistische Suggestion durch die Medien, denen die von der aktiven Politik ausgeschlossenen und an den häuslichen Herd verbannten Frauen in besonderer Weise ausgesetzt waren. Sie galten als eine Hauptzielgruppe der monopolisierten NS-Presse und des Reichsrundfunks, der jährliche Teilnehmerzugänge von jeweils rund einer Million verzeichnen konnte, sowie der staatlich gelenkten Filmindustrie, die besonders verderblich durch die Unmerklichkeit wirkte, mit der sie »Blut und Boden«-Ideologie, aber auch Banalität infiltrierte.

So lösten auch die immer lauter und mörderischer werdenden Haßtiraden gegen alles »Fremdvölkische«, namentlich die Juden, ebensowenig den aus heutiger historischer Distanz selbstverständlichen Protestschrei der »Volksgemeinschaft«

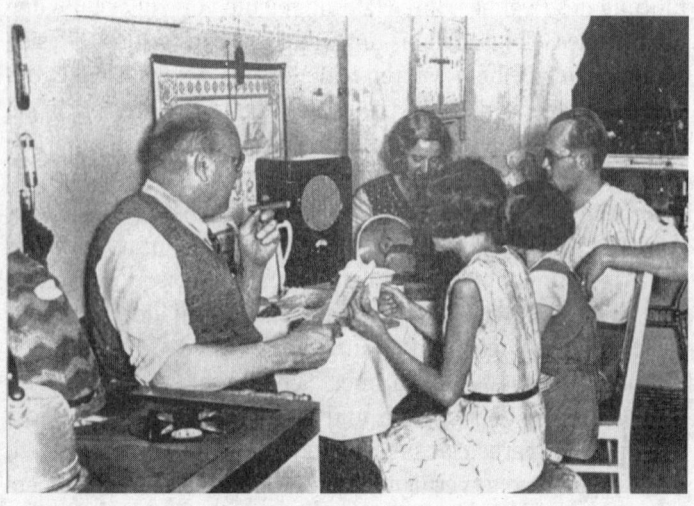

Als »Bindeglied zwischen Front und Heimat« werden vom Rundfunk ab Oktober 1939 regelmäßige Wunschkonzerte ausgestrahlt.

aus wie der immer aggressiver und räuberischer vorgetragene Anspruch auf »Lebensraum«. Die allgemeine Reaktion beschränkte sich bestenfalls auf stumme Betroffenheit, die nur hin und wieder hinter vorgehaltener Hand ausgesprochen wurde; denn zumindest war inzwischen allgemein bekannt geworden, mit welch gnadenloser Härte sich das Regime seiner Kritiker entledigte – »Zucht und Ordnung« eben in NS-eigener Auslegung!

Ein überaus wichtiges Propagandainstrument bildeten auch die monströsen Feiern und Massenkundgebungen, die Einheit und Geschlossenheit demonstrieren sollten und ihre Wirkung bei der Mehrzahl der teilweise aktiv einbezogenen Frauen nicht verfehlten. Per Gesetz waren im Februar 1934 drei nationale und damit arbeitsfreie Feiertage festgelegt worden: der 1. Mai als Tag der nationalen Arbeit, der fünfte Sonntag vor Ostern als Heldengedenktag (ab 1939 auf den 16. März als den Jahrestag der Wiedereinführung der allgemeinen Wehrpflicht 1935 verlegt) und der Sonntag nach Michaeli (29. September) als Erntedanktag; 1939 wurde der 9. November als Gedenktag für die Gefallenen der »Bewegung« (Hitlerputsch 1923) zum vierten nationalen Feiertag erhoben. Weitere zentrale Höhepunkte waren im sogenannten NS-Feierjahr festgeschrieben: der Tag der Machtergreifung (30. Januar), der Gründungstag der NSDAP (24. Februar), Hitlers Geburtstag (20. April), der Muttertag (zweiter Mai-Sonntag), die Sommersonnenwende (21. Juni), der Reichsparteitag in Nürnberg (erste Septemberhälfte) und die Wintersonnenwende (22. Dezember). Letztgenannte, 1935 eingeführte Feier sowie der Germanisierungsversuch, Weihnachten zum »Julfest« zu wandeln, fanden ebensowenig Resonanz wie die Bemühungen, christliche Taufe, Hochzeit und Begräbnis durch sogenannte Lebensfeiern zu »entreligiösieren«.

Mit dem zentralen Festtagszyklus, der sich in strengen, demagogisch durchdachten Ritualen vollzog, war der Feierkalender aber noch längst nicht erschöpft. Hinzu kamen Gauparteitage, Jugendfeiern wie die Aufnahme in den Bund Deutscher Mädel, Reichsberufswettkämpfe, Sänger- und Turnerfeste, die alle den Eindruck suggerierten, dazuzugehören, Teil eines großen Ganzen zu sein. Dass nach diesem geschichtlich »bewährten« Brot-und-Spiele-Prinzip Komplizenschaft für ungeheuerliche Verbrechen erkauft wurde, blieb den meisten ebenso verborgen wie die ablenkende Funktion der üppig florierenden Unterhaltungsbranche, die an die Stelle anspruchsvoller, ins Exil verbannter, auch verbrannter Kunst und Literatur getreten war. Schlager, Operette und Film waren die Favoriten überwiegend leichter und seichter Vergnügung und Zerstreuung, die sich auch mit den Namen umjubelter weib-

Bei der feierlichen Eröffnung der Olympischen Sommerspiele 1936 in Berlin marschiert die deutsche Mannschaft als letzte Abordnung der beteiligten 49 Länder in das Stadion ein.

licher Stars verbanden: Lale Andersen, Fita Benkhoff, Lil Dagover, Heli Finkenzeller, Käthe Gold, Hilde Hildebrand, Marianne Hoppe, Brigitte Horney, Hilde Krahl, Evelyn Künneke, Zarah Leander, Winnie Markus, Anny Ondra, Marika Rökk, Adele Sandrock, Kristina Söderbaum, Olga Tschechowa, Luise Ullrich, Grethe Weiser, Ilse Werner und viele andere.

Zur monumentalsten Inszenierung der NS-Propaganda wurde die Doppelolympiade 1936, die Deutschland in den Mittelpunkt öffentlichen Weltinteresses rückte und mit beispiellosem Aufwand und perfekter Organisation dem Schirmherrn Hitler eine grandiose Bühne bot, um nationale Stärke zu demonstrieren und internationale Achtung einzufordern. Schon die im Februar durchgeführten Winterspiele in Garmisch-Partenkirchen wurden mit Rekordbeteiligung die bisher glanzvollsten und auch sportlich für die aus sieben Frauen und 70 Männern bestehende Gastgebermannschaft mit je drei Gold- und Silbermedaillen zum Erfolg. Noch ungleich überwältigender aber boten sich die Sommerspiele dar, die im August in Berlin zelebriert wurden und den deutschen Olympioniken als »Kämpfern für die Idee unseres Führers« mit großem Abstand vor den USA und Ungarn den ersten Platz in der Nationenwertung einbrachten.

Auch ein Großteil der Frauen war vom Olympiafieber erfaßt, zumal sogar Geschlechtsgenossinnen, plötzlich völlig gleichberechtigt, im Zentrum internationalen Interesses standen und vieltausendfachen Beifall auf sich zu ziehen vermochten – und das nicht nur auf dem gigantischen, eigens errichteten Reichssportfeld, sondern auch in öffentlichen »Fernsehstuben«, die bei freiem Eintritt das künftige Massenmedium präsentierten. Wer beides verpaßte, hatte – allerdings erst fast zwei Jahre später – Gelegenheit, dies durch den aufwendigen zweiteiligen Dokumentarfilm »Fest der Völker« und »Fest der Schönheit« nachzuholen, der trotz erheblicher ideologischer

Belastung noch heute zu den zehn besten der Welt gezählt wird und die Regisseurin Leni Riefenstahl seinerzeit zu einem Idol nicht nur der Frauen machte.

Nach der Uraufführung des zweiteiligen Olympia-Dokumentarfilms »Fest der Völker« und »Fest der Schönheit« anläßlich des 49. Hitler-Geburtstags (1938) beglückwünscht der »Führer« die Regisseurin Leni Riefenstahl; links im Bild Joseph Goebbels.

Innenpolitisch lieferte Olympia dem Regime einen Bonus, mit dem es geschickt zu wuchern verstand. Das nach dem Ersten Weltkrieg »gedemütigte« Deutschland galt wieder etwas – ein Stolz, der sich auf die »Volksgemeinschaft« übertrug. Was sich aber hinter der glanzvollen Fassade verbarg, war brutale Menschenverachtung, beispielsweise die damalige Zwangs-aussiedlung von Sinti und Roma aus dem Berliner Raum und deren spätere Deportation nach Auschwitz. Auch wurden während der Spiele über 2000 Dirnen, Bardamen und Tänzerinnen zwangsweise auf Geschlechtskrankheiten untersucht, nachdem schon 1933 Zehntausende Prostituierte aufgrund Hitlers strikter Verurteilung als »Verjudung unseres Seelenlebens« und »Mammonisierung unseres Paarungstriebes« vom Straßenstrich entfernt worden waren. Weitestgehend unbeachtet blieb auch eine weitere, besonders perfide zeitliche Analogie: Nur elf Tage, nachdem am 1. Juli 1936 in Döberitz bei Berlin das olympische Dorf unter dem Anspruch, völkerverständigend die »Jugend der Welt« zu rufen, eröffnet worden war, begann im benachbarten Oranienburg der Bau des KZ Sachsenhausen für Regimegegner und »Fremdvölkische«. All die so prächtig inszenierten Schaustellungen nationalsozialistischer Stärke und Überlegenheit vermochten aber auf Dauer nicht, spürbarer werdende Alltagsdefizite zu kompensieren. Die Rüstungsmaschinerie lief auf Hochtouren und verschlang Unsummen. Als im Januar 1936 zunehmend Klagen über Butterknappheit laut wurden, erklärte Goebbels lakonisch: »Damit werden wir fertig. Aber wir werden nicht fertig ohne Kanonen!« Im März warnte die Staatspolizeistelle Berlin in einem Lagebericht: »In weiten Kreisen herrscht eine ausgesprochene Verbitterung … Die schlechte Stimmung ist zwar nicht immer ohne weiteres erkennbar, weil jeder sich überwacht fühlt. Im engen Kreis wird aber überall geschimpft.«

Krieg

Mit der Wiedereinführung der allgemeinen Wehrpflicht am 16. März 1935 hatte Hitler den offenen Bruch des Versailler Vertrages in allen entscheidenden militärischen Beschränkungen gewagt und den Grundstein für den systematischen Auf- und Ausbau einer schlagkräftigen Eroberungsarmee als Hauptinstrument zur Umsetzung seiner territorialen Forderungen gelegt. Der Enttarnung nach außen folgte die militärische Ausrichtung nach innen. Noch im März 1935 wurde in Berlin bei der ersten großen Luftschutzübung die gesamte Stadt verdunkelt; schon im September des Vorjahres hatte der Reichsminister für Luftfahrt, Hermann Göring, gewarnt: »In Zukunft ist zu erwarten, daß spätestens mit oder vielleicht schon vor der Kriegserklärung Luftbombenangriffe schwerster Art auf die … lebenswichtigen Anlagen im Hinterland … erfolgen. Damit wird aber auch die Zivilbevölkerung im Innern des Landes, einschließlich der Frauen und Kinder,

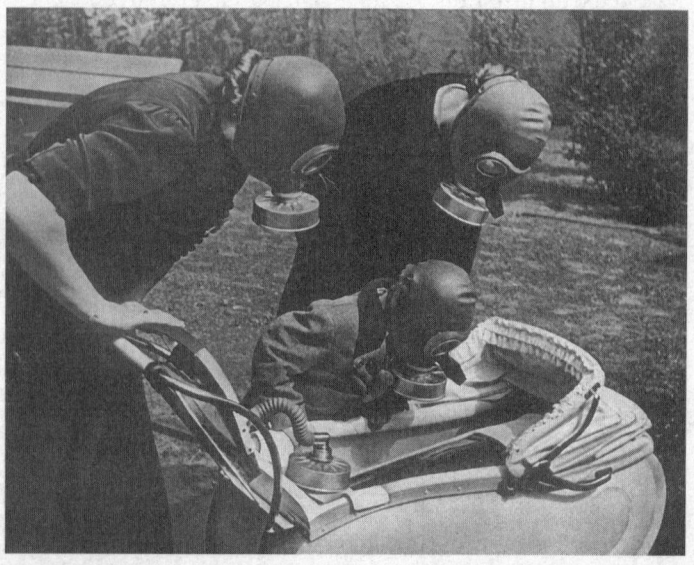

»Volksgasmasken« für die ganze Familie.

unmittelbar der Waffenwirkung dieser Luftangriffe ausgesetzt.« Selbst Giftgasschläge wurden einkalkuliert und ab 1937 »Volksgasmasken« zum Preis von fünf Reichsmark vertrieben.

42

Regelmäßige Luftschutz- und Katastrophenübungen zählten bald ebenso zum Alltag wie Aktionen, mit denen der »Volksgemeinschaft« materielle Opferbereitschaft abverlangt wurde: beispielsweise das 1933 zum »Kampf gegen Hunger und Kälte« gegründete Winterhilfswerk, das sich aus Spenden, Sammlungen, Lohnabgaben, Konsumeinschränkungen und freiwilligen Arbeitsleistungen speiste.

Im November 1935 waren die ersten Rekruten des Jahrgangs 1914 vereidigt worden – Söhne, deren Eltern meist zwischen Besorgnis und Stolz schwankten. Die Mütter, wie alle Frauen durch das Wehrgesetz im Kriegsfall selbst zur »Dienstleistung für das Vaterland« verpflichtet, hatten besonders schwer an der Trennung zu tragen, zumal die Dauer des Wehrdienstes am 24. August 1936 (nur eine reichliche Woche nach Abschluß der Frieden und Völkerverständigung verheißenden Olympischen Sommerspiele) auf zwei Jahre verdoppelt wurde.

Doch die ersten Einsätze 1938/39 verliefen unblutig: der »Anschluß« Österreichs, mit dem das Deutsche Reich zu »Großdeutschland« wurde, die Einverleibung des Sudetenlandes, die Zerschlagung der Tschechoslowakei und die Besetzung des Memelgebietes. Dies nährte in weiten Teilen der Bevölkerung die trügerische Hoffnung auf die auch künftige Vermeidbarkeit ernsthafter kriegerischer Auseinandersetzungen. Zugleich stabilisierte sich die Versorgungslage im »Altreich« durch die Ressourcen der hinzugewonnenen Territorien.

Aber Hitler, mehr angeregt als gesättigt, erhob nun Gebietsansprüche gegenüber Polen. Minutiös und mit preußischer Gründlichkeit wurde der von langer Hand geplante Krieg vorbereitet. Bereits am 16. September 1938 erließ der Reichsarbeitsminister geheime Richtlinien für die Beschäftigung von Frauen im Mobilmachungsfall, »um wehrfähige Männer für den Kampf mit der Waffe freizustellen«. Einschränkend wurde jedoch betont, selbst im Krieg müßte weibliche Arbeit »dort ihre Grenzen finden, wo sie den Lebensquell der Nation bedrohen würde. Frauen dürfen deshalb auch im Kriege nicht Gesundheitsschädigungen ausgesetzt werden, durch welche früher oder später die Erfüllung der Aufgabe der Mutterschaft gefährdet würde.«

Im einzelnen listeten diese Richtlinien, die geradezu programmatisch die Grundhaltung des Regimes zum weiblichen Geschlecht widerspiegelten, folgende »allgemeine Gesichtspunkte« auf: Frauen dürfen keine schweren Arbeiten übertragen werden, für die sie körperlich nicht geeignet sind ... Frauen sollen nicht mit Arbeiten beschäftigt werden, die besondere Geistesgegenwart, Entschlußkraft und schnelles Handeln er-

Nach Wiedereinführung der allgemeinen Wehrpflicht (1935) sind auch viele Frauen und Mädchen vom »zackigen« Vorbeimarsch mit »klingendem Spiel« beeindruckt.

fordern ... Frauen sollen nicht mit Arbeiten betraut werden, die besonderes technisches Verständnis und technische Kenntnisse erfordern.«

Die nachfolgende Chronologie war eindeutig auf den bevorstehenden Kriegsausbruch orientiert: Am 3. Juli 1939 erging die Weisung, ab sofort alle Häuser mit Luft- und Selbstschutzgeräten auszurüsten; am 26. August wurde die »Wehrmachtsauskunftstelle für Kriegsverluste und Kriegsgefangene« in Berlin gegründet (eine bis heute fortbestehende Einrichtung mit fast 500 Mitarbeitern); am 27. August erging »zur Sicherstellung des lebenswichtigen Bedarfs des deutschen Volkes« der Beschluß über die Einführung des Bezugscheinsystems und die stufenweise Zwangsrationierung von Lebensmitteln.

Am 31. August 1939 standen in Deutschland etwa 4,5 Millionen Männer unter Waffen; auch rund 140 000 Frauen waren im Heer beschäftigt, etwa 50 000 als Zivilangestellte und 90 000 als Arbeiterinnen. Am Tag darauf dröhnte die sich überschlagende Stimme Hitlers aus Millionen Volksempfängern: »Seit fünf Uhr fünfundvierzig wird zurückgeschossen!« Der Zweite Weltkrieg hatte begonnen.

Dokumente

Aus der Rede des Reichsministers für Volksaufklärung und Propaganda, Joseph Goebbels, zur Eröffnung der Ausstellung »Die Frau« in Berlin (19. März 1933)

Es wird Ihnen nicht unbekannt sein, daß die nationalsozialistische Bewegung als einzige Partei die Frau aus der unmittelbaren Tagespolitik fernhält. Sie ist deshalb in vielfacher Beziehung bitter befehdet worden, aber zu Unrecht. Nicht weil wir die Frauen nicht achten, sondern weil wir sie zu hoch achten, haben wir sie aus dem parlamentarisch-demokratischen Ränkespiel, das die deutsche Politik der vergangenen 14 Jahre bestimmt hat, ferngehalten. Auch heute bedeutet die Frau im öffentlichen Leben nichts anderes als zu früheren Zeiten. Niemand, der die moderne Zeit versteht, wird den aberwitzigen Gedanken fassen können, die Frau aus dem öffentlichen Leben, aus Arbeit, Beruf und Broterwerb herausdrängen zu wollen. Aber es darf dabei nicht ungesagt bleiben, daß Dinge, die dem Mann gehören, dem Mann auch verbleiben müssen. Und dazu gehört die Politik und die Wehrhaftigkeit eines Volkes. Das ist kein absprechendes Urteil über die Frau, sondern nur ein Verweisen ihrer Fähigkeiten und Anlagen an die Gebiete, die ihrem Wesen am ehesten entsprechen ... Auf die Gefahr hin, als reaktionär zu gelten, spreche ich klar aus: Den ersten, besten und ihr gemäßesten Platz hat die Frau in der Familie, und die wunderbarste Aufgabe, die sie erfüllen kann, ist die, ihrem Land und Volk Kinder zu schenken.

Aus einem Bericht des Standesbeamten von Düsseldorf-Ost über Vornamensgebungen (7. April 1933)

Heute erschien in dem mir unterstellten Standesamte ein Parteigenosse, der die Geburt seiner Tochter anmeldete und dem Kinde den Vornamen »Hitlerine« beilegen wollte. Der mit der Registerführung beauftragte Beamte hatte Bedenken, diesen Namen einzutragen, und holte meine Entscheidung ein. Ich habe daraufhin die Eintragung dieses Namens abgelehnt und dem Parteigenossen nahegelegt, dem Mädchen den Vornamen »Adolfine« zu geben, womit er sich auch einverstanden erklärt hat …

Da uns Nationalsozialisten der Name unseres Führers viel zu hehr und heilig ist, als daß wir ihn dem Mißbrauch nationalen Kitsches ausliefern lassen, so wäre eine diesbezügliche baldige Entscheidung des Herrn Minister des Innern dringend erwünscht. Wenn ein Nationalsozialist seinen Sohn oder seine Tochter nach unserem Führer benennen will, so hat er ja die Möglichkeit, dem Kinde den Vornamen »Adolf« oder »Adolfine« beizulegen.

Aus einem Bericht des »Völkischen Beobachters« über den Geburtenschwund (16./17. April 1933)

Hand in Hand mit dem Geburtenschwund geht eine gewaltige Vergreisung des deutschen Volkes. Während der Anteil der Bevölkerung über 65 Jahre 1900 5,3 Prozent und 1925 5,7 Prozent betrug, wird im Jahre 1950 dieser bereits etwa 9,5 Prozent, im Jahre 1980 etwa 15 Prozent betragen, das heißt, wir haben in den kommenden Jahrzehnten mit einer Verdreifachung der erwerbsunfähigen Altersschicht zu rechnen.

Die wesentliche Ursache dieser zunehmenden Kinderscheu beruht in einer einseitigen materialistischen Lebensauffassung und einer damit verknüpften Überemanzipation der

Frau, wie sie der Liberalismus und der Materialismus seit Jahrzehnten besonders in den städtischen Volksschichten propagierte. Die Frauen ersehen in dem ihnen ureigenen Beruf der Mutterschaft eine Belastung und ein Opfer, anstatt ihre erste Aufgabe darin zu erblicken.

Eine übertriebene Aufklärung über die geschlechtlichen Vorgänge sorgte bis ins letzte Dorf hinein für die technische Möglichkeit des »Gebärstreiks« durch Verbreitung der dazu benötigten Mittel. Der früher nur in den oberen Schichten vorhandene Geburtenmangel hat sich damit in allen Volksschichten durchgesetzt.

Heute ist die Lage so, daß über ein Dutzend Großstädte bereits

Berliner Frühjahrsmode 1941: Gartenkleider aus buntem Leinen in Gelb-Weiß und Blau-Rot.

Sterbeüberschüsse aufweisen, an ihrer Spitze die Stadt Berlin. Die bequemere Lebensweise in den Großstädten und der vermehrte Hang zu Vergnügen, wie Kino, Theater, Putzsucht usw., sind in hohem Maße eine Folge der materialistischen Lebensauffassung. In der Literatur und Karikatur wird der Kinderreichtum bewitzelt und als unaufgeklärt und geistig rückständig verschrien. Hinzu kommen die gesteigerten Lebensansprüche, die die Eltern wieder für ihre heranwachsende Jugend fordern.

Aus Bestimmungen über Ehestandsdarlehen im »Gesetz zur Minderung der Arbeitslosigkeit« (1. Juni 1933)

Das Reich fördert Eheschließungen nach Maßgabe der folgenden Vorschriften: Ehestandsdarlehen

§ 1 (1) Deutschen Reichsangehörigen, die nach dem Inkrafttreten dieses Gesetzes die Ehe miteinander eingehen, kann auf Antrag ein Ehestandsdarlehen im Betrage bis zu eintausend Reichsmark gewährt werden. Der Antrag auf Gewährung des Ehestandsdarlehens kann vor Eingehung der Ehe gestellt werden. Die Hingabe des Betrags erfolgt erst nach erfolgter Eheschließung. Voraussetzung für die Bewilligung des Ehestandsdarlehens ist:

a) daß die künftige Ehefrau in der Zeit nach dem 1. Juni 1931 und 31. Mai 1933 mindestens sechs Monate lang im Inland in einem Arbeitnehmerverhältnis gestanden hat;

b) daß ein standesamtliches Aufgebot vorliegt und daß die künftige Ehefrau ihre Tätigkeit als Arbeitnehmerin spätestens im Zeitpunkt der Eheschließung aufgibt oder im Zeitpunkt der Einbringung des Antrages bereits aufgegeben hat;

c) daß die Ehefrau oder die künftige Ehefrau sich verpflichtet, eine Tätigkeit als Arbeitnehmerin so lange nicht auszuüben, als der Ehemann oder der künftige Ehemann nicht als hilfsbedürftig im Sinne der Vorschriften über die Gewährung von Arbeitslosenunterstützung betrachtet wird und das Ehestandsdarlehen nicht restlos getilgt ist.

Aus dem »Gesetz zur Verhütung erbkranken Nachwuchses« (14. Juli 1933)

Sterilisiert werden kann, wer erbkrank ist. Antragsberechtigt ist der Kranke selbst oder (bei Geschäftsunfähigkeit, Entmündigung, Alter unter 18 Jahren) sein gesetzlicher Vertreter mit Genehmigung des Vormundschaftsgerichtes.

Als Erbkrankheiten gelten:
– angeborener Schwachsinn
– Schizophrenie
– zirkuläres (manisch-depressives) Irresein
– erbliche Fallsucht
– erblicher Veitstanz
– erbliche Blindheit
– erbliche Taubheit
– schwere erbliche körperliche Mißbildung.

Außerdem gilt das Gesetz für Personen, die an schwerem Alkoholismus leiden.

Über den Antrag entscheidet das Erbgesundheitsgericht, das dem Amtsgericht angegliedert ist und aus drei Mitgliedern besteht, einem Amtsrichter, einem beamteten Arzt und einem für das Deutsche Reich approbierten Arzt.

Das Ermittlungsverfahren findet unter Ausschluß der Öffentlichkeit statt. In Bezug auf das Ermittlungsverfahren gilt die Schweigepflicht für Ärzte und Institutionen nicht! Betreffend Verfahren und Ausführung der Sterilisation ist die Schweigepflicht nicht aufgehoben.

Hat das Gericht die Unfruchtbarmachung endgültig beschlossen, so ist sie auch gegen den Willen des Unfruchtbarzumachenden auszuführen, sofern nicht dieser allein den Antrag gestellt hat. Der beamtete Arzt hat bei der Polizeibehörde die erforderlichen Maßnahmen zu beantragen. Soweit andere Maßnahmen nicht ausreichen, ist die Anwendung unmittelbaren Zwanges zulässig.

Aus einem Bericht der »Frankfurter Zeitung« über Schminkverbot für NSBO-Frauen (11. August 1933)

Die Gaubetriebszellen-Unterabteilung Unterfranken der NSBO (Nationalsozialistische Betriebszellen-Organisation) veröffentlicht eine Anordnung, in der es heißt, daß in letzter Zeit von der NSBO eine große Zahl von Frauen aufgenommen worden sei. Es sei dies ein Vorzug, worauf die Frau stolz sein könne, und es sei deshalb ihre Pflicht, im nationalsozialistischen Sinne zu handeln. Es wird deshalb erklärt, daß geschminkten und gepuderten Frauen der Zutritt zu allen Veranstaltungen der NSBO verboten sei. Frauen, die in der Öffentlichkeit, in Gasthäusern, Cafés, auf der Straße und so weiter rauchen, würden aus der NSBO ausgeschlossen. Die Amtswalter sind angewiesen, eine entsprechende Kontrolle vorzunehmen.

Rundfunkteilnehmer in Deutschland (1933 bis 1939)

Am 1. Januar	Teilnehmer	Jahreszugang
1933	4 307 722	744 885
1934	5 052 607	1 090 314
1935	6 142 921	1 050 031
1936	7 192 952	975 005
1937	8 167 957	919 497
1938	9 087 454	1 734 404
1939*	11 503 019	

* einschließlich Österreich und Sudetenland

Aus einem Schreiben des Reichsministers des Innern, Wilhelm Frick, über den Abbau weiblicher Beamter, Lehrer und Angestellter (5. Oktober 1933)

Wie ich aus zahlreichen Eingaben entnehme, herrschte in den Kreisen der weiblichen Beamten, Lehrer und Angestellten starke Beunruhigung über die von verschiedenen Reichs-, Landes- und Gemeindebehörden gegen sie durchgeführten weitgehenden Abbaumaßnahmen. Es wird darauf hingewiesen, daß sich verschiedene Stellen bei ihrem Vorgehen offenbar von der Anschauung leiten lassen, im nationalsozialistischen Staate

Kriegsunterricht in nach Mädchen und Jungen getrennten Schulklassen.

seien weibliche Beamte und Angestellte grundsätzlich aus dem öffentlichen Dienst zu entfernen oder aus dem bisher innegehabten Amt in ein solches von geringerem Rang und Einkommen oder in eine Angestelltenstelle abzudrängen.

Ich muß nachdrücklich darauf hinweisen, daß die Gesetzeslage zu einem derartigen allgemeinen Vorgehen gegen weibliche Beamte und Lehrer keine Handhabe bietet. Insbesondere können auch die Bestimmungen des Gesetzes zur Wiederherstellung des Berufsbeamtentums, die im Falle eines dienstlichen Bedürfnisses die Versetzung von Beamten in ein niedrigeres Amt oder die Ruhestandsversetzung noch nicht dienstunfähiger Beamter ermöglichen, nicht in dem eingangs erwähnten allgemeinen Sinn gegen weibliche Beamte ausgewertet werden.

Ich halte es grundsätzlich für richtig, daß bei gleicher Eignung männlicher und weiblicher Kräfte für eine Verwendung im öffentlichen Dienste dem männlichen Bewerber der Vorzug gegeben wird. Andererseits muß ich jedoch darauf hinweisen, daß auf bestimmten Gebieten, namentlich im Bereiche der Jugendfürsorge und Jugendpflege, zum Teil auch in dem des Unterrichts, das dienstliche Bedürfnis die Verwendung weiblicher Kräfte in Beamten- und Angestelltenstellen erfordert.

Eine Reihe von Beschwerden gibt mir ferner Anlaß, darauf aufmerksam zu machen, daß verheiratete weibliche Beamte und Lehrer … nur dann zu entlassen sind, wenn ihre wirtschaftliche Versorgung dauernd gesichert erscheint.

Aus der Entschließung der deutschen Christen auf ihrer Kundgebung im Berliner Sportpalast (13. November 1933)
Ein dauernder Frieden kann hier nur geschaffen werden durch Versetzung oder Amtsenthebung aller der Pfarrer, die entweder nicht willens oder nicht fähig sind, bei der religiösen Erneuerung unseres Volkes und der Vollendung der deutschen Reformation aus dem Geist des Nationalsozialismus führend mitzuwirken …

3. Wir erwarten von unserer Landeskirche, daß sie den Arier-paragraphen – entsprechend dem von der Generalsynode beschlossenen Kirchengesetz – schleunigst und ohne Abschwächung durchführt, daß sie darüber hinaus alle fremdblütigen evangelischen Christen in besondere Gemeinden ihrer Art zusammenfaßt und für die Begründung einer judenchristlichen Kirche sorgt.

4. Wir erwarten, daß unsere Landeskirche als eine deutsche Volkskirche sich frei macht von allem Undeutschen in Gottesdienst und Bekenntnis, insbesondere vom Alten Testament und seiner jüdischen Lohnmoral.

5. Wir fordern, daß eine deutsche Volkskirche Ernst macht mit der Verkündung der von aller orientalischen Entstellung gereinigten schlichten Frohbotschaft und einer heldischen Jesusgestalt als Grundlage eines artgemäßen Christentums, in dem an die Stelle der zerbrechenden Knechtsseele der stolze Mensch tritt, der sich als Gotteskind dem Göttlichen in sich und in seinem Volke verpflichtet fühlt.

6. Wir bekennen, daß der einzige wirkliche Gottesdienst für uns der Dienst an unseren Volksgenossen ist, und fühlen uns als Kampfgemeinschaft vor unserem Gott verpflichtet, mitzubauen an einer wehrhaften und wahrhaften völkischen Kirche, in der wir die Vollendung der deutschen Reformation Martin Luthers erblicken und die allein dem Totalitätsanspruch des nationalsozialistischen Staates gerecht wird.

Aus einer Rede des Reichsleiters der Deutschen Arbeitsfront, Robert Ley, über die »Organisation der Freizeit« (24. November 1933)

Es wäre falsch, daß wir zwar den Arbeitstag bis ins kleinste organisieren, aber die 16 Stunden Freizeit ungeregelt lassen. Es gilt, in Zukunft auch die Organisation der Freizeit durchzu-

führen, daß sich alle Arbeitsmenschen nach ihrer Werkarbeit wohl fühlen und Stunden der Erholung und Erbauung finden. Das dringendste für ein Volk sei, daß es seine Nerven stark erhalte. Ein Volk ohne Nerven könnte im Sturm des Schicksals nur erliegen. Die Stählung der Nerven und die Gestaltung der Freizeit ist die Aufgabe der Feierabendorganisation »Nach der Arbeit«. Dem Menschen muß in Zukunft eine größere Ausspannung gesichert werden. Wer 40 und mehr Jahre alt geworden ist, braucht im Jahre seine 3 bis 4 Wochen Urlaub, die Jüngeren müssen wenigstens 10 Tage Ferien bekommen …
Wir müssen das Volk heben, emporheben, mit uns heben …
Genau so, wie wir die Seele mit Nahrung versehen, müssen wir auch den Körper stählen.

Monatliche Renten in Deutschland (1933 bis 1939)

Rentenart	1933	1936	1938	1939
			Durchschnittswerte in RM	
Sozialrentner-Fürsorge	16,22	16,37	17,05	16,96
Invaliden-Witwenrente	21,10	19,30	19,00	19,20
Invaliden-Rente	33,40	30,90	31,25	32,10
Angestellten-Rente	56,98	54,69	54,01	68,46

Aus einem Bericht des »Völkischen Beobachters« über die Richtlinien des Reichsinnenministers Wilhelm Frick zur Einführung des Deutschen Grußes in den Schulen (21. Dezember 1933)

Lehrer und Schüler erweisen einander innerhalb und außerhalb der Schule den Deutschen Gruß (Hitlergruß).
Der Lehrer tritt zu Beginn jeder Unterrichtsstunde vor die stehende Klasse, grüßt als erster durch Erheben des rechten Armes und die Worte »Heil Hitler«; die Klasse erwidert den

Gruß durch Erheben des rechten Armes und die Worte »Heil Hitler«. Der Lehrer beendet die Schulstunde, nachdem sich die Schüler erhoben haben, durch Erheben des rechten Armes und die Worte »Heil Hitler«; die Schüler antworten in gleicher Weise.

Sonst grüßen die Schüler die Mitglieder des Lehrkörpers im Schulbereich nur durch Erheben des rechten Armes in angemessener Haltung.

Wo bisher der katholische Religionsunterricht mit dem Wechselspruch »Gelobt sei Jesus Christus« – »In Ewigkeit Amen« begonnen und beendet wurde, ist der Deutsche Gruß zu Beginn der Stunde vor, am Ende der Stunde nach dem Wechselspruch zu erweisen.

Unverzichtbare Kulisse aller Feste und Feiern: die jubelnde Jugend.

Aus dem Gesetz »zur Ordnung der nationalen Arbeit« (20. Januar 1934)

§ 1 Im Betriebe arbeiten der Unternehmer als Führer des Betriebes, die Angestellten und Arbeiter als Gefolgschaft gemeinsam zur Förderung der Betriebszwecke und zum gemeinsamen Nutzen von Volk und Staat.

§ 2 (1) Der Führer des Betriebes entscheidet der Gefolgschaft gegenüber in allen betrieblichen Angelegenheiten, soweit sie durch dieses Gesetz geregelt werden.

(2) Er hat für das Wohl der Gefolgschaft zu sorgen. Diese hat ihm die in der Betriebsgemeinschaft begründete Treue zu halten.

Löhne und Gehälter in Deutschland (1932 bis 1939)

Löhne und Gehälter			1932	1936	1939
Tarifstundenlohn	Facharbeiter	Pf	81,60	78,30	79,10
(Durchschnitt der höch-	Hilfsarbeiter	Pf	64,40	62,30	62,80
sten Tarif-Altersstufe	Facharbeiterin	Pf	53,10	51,60	51,50
in 17 Gewerben)	Hilfsarbeiterin	Pf	43,90	43,40	44,00
Brutto-Stundenlohn	Industrie-Arb.	RM	0,73	0,74	0,81
Brutto-Wochenlohn	Industrie-Arb.	RM	20,83	24,94	28,08
Brutto-Monatsgehalt	Angestellter	RM	182,00	199,00	231,00

Bildungswesen in Deutschland (1931 bis 1939)

Jahr	Volksschul-lehrer	Volksschüler je Lehrer	Mittelschulen Lehrer	Schüler	Höhere Schulen Lehrer	Schüler	Hochschule Studenten
1931	190 281	39,9	11 517	229 671	44 902	778 440	137 767
1939	176 552	50,6	10 256	277 313	43 307	663 516	56 477

Titelblatt des Sonderhefts der »NS-Frauen-Warte« zur Reichstagswahl und Volksabstimmung 1936.

»NS-Frauen-Warte. Die einzige parteiamtliche Frauen-zeitschrift«: »Der Dank und das Gelöbnis der deutschen Frau am Geburtstag des Führers« (20. April 1934)

Wenn unsre Kinder deinen Namen nennen,
Dann klingt es wie ein frohes Lerchenlied.
Ein Jubel ist's. Ein dankbares Bekennen,
Das durch die jungen, reinen Seelen zieht.

Du hast ihr Herz in deine Hand genommen
Und formst es nun mit echter Meisterschaft.
Du bist in jedes deutsche Haus gekommen,
Ein Freund, ein Helfer, eine stille Kraft.

Die halb erloschnen Flammen unsrer Herde,
Sie brennen neu durch deines Glaubens Glut.
Und neues Korn wächst aus der deutschen Erde,
Die unterm Schatten deiner Treue ruht.

Was wir geträumt, du hast es uns gestaltet.
Was wir gehofft, in dir wurd' es zur Tat.
Du hast das deutsche Erbe uns verwaltet
Dieweil wir schliefen. Dein ist Pflug und Saat.

Wir taumelten in blindem Unverständnis.
Du rangst für uns mit einer Höllenmacht.
Du trugst für uns die Qualen der Erkenntnis,
Und gingst für uns alleine durch die Nacht.

Doch wie du treu bisher für uns gestritten,
Sind wir jetzt dein mit jedem Atemzug.
Du hast so lang für uns allein gelitten,
Du stärktes Herz, das je die Erde trug.

Aus dem Musterlehrplan für Mütterschulung des Reichsmütterdienstes im Deutschen Frauenwerk (Mai 1934)

Allgemeine Schulung.
- Mütterschulung und nationalsozialistische Weltanschauung.
- Die Aufgaben der Frau im neuen Staat.
- Die Frau als Trägerin des Volkes (Bevölkerungsfragen).
- Erblehre und Erbpflege als mütterliche Aufgabe.
- Die Frau im deutschen Recht.
- Deutsches Brauchtum und deutsche Feste.

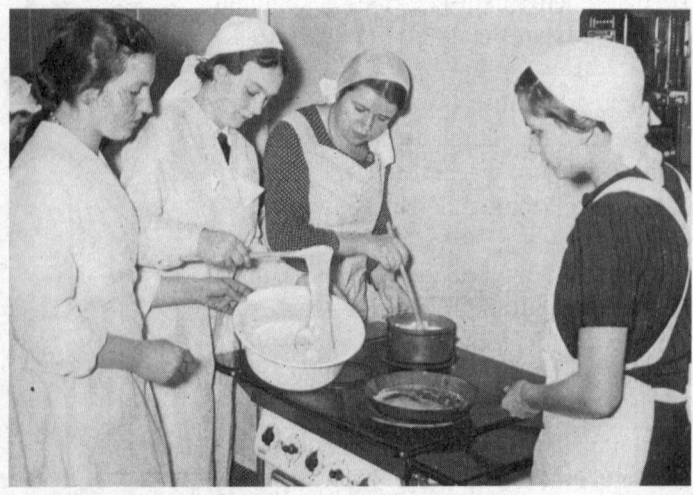

Koch- und Backlehrgang des Reichsmütterdienstes.

Haushaltsführung.
Kochen
- Richtige Auswahl und richtige Zubereitung der Speisen mit praktischen Übungen.
- Besprechungen über den Nährwert der gebräuchlichsten Nahrungsmittel.

Haushalt
- Praktische Winke für den Haushalt.
- Wie schaffe ich mit beschränkten Mitteln eine gemütliche Wohnung.

Nähen
- Ausbessern und Ändern von Kleidung.
- Anfertigung von Kinderkleidung.

Haushaltführung im engeren Sinne.
- Der Einkauf.
- Einteilung des Wirtschaftsgeldes.
- Häusliche Buchführung.

Die Mutter und ihr Kind.
- Schwangerschaft.
- Geburt und Wochenbett.

Pflege, Ernährung, Kleidung des Säuglings und Kleinkindes
- Mit praktischen Übungen.
- Die körperliche und seelische Entwicklung des gesunden Kindes.
- Schwer erziehbare Kinder.
- Kinderspiel, -singen und -lesestoff, Kinderbeschäftigung mit praktischen Übungen.

Gesundheits- und Krankenpflege.
- Gesunderhaltung der Familie.
- Gesunderhaltung der Mutter.
- Kinderkrankheiten.
- Infektionskrankheiten.
- Häusliche Krankenpflege, einschließlich Zubereitung von Krankenkost, Krankenbeschäftigung.

Religiös-sittliche Erziehung.
- Die Ehe im Lichte der Religion.
- Kind und Religion.
- Pflege religiöser Sitte im Hause.

Aus einer Rede der Reichsfrauenführerin Gertrud Scholtz-Klink auf dem Internationalen Kongreß für Hauswirtschaftsunterricht in Berlin (25. August 1934)

Die deutsche Frau, wie wir sie uns denken, muß, wenn es die Lage des Volkes fordert, verzichten können auf Luxus und Genuß, sie muß arbeiten können, geistig und körperlich gesund sein, und sie muß aus dem harten Leben, das wir heute zu leben gezwungen sind, ein schönes Leben machen können; sie muß zum letzten innerlich um die Nöte und Gefahren, die das Leben unseres Volkes bedrohen, wissen. Sie muß so sein, daß sie alles, was von ihr gefordert wird, gern tut. Sie muß, ich fasse es in einem Wort zusammen, politisch denken können, nicht parteipolitisch, nicht politisch im Sinne des politischen Kampfes mit anderen Nationen, sondern politisch so, daß sie mitfühlt, mitdenkt, mitopfert mit dem ganzen Volk.

Eheschließungen, Scheidungen und Geburten in Deutschland (1933 bis 1939)

(in Tsd.)	1933	1934	1935	1936	1937	1938	1939
Eheschließungen	639	739	651	610	620	645	774
Scheidungen	43	55	50	50	47	50	62
Geburten (lebend)	971	1198	1264	1279	1277	1349	1407

Aus einer Rede Hitlers vor der NS-Frauenschaft anläßlich des NSDAP-Reichsparteitages in Nürnberg (8. September 1934)

Das Empfinden und vor allem das Gemüt der Frau hat zu allen Zeiten ergänzend auf den Geist des Mannes eingewirkt. Wenn sich im menschlichen Leben manchmal die Arbeitsbereiche zwischen Mann und Frau verschoben haben in einer nicht naturgemäßen Linie, dann lag es nicht daran, daß die Frau an

Versammlungs- und Schulungssaal der 1934 eröffneten ersten Reichsschule der NS-Frauenschaft im Coburger Schloß Hohenfels.

sich nach Herrschaft über den Mann gestrebt hätte, sondern der Grund war darin zu suchen, daß der Mann nicht mehr in der Lage war, seine Aufgabe restlos zu erfüllen.

Das ist ja das Wunderbare in der Natur und Vorsehung, daß kein Konflikt der beiden Geschlechter unter- und nebeneinander möglich ist, solange jeder Teil die ihm von der Natur vorgezeichnete Aufgabe erfüllt.

Das Wort von der Frauen-Emanzipation ist ein nur vom jüdischen Intellekt erfundenes Wort, und der Inhalt ist von demselben Geist geprägt. Die deutsche Frau brauchte sich in den wirklich guten Zeiten des deutschen Lebens nie zu emanzipieren, sie hat genau das besessen, was die Natur ihr zwangsläufig als Gut zur Verwaltung und Bewahrung gegeben hat, genau so wie der Mann in seiner guten Zeit sich nie zu fürchten brauchte, daß er aus seiner Stellung gegenüber der Frau verdrängt werde. Gerade von der Frau wurde ihm sein Platz

63

am wenigsten streitig gemacht. Nur wenn er selbst nicht sicher war in der Erkenntnis seiner Aufgabe, begann der etwaige Instinkt der Selbst- und Volkserhaltung in der Frau zu revoltieren. Dann begann aus dieser Revolte eine Umstellung, die nicht der Natur gemäß war, und sie dauerte so lange, bis wieder beide Geschlechter zurückkehrten zu dem, was eine ewig weise Vorsehung zugewiesen hat.

Wenn man sagt, die Welt des Mannes ist der Staat, die Welt des Mannes ist sein Ringen, die Einsatzbereitschaft für die Gemeinschaft, so könnte man vielleicht sagen, daß die Welt der Frau eine kleinere sei. Denn ihre Welt ist ihr Mann, ihre Familie, ihre Kinder und ihr Haus.

In Harheim, einem kleinen Dorf in der Wetterau, treffen sich allwöchentlich die Mitglieder der NS-Frauenschaft und des Bundes Deutscher Mädel im Parteiheim der NSDAP, um gemeinsam Päckchen mit Liebesgaben für die Frontsoldaten der Gemeinde zu packen.

Wo wäre aber die größere Welt, wenn niemand die kleine Welt betreuen wollte? Wie könnte die größere Welt bestehen, wenn niemand wäre, der die Sorgen um die kleinere Welt zu seinem Lebensinhalt machen würde?

Nein: *Die große Welt baut sich auf dieser kleinen Welt auf!* Diese große Welt kann nicht bestehen, wenn die kleine Welt nicht fest ist. Die Vorsehung hat der Frau die Sorgen um diese ihre eigenste Welt zugewiesen, aus der sich dann erst die Welt des Mannes bilden und aufbauen kann.

Diese beiden Welten stehen sich daher nie entgegen. Sie ergänzen sich gegenseitig, sie gehören zusammen, wie Mann und Weib zusammengehören.

Wir empfinden es nicht als richtig, wenn das Weib in die Welt des Mannes, in sein Hauptgebiet eindringt, sondern wir empfinden es als natürlich, wenn diese beiden Welten geschieden bleiben. In die eine gehört die Kraft des Gemütes, die Kraft der Seele! Zur anderen gehört die Kraft des Sehens, die Kraft der Härte, der Entschlüsse und die Einsatzwilligkeit! In einem Fall erfordert diese Kraft die Willigkeit des Einsatzes des Lebens der Frau, um diese wichtige Zelle zu erhalten und zu vermehren, und im anderen Fall erfordert sie die Bereitwilligkeit, das Leben zu sichern, vom Manne.

Was der Mann an Opfern bringt im Ringen seines Volkes, bringt die Frau an Opfern im Ringen um die Erhaltung dieses Volkes in den einzelnen Zellen. Was der Mann einsetzt an Heldenmut auf dem Schlachtfeld, setzt die Frau ein in ewig geduldiger Hingabe, in ewig geduldigem Leiden und Ertragen. Jedes Kind, das sie zur Welt bringt, ist eine Schlacht, die sie besteht für Sein oder Nichtsein ihres Volkes. Und beide müssen sich deshalb auch gegenseitig schätzen und achten, wenn sie sehen, daß jeder Teil die Aufgabe vollbringt, die ihm Natur und Vorsehung zugewiesen hat …

So war die Frau zu allen Zeiten die Gehilfin des Mannes und

damit seine treueste Freundin, und der Mann war zu allen Zeiten der Hüter seines Weibes und damit ihr bester Freund! Und beide sahen in dieser Führung des Lebens die gemeinsame Grundlage für den Bestand dessen, was sie lieben, und für dessen Fortgestaltung. Die Frau ist egoistisch in der Erhaltung ihrer kleinen Welt, damit der Mann in die Lage kommt, die größere zu bewahren, und der Mann ist egoistisch in der Erhaltung dieser größeren Welt, denn sie ist untrennbar mit der anderen verbunden. Wir wehren uns dagegen, daß ein Intellektualismus verdorbenster Art das auseinanderreißen will, was Gott zusammengefügt hat.

Die Frau ist, weil sie von der ursächlichsten Wurzel ausgeht, auch das stabilste Element in der Erhaltung eines Volkes. Sie hat am Ende den untrüglichsten Sinn für alles das, was notwendig ist, damit eine Rasse nicht vergeht, weil ja ihre Kinder vor allem in erster Linie von all dem Leid betroffen werden.

Der Mann ist geistig oft zu labil, um zu diesen Grunderkenntnissen sofort den Weg zu finden. Allein in einer guten Zeit und mit guter Erziehung wird der Mann genauso wissen, was seine Aufgabe ist. Wir Nationalsozialisten haben uns daher viele Jahre hindurch gewehrt gegen eine Einsetzung der Frau im politischen Leben, die in unseren Augen unwürdig war. Mir sagte einmal eine Frau: Sie müssen dafür sorgen, daß Frauen ins Parlament kommen, denn nur sie allein können es veredeln. Ich glaube nicht, antwortete ich ihr, daß der Mensch das veredeln soll, was an sich schlecht ist, und die Frau, die in dieses parlamentarische Getriebe gerät, wird nicht das Parlament veredeln, sondern dieses Getriebe wird die Frau schänden.

Ich möchte nicht etwas der Frau überlassen, was ich den Männern wegzunehmen gedenke. Die Gegner meinten, dann würden wir niemals Frauen für die Bewegung bekommen. Aber wir bekamen mehr als alle anderen Parteien zusammen, und ich weiß, wir hätten auch die letzte deutsche Frau gewonnen, wenn sie nur einmal Gelegenheit gehabt hätte, das Parlament und das entwürdigende Wirken der Frauen darin zu studieren.

Wir haben deshalb die Frau eingebaut in den Kampf der völkischen Gemeinschaft, so wie die Natur und Vorsehung es bestimmt haben. So ist unsere Frauenbewegung für uns nicht etwas, das als Programm den Kampf gegen den Mann auf seine Fahne schreibt, sondern etwas, das auf sein Programm den gemeinsamen Kampf mit dem Mann setzt. Denn gerade dadurch haben wir die neue nationalsozialistische Volksgemeinschaft gefestigt, daß wir in Millionen von Frauen treueste, fanatische Mitkämpferinnen erhielten, Kämpferinnen für das gemeinsame Leben im Dienste der gemeinsamen Lebenserhaltung, Kämpferinnen, die dabei den Blick nicht auf Rechte richten, die ein jüdischer Intellektualismus vorspiegelt, sondern auf Pflichten richten, die die Natur uns gemeinsam aufbürdet.

Wenn früher die liberalen intellektualistischen Frauenbewegungen in ihren Programmen viele, viele Punkte enthielten, die ihren Ausgang vom sogenannten Geiste nahmen, dann enthält das Programm unserer nationalsozialistischen Frauenbewegung eigentlich nur einen einzigen Punkt, und dieser Punkt heißt *das Kind,* dieses kleine Wesen, das werden muß und gedeihen soll, für das der ganze Lebenskampf ja überhaupt allein einen Sinn hat. Denn: zu was würden wir kämpfen und ringen, wenn nicht nach uns etwas käme, das das, was wir heute erwerben, zu seinem Nutz und Frommen anwenden und wieder weiter vererben kann? Wofür ist der ganze menschliche Kampf denn sonst? Wofür die Sorge und das Leid? Nur für eine Idee allein? Nur für eine Theorie? Nein! Dafür würde es sich nicht lohnen, durch dieses irdische Jammertal zu wandeln. Das einzige, was uns das alles überwinden läßt, ist der Blick von der Gegenwart in die Zukunft, vom eigenen Menschen auf das, was hinter uns nachwächst.

Aus einem Anbetungsbrief der Schriftstellerin Theolinde Zimmer an Hitler (12. November 1934)

Einen Händedruck von Dir, Adolf Hitler, der für mich wie ein Schicksal ist ... »Hand in Hand«, das ist wie ein Schwur, der uns bindet mit Blut und deutscher Erde. Es wird dann sein wie ein heiliges Gebet ...

Du bist ein herrlicher, wunderbarer Kamerad, und ich verehre nicht Deine Größe, sondern Dein Heldentum und Deine Seele. Man muß Dich lieben und schauen auf den Weg, den Du uns so wunderbar vorlebst. Wir laufen Dir nach und stellen uns vor Dich: erst wir, ehe Du sterben darfst! Wenn alles hart auf hart geht, wir wollen standhalten. Bis der Schmerz zu Dir kommt, hast Du längst wieder einen großen Gedanken, und Du reißt uns mit Größe aus dem Chaos, in dem die Welt zu gerne sähe, daß wir zu Grunde gingen. Wir wissen, daß es hart ist, aber wir wollen auch nie vergessen, daß es ohne Dich viel härter wäre!

Ich bin zwar nur ein kleines deutsches Mädel, das hart im Leben stand und hart im Leben wurde. Aber mutig genug, Dich zu bitten, mich eine Teelänge lang in Deinem Haus oben in Berchtesgaden zu empfangen. Ich werde den Tee sehr langsam trinken, denn ich habe Dir sehr viel zu sagen ...

Einen herzlichen Händedruck, *Adolf Hitler,* nun habe ich meine Beichte beendet, und ich wünschte, Du würdest nicht vergessen, mir zu schreiben.

Ergeben Dir und voller Glauben an Dich und Deutschland immer

Dein kleiner Soldat.

Zehn Gebote für die Gattenwahl vom Reichsausschuß für Volksgesundheit (November 1934)

1. Gedenke, daß Du ein Deutscher bist

Alles, was Du bist, bist Du nicht aus eigenem Verdienst, sondern durch Dein Volk. Ob Du willst oder nicht willst, Du gehörst zu ihm; denn Du bist aus ihm hervorgegangen. Darum denke bei allem, was Du tust, ob es Deinem Volke förderlich ist. Gemeinnutz geht vor Eigennutz.

Aus verbotener Liebe zu einem »Fremdarbeiter« am Pranger.

2. Du sollst, wenn Du erbgesund bist, nicht ehelos bleiben

Alles, was an Dir vorhanden ist, alle Eigenschaften Deines Körpers und Geistes sind vergänglich. Sie sind ein Erbe, ein Geschenk Deiner Vorfahren. Sie leben in Dir und in ununterbrochener Kette weiter. Wer ohne zwingenden Grund ehelos bleibt, unterbricht diese Kette der Geschlechter. – Dein Leben ist nur eine vorübergehende Erscheinung; Sippe und Volk bestehen fort. Geistiges und körperliches Erbgut feiert in den Kindern Auferstehung.

Erbgut, Bluterbe ist alles das, was an körperlichen, geistigen und seelischen Anlagen dem Menschen durch seine Ahnen bei der Zeugung übermittelt worden ist. Bei der großen Menge dieser Anlagen kann im Einzelmenschen nur ein Teil davon während seines Lebens in Erscheinung treten. Da dieses Erbgut immer wieder bei den Nachkommen in Erscheinung tritt, ist es ewig. Es ist das Erbbild, dem das Erscheinungsbild des Einzelmenschen gegenübersteht.

3. Halte Deinen Körper rein

Was Dir an Gesundheit von reinen Eltern verliehen worden ist, erhalte es, um Deinem Volke dienen zu können. Hüte Dich, nutzlos und leichtsinnig damit zu spielen. Der Genuß eines Augenblicks kann Deine Gesundheit und Dein Erbgut dauernd zerstören, zum Fluche für Dich, Deine Kinder und Enkel. Was Du von Deinem zukünftigen Lebensgefährten verlangst, mußt Du auch von Dir selbst verlangen. Gedenke, daß Du ein deutscher Ahnherr bist!

4. Du sollst Geist und Seele rein halten

Erhalte, was Du an Anlagen hast, werde, was Du Deinen Anlagen nach sein kannst. Halte fern von Geist und Seele alles, was Dir innerlich fremd ist, was Deiner Art zuwider ist, was Dein Gewissen Dir verbietet. Aussicht auf Geld und Gut, Aussicht auf schnelleres Fortkommen, Aussicht auf Genuß verleiten gar oft dazu, dies zu vergessen.

Sei darum wahr gegen Dich selbst und vor allem gegenüber Deinem zukünftigen Lebensgefährten. Auf Lüge erbautes Glück zerfällt gar bald in Trümmer. Was Du von Deinem Lebensgefährten verlangst, mußt Du auch selbst erfüllen.

5. Wähle als Deutscher nur einen Gatten gleichen oder nordischen Blutes

Wo Anlage zu Anlage paßt, herrscht Gleichklang. Wo ungleiche Rassen sich mischen, gibt es einen Mißklang. Mischung nicht zueinander passender Rassen (Bastardierung) führt im Leben der Menschen und Völker häufig zu Entartung und Untergang; um so schneller, je weniger die Rasseneigenschaften zueinander passen. Hüte Dich vorm Niedergang, halte Dich von Fremdstämmigen außereuropäischer Rassenherkunft fern! Glück ist nur bei Gleichgearteten möglich.

Die Geschichte lehrt, daß unsere germanischen Vorfahren dem Wunschbild des nordischen Menschen in hohem Maße entsprachen. Die nordische Rasse ist nach allen Forschungen die für das deutsche Volk und seine Brudervölker germanischer Sprache und ihre Entwicklung wertvollste Rasse. Alle deutschen Stämme haben einen Einschlag nordischer Rasse gemeinsam, mögen sie sich auch sonst durch Einschläge nicht nordischer Rassen unterscheiden. – Der nordische Blutseinschlag verbindet das ganze deutsche Volk. Jeder Deutsche hat daran mehr oder weniger teil. Diesen Anteil zu erhalten und zu mehren ist heilige Pflicht. Wer sein Blut mit Fremdstämmigen außereuropäischer Rassenherkunft mischt, arbeitet der Ausartung seines Volkes entgegen.

6. Bei der Wahl Deines Gatten frage nach seinen Vorfahren
Du heiratest nicht Deinen Gatten allein, sondern mit ihm gewissermaßen seine Ahnen. Wertvolle Nachkommen sind nur zu erwarten, wo wertvolle Ahnen vorhanden sind. Gaben des Verstandes und der Seele sind ebenso ein Erbteil wie die Farbe der Augen und Haare. Schlechte Anlagen vererben sich ebenso wie gute. Ein guter Mensch kann in sich Keime (Erbgut) tragen, die in den Kindern sich zum Unglück gestalten. Darum heirate nie den einzigen guten Menschen aus einer schlechten Familie. Wer offenen Blickes Eltern und Verwandtschaft betrachtet, wird manche Gefahr erkennen. Bist Du unsicher, verlange eine erbbiologische Sippschaftstafel …

Es gibt nichts Kostbareres auf der Welt als die Keime edlen Blutes; verdorbene Keimmasse kann keine Heilkunst in gute verwandeln.

7. Gesundheit ist Voraussetzung auch für äußere Schönheit

Gesundheit bietet die beste Gewähr für dauerndes Glück; denn sie ist die Voraussetzung für Schönheit und seelische Ausgeglichenheit. Verlange von Deinem zukünftigen Gefährten, daß er sich ärztlich auf Ehetauglichkeit untersuchen läßt, wie Du es selber auch tun mußt.

8. Heirate nur aus Liebe

Geld ist vergänglich Gut und macht nicht dauernd glücklich. Wo der göttliche Funke der Liebe fehlt, kann kein Glück gedeihen. Reichtum des Herzens und Gemütes ist die beste Gewähr für dauerndes Glück.

Darum sei Deine Liebe nicht blind, sondern sehend und sich der Verantwortung bewußt! Ein kurzer Sinnenrausch ist keine echte Liebe!

9. Suche Dir keinen Gespielen, sondern einen Gefährten für die Ehe

Die Ehe ist kein vorübergehendes Spiel zwischen zwei Menschen, sondern eine dauernde Bindung, die für das Leben des einzelnen wie des ganzen Volkes von tiefer Bedeutung ist. Der Sinn der Ehe ist das Kind und die Aufzucht der Nachkommenschaft.

Nur bei seelisch, körperlich und rassisch gleichgearteten Menschen kann dieses Hochziel erreicht werden zum Segen ihrer selbst und ihres Volkes; denn jede Rasse hat ihre eigene Seele. Nur gleiche Seelen werden einander verstehen.

Ein allzu großer Altersunterschied zwischen Ehegatten gefährdet leicht das Gleichgewicht in der Ehe.

10. Du sollst Dir möglichst viele Kinder wünschen

Erst bei drei bis vier Kindern bleibt der Bestand des Volkes sichergestellt. Nur bei großer Kinderzahl werden die in der

Sippe vorhandenen Anlagen in möglichst großer Zahl und Mannigfaltigkeit in Erscheinung treten. Kein Kind gleicht genau den anderen. Ein jedes Kind hat verschiedene Anlagen seiner Vorfahren ererbt. Viele wertvolle Kinder erhöhen den Wert eines Volkes und sind die sicherste Gewähr für seinen Fortbestand. Du vergehst; was Du Deinen Nachkommen gibst, bleibt; in ihnen feierst Du Auferstehung. Dein Volk lebt ewig!

Aus dem Buch »Heirat und Rassenpflege« von Ludwig Leonhardt (1934)

In tiefer Erkenntnis der Quelle völkischer Erneuerung betrachtet der Nationalsozialismus die Familie als Grundlage des Staates. Um die Bedeutung dieses Satzes voll erkennen und würdigen zu können, müssen wir den Begriff »Familie« näher erläutern. Wir dürfen dabei unter Familie nicht allein Eltern und Kinder verstehen, zur Familie in unserem Sinne gehören auch nicht nur die, die einen Namen tragen, die ein Grundstück oder sonstiges Vermögen besitzen. Auch sind es nicht rechtliche Bindungen allein, die den Begriff Familie umschließen. Vielmehr umfaßt dieser alles das, was in einem bestimmten Personenkreis an geistigem und seelischem Gut lebendig vorhanden war und lebendig bleiben wird. Was wir sind, was wir leisten, ist nicht unser Verdienst, wir verdanken es letztlich unseren Eltern und Großeltern, unserer ganzen Ahnenreihe, deren Erbgut wir in uns tragen. Das also, was durch sie an geistigen Gütern auf uns überkommen ist und was wir an unsere Kinder und Kindeskinder weitergeben sollen, das alles gehört zur Familie, deren Bedeutung für das Volksleben erst der neue Staat voll anzuerkennen bereit ist. Und wir müssen uns immer vor Augen halten, daß wir nicht die letzte Zusammenfassung der vielfachen Anlagen, sondern daß wir dazu bestimmt sind, diese rein und unverdorben weiterzugeben, um das, was Familie heißt, fortzupflanzen, vorwärtszutreiben, damit durch immer wiederholte Verflechtung der Familien ein deutsches Volk werde.

An dieser Zielsetzung aber erkennen wir, welch ungeheure Verantwortung jeder von uns trägt. Denn, wie wir kostbares Erbgut nicht untergehen lassen dürfen, wie wir es auch nicht durch unsere Schuld schädigen dürfen, so müssen wir danach streben, schlechtes und minderwertiges auszumerzen, zu verbessern oder zu vernichten. Wie aber kann sich der einzelne darüber klarwerden, wie er diese Verantwortung dem Volke gegenüber vertritt? Kann er das ohne genaue Kenntnis seines

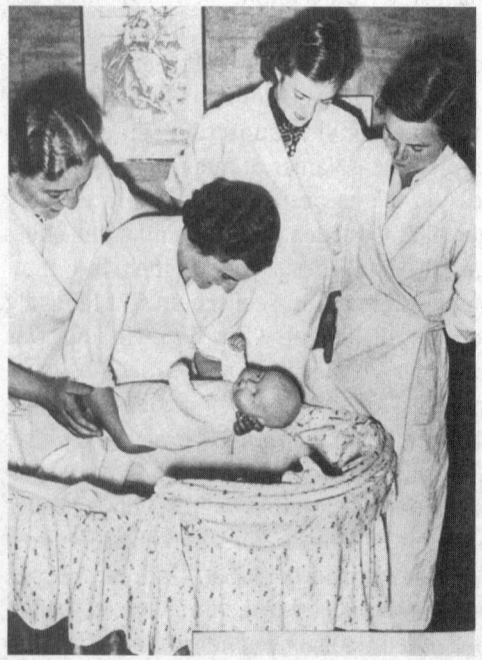

Mütterschulungskurs der NS-Frauenschaft: Unterricht in Säuglingspflege.

gesamten Erb- und Erscheinungsbildes, also ohne genaue Kenntnis seines eigenen Wesens und des Wesens seiner Vorfahren? Nein! Wer nur in den Tag hinein lebt, wem es gleichgültig ist, aus welcher Wurzel er entsprungen ist, wer nicht im Tiefsten die Bedeutung der Worte Vor- und Nachfahren erspürt, der kann nicht als verantwortungsbewußtes Glied der Volksgemeinschaft angesprochen werden.

Beginnen wir also mit der Erforschung unseres Familienbildes! Es bedarf dazu einiger Arbeit, die aber jeder leisten muß, in dessen Familie irgendwelche Aufzeichnungen bisher noch nicht gemacht worden sind. Wenn wir nämlich ehrlich sein wollen, so müssen wir gestehen, daß nur in den wenigsten Fällen unsere eigenen Kenntnisse ausreichen, um dieses Bild auch nur einigermaßen deutlich zu machen. Es ist leider so, daß sehr viele kaum die Augenfarbe ihrer Eltern und Geschwister kennen, ganz zu schweigen von der der Großeltern, zu schweigen aber auch von den wichtigeren Eigenschaften des Geistes und Gemütes. So ergibt sich für jeden die Pflicht, sich möglichst eingehend darüber zu unterrichten, wes Art er ist.

Aus einem Bericht der »Weser-Zeitung« über die Abschaffung der Eintänzer (16. Januar 1935)

Mit dem 1. Januar hat in Deutschland das Gigolosystem ein Ende gefunden. Werden die tanzlustigen Damen ihm auch ein wenig nachtrauern, im Interesse der Manneswürde ist der Entschluß der Regierung entschieden zu begrüßen. Eintänzer zu sein war kein Beruf, im besten Fall ein Nebenberuf. Verlangt wurde kavaliermäßiges Auftreten, gute Erscheinung, flottes Tanzen, ein guter Smoking, Unterhaltungsgabe, womöglich in mehreren Sprachen – und geboten wurden dafür drei Mark. Der Beruf des Eintänzers war alles andere, nur nicht romantisch, vielmehr ein ganz nüchternes Geschäft mit genau geregelten Praktiken.

Da hieß es warten, bis der Tanz angefangen hatte, und sich dann auf eine nichtengagierte Dame stürzen. Sie brauchte weder hübsch noch jung zu sein, und auch gut tanzen brauchte sie nicht zu können. Dabei war streng darauf zu achten, daß man nicht etwa einem Kollegen eine seiner Damen, die gewohnt waren, mit ihm zu tanzen, wegschnappte. Denn jeder Eintänzer hatte eine Anzahl Damen, je mehr, desto besser für ihn, die einmal oder zweimal in der Woche in das Lokal kamen, um mit ihm zu tanzen.

Aus dem Wehrgesetz (21. Mai 1935)
Im Kriege ist über die Wehrpflicht hinaus jeder deutsche Mann und jede deutsche Frau zur Dienstleistung für das Vaterland verpflichtet.

Aus dem »Reichsarbeitsdienst-Gesetz« (26. Juni 1935)
Abschnitt I

§ 1 (1) Der Reichsarbeitsdienst ist Ehrendienst am deutschen Volk.

(2) Alle jungen Deutschen beiderlei Geschlechts sind verpflichtet, ihrem Volk im Reichsarbeitsdienst zu dienen.

(3) Der Reichsarbeitsdienst soll die deutsche Jugend im Geiste des Nationalsozialismus zur Volksgemeinschaft und zur wahren Arbeitsauffassung, vor allem zur gebührenden Achtung der Handarbeit erziehen.

(4) Der Reichsarbeitsdienst ist zur Durchführung gemeinnütziger Arbeiten bestimmt …

Abschnitt II

§ 3 (1) Der Führer und Reichskanzler bestimmt die Zahl

der alljährlich einzuberufenden Dienstpflichtigen und setzt die Dauer der Dienstzeit fest.

(2) Die Dienstpflicht beginnt frühestens nach vollendetem 18. und endet spätestens mit Vollendung des 25. Lebensjahres ...

§ 7 (1) Zum Reichsarbeitsdienst kann nicht zugelassen werden, wer nichtarischer Abstammung ist oder mit einer Person nichtarischer Abstammung verheiratet ist ...

Abschnitt III

§ 9 Die Vorschriften über die Arbeitsdienstpflicht der weiblichen Jugend bleiben besonderer Regelung vorbehalten ...

Abschnitt IV

§ 18 Die Angehörigen des Reichsarbeitsdienstes bedürfen zur Verheiratung der Genehmigung.

Einzelhandelspreise für Lebensmittel in Deutschland (1932 bis 1939)

Erzeugnis in Pf	1932	1939
1 kg Roggenbrot	36,9	32,7
1 kg Kartoffeln	9,0	9,0
1 kg Schweinebauch	148,3	164,1
1 kg Butter	289,4	314,7
1 l Vollmilch	23,2	23,3
1 Ei	9,5	12,0

Aus dem »Gesetz zum Schutze des deutschen Blutes und der deutschen Ehre« (15. September 1935)

§ 1 1. Eheschließungen zwischen Juden und Staatsangehörigen deutschen oder artverwandten Blutes sind verboten. Trotzdem geschlossene Ehen sind nichtig, auch wenn sie zur Umgehung dieses Gesetzes im Ausland geschlossen sind ...

§ 2 Außerehelicher Verkehr zwischen Juden und Staatsangehörigen deutschen oder artverwandten Blutes ist verboten.

§ 3 Juden dürfen weibliche Staatsangehörige deutschen oder artverwandten Blutes unter 45 Jahren nicht in ihrem Haushalt beschäftigen.

Aus dem »Gesetz zum Schutze der Erbgesundheit des deutschen Volkes (Ehegesundheitsgesetz)« (18. Oktober 1935)

§ 1 (1) Eine Ehe darf nicht geschlossen werden,

a) wenn einer der Verlobten an einer mit Ansteckungsgefahr verbundenen Krankheit leidet, die eine erhebliche Schädigung der Gesundheit des anderen Teiles oder der Nachkommen befürchten läßt,

b) wenn einer der Verlobten entmündigt ist oder unter vorläufiger Vormundschaft steht,

c) wenn einer der Verlobten, ohne entmündigt zu sein, an einer geistigen Störung leidet, die die Ehe für die Volksgemeinschaft unerwünscht erscheinen läßt,

d) wenn einer der Verlobten an einer Erbkrankheit im Sinne des Gesetzes zur Verhütung erbkranken Nachwuchses leidet.

(2) Die Bestimmung des Absatzes 1 Buchstabe d steht der Eheschließung nicht entgegen, wenn der andere Verlobte unfruchtbar ist.

§ 2 Vor der Eheschließung haben die Verlobten durch ein Zeugnis des Geundheitsamtes (Ehetauglichkeitszeugnis) nachzuweisen, daß ein Ehehindernis nach § 1 nicht vorliegt.

§ 3 (1) Eine entgegen den Verboten des § 1 geschlossene Ehe ist nichtig, wenn die Ausstellung des Ehetauglichkeitszeugnisses oder die Mitwirkung des Standesbeamten bei der Eheschließung von den Verlobten durch wissentlich falsche Angaben herbeigeführt worden ist. Sie ist auch nichtig, wenn sie zum Zwecke der Umgehung des Gesetzes im Ausland geschlossen ist. Die Nichtigkeitsklage kann nur vom Staatsanwalt erhoben werden.

(2) Die Ehe ist von Anfang an gültig, wenn das Ehehindernis später wegfällt.

§ 4 (1) Wer eine verbotene Eheschließung erschleicht (§ 3), wird mit Gefängnis nicht unter drei Monaten bestraft. Der Versuch ist strafbar …

§ 5 (1) Die Vorschriften dieses Gesetzes finden keine Anwendung, wenn beide Verlobten oder der männliche Verlobte eine fremde Staatsangehörigkeit besitzen.

Aus einer Pressemitteilung über das erste in Berlin gefällte Urteil wegen »Rassenschande« (17. Dezember 1935)

Die Strafkammer beim Landgericht Berlin verurteilt den 43 Jahre alten Juden Otto Jaffe aus Berlin wegen Rassenschande (§ 2 des Gesetzes zum Schutze des deutschen Blutes und der deutschen Ehre) mit einem Jahr und drei Monaten Gefängnis …

Der verurteilte Jude hatte eine arische Frau kennengelernt und war mit ihr ein eheähnliches Verhältnis eingegangen, dem ein Kind entsprossen ist. Auch nach Erlaß des Gesetzes vom 15. September d. J., das auf dem diesjährigen Nürnberger Parteitag verkündet wurde, blieb der von dem Juden und der artvergessenen Frau gemeinsam geführte Haushalt bestehen. In voller Kenntnis der gesetzlichen Bestimmungen wurde, wie vor der Strafkammer zugegeben wurde, das verbrecherische Verhältnis fortgesetzt.

Cuxhaven 1935: öffentlich angeprangerte »Rassenschande«.

Aus einer Rede Leys über ein geplantes »Riesenseebad« auf Rügen (18. Februar 1936)

Die Idee dieses Seebads ist vom Führer selbst. Er sagte mir eines Tages, daß man nach seiner Meinung ein Riesenseebad bauen müsse. Die Arbeiter würden sich in den vorhandenen Bädern doch nicht restlos wohl fühlen. Die Umgebung und der ganze Kreis sei ihnen fremd, und es fehle ihnen dort auch außerordentlich viel. Wenn sie in das neue Seebad kämen, dann müssen sie dort schon alles vorfinden, was man zum Badeleben braucht. Dies waren die Gründe, weshalb mir der Führer den Auftrag gab, ein eigenes »Kraft durch Freude«-Seebad zu schaffen, das das Gewaltigste und Größte von allem bisher Dagewesenen werden müsse.

Der Führer gab auch gleichzeitig an, daß das Bad 20 000 Betten haben müsse. Alles soll so eingerichtet werden, daß man das Ganze im Falle eines Krieges auch als Lazarett verwenden kann. Wichtig für die Gesamtlage ist die Führung der Eisenbahn, denn es sollen jeden Tag 2000 Menschen an- und 2000 Menschen abtransportiert werden.

Ferner ist es der Wunsch des Führers, daß in der Mitte des Seebades ein großes Festhaus entsteht und daß alle Bauten sauber, zweckmäßig und schön gestaltet werden. Das Gelände [in Binz] haben wir schon gekauft.

Wenn der Mensch in das Seebad kommt, dann muß er sofort seine Vergangenheit vergessen. Ich möchte es so einrichten, daß er in einen Trubel hineinkommt, der ihm den Atem nimmt, daß er vor lauter Musik, Tanz, Ins-Theater-Gehen usw. nicht zu sich selbst kommt. Bisher brauchte man schon allein 7 Tage, um sich einzuleben und mit anderen Menschen Fühlung zu bekommen, 7 Tage konnte man sich erholen, und die letzten 7 Tage mußte man sich schon wieder an die zukünftigen Sorgen des Alltags gewöhnen. Das darf hier nicht sein. Von der ersten Stunde an muß der Mensch von der berauschenden Umgebung befangen werden bis zur letzten Sekunde, wenn er in den Zug steigt. Das ist auch der Wunsch des Führers, und wir wollen daher das Bad mit allem ausstatten, was es überhaupt gibt, mit Theater, Kino, Kabarett, Musik, Tanzflächen usw. …

Das Gemeinschaftshaus soll auf Wunsch des Führers alle Menschen fassen. Ferner soll auf der Düne eine breite, befestigte Promenade angeordnet werden. Ein Teil davon soll überdacht oder als Wandelhalle vorgesehen werden. Wir möchten dann außerdem noch einen kleinen Hafen oder eine Mole, um unseren »Kraft durch Freude«-Schiffen, mit denen wir später einen Seebäderdienst einrichten wollen, das Anlegen zu ermöglichen. Dann müssen Sie [die ausführenden Architekten] überlegen, wie die Menschen am schnellsten aus den Häusern ans Meer gelangen können. Ich habe da an Rutschbahnen und Rolltreppen gedacht.

Aus einem Lagebericht der Staatspolizeistelle Berlin über Verbitterung in der Bevölkerung (6. März 1936)

Zu größeren Besorgnissen gibt die Stimmung in der Bevölkerung hinsichtlich der *innerpolitischen Zustände* Anlaß … In weiten Kreisen herrscht eine ausgesprochene Verbitterung …

Die schlechte Stimmung ist zwar nicht immer ohne weiteres erkennbar, weil jeder sich überwacht fühlt. Im engen Kreise wird aber überall geschimpft. Bezeichnend ist, daß der Deutsche Gruß »Heil Hitler!« nur noch von wenigen angewandt wird. Man kann sich tagelang in der Stadt aufhalten, ohne den Deutschen Gruß zu hören, es sei denn von Beamten im Amte oder in Uniform oder von Leuten aus der Provinz. In persönlichen Gesprächen in allen Kreisen und Ständen fällt immer wieder der Satz »So kann es nicht lange weitergehen« …

Ein wahrheitsgetreuer Stimmungsbericht kann auch nicht an der Tatsache vorbeigehen, daß das Vertrauen der Bevölkerung zu der Persönlichkeit des Führers z. Zt. eine Krise durchmacht. Man sagt, dem Führer könne es doch nicht entgehen, wie sich die menschlichen Unzulänglichkeiten einer Reihe seiner Unterführer auswirkten; es könne ihm nicht entgehen, wie sich bald dieser, bald jener eine große Villa baue, wie einzelne seiner Mitarbeiter einen auf die Volksmasse geradezu aufreizend wirkenden Luxus treiben.

Sozialausgaben in Deutschland (1933 bis 1937)

Jahr	in Mrd. RM
1933	2,3
1934	1,4
1935	0,9
1937	0,4

Aus dem Programm der Jugendabordnungen des Reichs-nährstandes zu Hitlers 47. Geburtstag (20. April 1936)

Die Kinder, Jungbauern und Jungbäuerinnen erscheinen alle in Tracht. Die Mädels haben kleine Blumensträuße in der Hand.

Die kleine Sprecherin hat einen größeren Blumenstrauß, den sie dem Führer nach Beendigung ihres Spruches überreicht.

Text des Spruches:

Lieber Führer!

Wir Buben und Mädchen von deutschen Bauernhöfen sind heute zu Dir gekommen. Vater und Mutter und alle Nachbarn des Dorfes lassen Dich durch uns schön grüßen. Sie haben Dich alle herzlich lieb und wünschen Dir mit uns alles, alles Gute zum Geburtstag.

Vater sagte uns, Du hast einen großen Hof. Der ist so groß wie die Höfe aller Bauern zusammen. Und der Hof, den Vater hat, ist nur ein ganz kleiner Teil von Deinem großen Hof. Der große Hof, sagt Vater, ist unser Deutschland, und Du bist der Bauer in diesem großen Hof.

Und dieser große Hof, sagt Vater, ist sehr krank gewesen. Fremde Nachbarn haben ihn vor langer Zeit einmal überfallen und haben Deinem Hof die Pferde und Rinder und das Korn weggenommen. Du aber hast alles wiedergutgemacht.

Vater und Mutter und alle Nachbarn sind stolz auf Dich. Sie haben uns gesagt, wir müssen Dich recht, recht liebhaben, so lieb, wie wir Vater und Mutter haben. Und wenn wir einmal so groß sind, wie Du bist, sollen wir unseren Hof ebenso schön führen wie Du Deinen großen Hof – unser Deutschland – führst.

So, und jetzt mußt Du mit uns ein bißchen lustig sein. Kommt, wir wollen unserem Führer ein Liedchen singen.

Zeitdauer des Spruches: 2 Minuten.

Danach singen die Kinder alle das Liedchen:

Lieber guter Führer,
Wie haben wir Dich lieb,

Bäuerinnen auf dem Weg ins Feld, die Männer im Felde ersetzend.

84

Mit uns'ren kleinen Händen
Woll'n wir Dir Blumen schenken,
Hab Du auch uns dann lieb.
Lieber guter Führer,
Wie haben wir Dich lieb,
In unserm kleinen Herzchen
Hast Du das schönste Plätzchen,
Wie haben wir Dich lieb.
Zeitdauer des Liedes: 1,5 Minuten

Aus einem Bericht des »Völkischen Beobachters« über eine Großkundgebung der Berliner NS-Frauenschaft und des Frauenwerkes (27. Mai 1936)

Im Anschluß an Vorträge eines Sprechchores nahm sodann der Stellvertreter des Führers, Reichsminister Heß, von den Anwesenden jubelnd begrüßt, das Wort.

Der Stellvertreter des Führers leitete seine Rede mit dem Bemerken ein, daß Deutschland die ehrenvolle Wertung der Frau als Mutter, als Kameradin des Mannes und als gleichwertiges Glied der Volksgemeinschaft selbstverständlich sei. Er setzte sich dann kurz mit den Ansichten auseinander, die im Ausland über die deutsche Frau vertreten würden, und stellte den fremden Ansichten über die Frau von heute jenen Frauentyp gegenüber, den das neue Deutschland will: »Wir wünschen uns Frauen, in deren Leben und in deren Wirken frauliche Art erhalten bleibt – Frauen, die wir zu lieben vermögen! Wir gönnen der übrigen Welt den Idealtyp der Frau, den sie sich wünscht, aber die übrige Welt soll uns gefälligst die Frau gönnen, die uns am gemäßesten ist. Nicht jeder ›Gretchentyp‹, unter dem man sich im Ausland ein etwas beschränktes, ja ungeistiges Wesen vorstellt, sondern eine Frau, die auch geistig befähigt ist, dem Manne in seinen Interessen, in seinem

Lebenskampf verständnisvoll zur Seite zu stehen, die ihm das Leben schöner und inhaltsreicher werden läßt, ist das Frauenideal des deutschen Mannes von heute. Es ist eine Frau, die vor allem auch Mutter zu sein vermag.«

»Und es gehört wohl zum Größten, was der Nationalsozialismus vollbrachte«, so führte der Stellvertreter des Führers weiter aus, »daß er es ermöglichte, daß soviel mehr Frauen als ehedem heute in Deutschland Mütter sein könnten. Sie sind nicht nur Mütter, weil es etwa der Staat will, weil es die Männer wollen, sondern sie sind Mütter, weil sie selbst stolz darauf sind, gesunde Kinder zur Welt zu bringen, sie für die Nation zu erziehen und so bewußt zu wirken für die Erhaltung des Lebens ihres Volkes.«

Aus einem Bericht des Bilderalbums »Die Olympischen Spiele 1936 in Berlin und Garmisch-Partenkirchen«, Band 2, über die Eröffnungsfeier der Spiele der XI. Olympiade in Berlin (1. August 1936)

Der Uhrzeiger am Marathontor rückt auf die vierte Nachmittagsstunde. Nach und nach versinken die Geräusche wie das Wasser im Wüstensand, der Flügelschlag einer großen historischen Stunde schwingt in der Luft.

Fanfarenstöße zerreißen die Stille, Adolf Hitler, Führer des Reiches, Schirmherr der Olympischen Spiele, schreitet über die Stufen der Treppe, die neben dem Marathontor in den Innenraum führt … Deutschland und seine Gäste erheben sich, und ein unermeßlicher Jubelsturm braust als Gruß zum Himmel. Die Arme der Massen recken sich, als wollen sie in dieser Minute sagen: Du hast uns und der Welt ein neues Wunder geschenkt. Ein kleines Mädchen überreicht dem Führer einen Blumenstrauß als Gruß der Jugend. Unter den Klängen des Huldigungsmarsches von Wagner steigt der Führer

die Treppe der Ehrentribüne empor. Auf seinem Platz ange-
kommen, grüßt er sein Volk. Die deutschen Hymnen erklin-
gen, und stehend singt das deutsche Volk seine Lieder.

Exzellenz Dr. Lewald, der Präsident des Olympischen Organi-
sationskomitees, betritt die Rednertribüne. Sein erster Gruß
und Dank gilt aus bewegtem Herzen dem Führer. Er spricht
von der herrlichen Olympiaidee, die in der Flamme des Feuers
so unvergleichlichen Ausdruck gefunden hat [gemeint ist der
erstmals durchgeführte olympische Fackellauf]. Er gedenkt
der 3000 Sportler, die durch sieben Länder seine Glut von
Olympia nach Berlin getragen haben …, dann bittet er den
Führer, die Spiele zu eröffnen. Adolf Hitler tritt ans Mikrofon.
Fest und klar steht die Stimme im Raum: »Ich erkläre die Spiele in Berlin zur Feier der XI. Olympiade neuer Zeitrechnung
als eröffnet.«

Olympische Sommerspiele 1936 in Berlin: Siegerehrung im Florettfechten der
Damen; rechts die deutsche Silbermedaillengewinnerin Helene Mayer.

Die olympische Glocke ruft ihren ehernen Gruß in die Welt. Die Kanonen donnern den Salut. Durch das Stadion flattert der Schwarm unzähliger Tauben, um die Kunde auf ihren Fittichen in die Welt zu tragen … Langsam steigt am Hauptmast die olympische Fahne empor. Als letzter Läufer des größten Staffellaufes aller Zeiten trägt Schilgen sein heiliges Feuer zur Schale über dem Marathontor empor, und die olympische Hymne von Richard Strauss jubelt in neuen Festesklängen zum Himmel.

Aus der Reihe der griechischen Kämpfer tritt Spyridon Louis, der Marathonsieger von 1896, und überreicht dem Führer einen Olivenzweig, den er in dem heiligen Hain von Olympia gepflückt hat. Vergangenheit und Gegenwart reichen sich die Hand, die großen Ideale der Menschen überbrücken die Jahrtausende.

Die Fahnenträger der Nationen schließen sich um die Rednertribüne zum Halbkreis zusammen. Rudolf Ismayr, der Olympiasieger [im Gewichtheben] von 1932, spricht für alle den olympischen Eid. Händels »Halleluja« breitet über das festliche Bild den feierlichen Ausklang. Langsam ziehen die Nationen, noch einmal vom Jubel der Massen [etwa 100 000 Zuschauer] begrüßt, dem Marathontor zu und entschwinden den Blicken.

Um 18 Uhr ist die größte sportliche Feier der Neuzeit beendet. Der Führer harrt, bis der letzte Mann die Kampfstätte verlassen hat. Ein herrlicher Tag neigt sich seinem Ende zu.

Aus einem Tagebucheintrag des Romanisten Victor Klemperer über die XI. Olympiade (13. August 1936)

Die Olympiade, die nun zu Ende geht, ist mir doppelt zuwider, 1. als irrsinnige Überschätzung des Sports; die Ehre eines Volkes hängt davon ab, ob ein Volksgenosse zehn Zentimeter höher springt als alle andern. Übrigens ist ein Neger aus USA am allerhöchsten gesprungen, und die silberne Fechtmedaille für Deutschland hat die Jüdin Helene Mayer gewonnen (ich weiß nicht, wo die größere Schamlosigkeit liegt, in ihrem Auftreten als Deutsche des Dritten Reichs oder darin, daß ihre Leistung für das Dritte Reich in Anspruch genommen wird) ... Und 2. ist mir die Olympiade so verhaßt, weil sie nicht eine Sache des Sports ist – bei uns meine ich –, sondern ganz und gar ein politisches Unternehmen. »Deutsche Renaissance durch Hitler« las ich neulich. Immerfort wird dem Volk und den Fremden eingetrichtert, daß man hier den Aufschwung, die Blüte, den neuen Geist, die Einigkeit, Festigkeit und Herrlichkeit, natürlich auch den friedlichen, die ganze Welt liebevoll umfassenden Geist des Dritten Reiches sehe. Die Sprechchöre sind (für die Dauer der Olympiade) verboten. Judenhetze, kriegerische Töne, alles Anrüchige ist aus den Zeitungen verschwunden, bis zum 16. August, und ebensolange hängen überall Tag und Nacht die Hakenkreuzfahnen. In englisch geschriebenen Artikeln werden »Unsere Gäste« immer wieder darauf hingewiesen, wie friedlich und freudig es bei uns zugehe, während in Spanien [gemeint ist der gerade ausgebrochene Bürgerkrieg] »kommunistische Horden« Raub und Totschlag begingen. Und alles haben wir in Hülle und Fülle. Aber der Schlächter hier und der Gemüsehändler klagen über Warennot und Teuerung, weil alles nach Berlin gesandt werden müsse. Und die »Hunderttausende« in Berlin sind durch »Kraft durch Freude« herangeschafft; die Ausländer, vor denen »Deutschland wie ein offenes Buch« aufgeschlagen liegen soll – aber wer hat denn die aufgeschlagenen Stellen ausgewählt und vorbereitet? –, sind nicht sehr zahlreich, und die Berliner Zimmervermieter klagen.

Aus dem Erlaß Hitlers über den weiblichen Reichsarbeitsdienst (26. September 1936)

1. Der vorläufig noch auf freiwilligem Eintritt beruhende Arbeitsdienst für die weibliche Jugend ist planmäßig zur Vorbereitung der Arbeitsdienstpflicht weiterzuentwickeln.

2. Die Stärke des Arbeitsdienstes für die weibliche Jugend ist in der Zeit vom April 1937 bis März 1938 auf 25 000 Arbeitsmaiden (einschl. Stammpersonal) zu erhöhen.

Aus einem Bericht der »Frankfurter Zeitung« über die Vereidigung von NS-Schwestern (6. Oktober 1936)

Zum erstenmal wurden ... im Gau Köln-Aachen nationalsozialistische Schwestern auf den Führer und Reichskanzler vereidigt. Gauleiter Grohé, der die Vereidigung in Anwesenheit der Reichsfrauenführerin, Scholtz-Klink, und des Haupt-

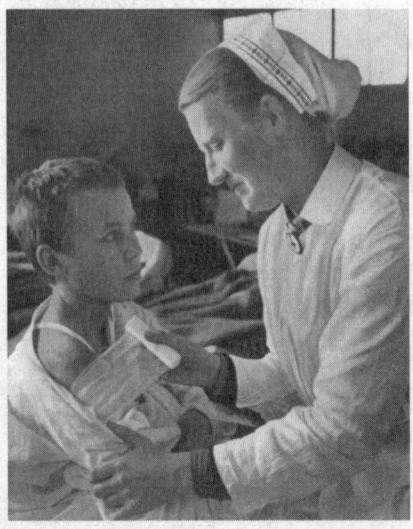

Aufopferungsvoller Einsatz nicht nur für Kinder in einem Bereitschaftslazarett des Deutschen Roten Kreuzes.

amtsleiters Hilgenfeldt vornahm, erklärte, warum es zur Bildung der NS-Schwesternschaften gekommen sei. Die Zahl der konfessionellen Schwestern sei so zurückgegangen, daß in Zukunft nicht mehr unbedingte Gewähr für die Erledigung aller Aufgaben gegeben sei. Hinzu komme, daß die Zukunft Aufgaben stellen werde, die nur von Menschen erfüllt werden könnten, die in ihrer weltanschaulichen Haltung vom Nationalsozialismus erfüllt seien. Die Bischöfe hätten für konfessionelle Schwestern ein Verbot erlassen, bei bestimmten Operationen Hilfsdienste zu leisten, so daß schon im Interesse der zu Behandelnden die Gründung von NS-Schwesternschaften sich als unbedingt notwendig erwiesen habe.

Pro-Kopf-Verbrauch von Lebensmitteln in Deutschland (1932 bis 1939)

Jahr	Fleisch kg	Eier Stück	Milch Liter	Butter kg	Fette kg
1932	42,1	138	105	7,5	20,4
1936	45,0	117	114	8,5	17,9
1939	48,5	124	103	9,2	18,0
Verbrauch eines durchschnittlichen Vier-Personen-Arbeiter-Haushalts					
1937	118,5	258	358	19,1	37,3

Jahr	Kartoffeln kg	Gemüse kg	Obst kg	Kaffee kg
1932	191,0	47,3	38,8	2,0
1936	170,8	52,0	29,2	2,4
1939	188,7	47,0	20,3	1,5
Verbrauch eines durchschnittlichen Vier-Personen-Arbeiter-Haushalts				
1937	530,3	117,8	649	–

Aus dem »Gesetz über die Hitlerjugend«
(1. Dezember 1936)

§ 1 Die gesamte deutsche Jugend innerhalb des Reichsgebietes ist in der Hitlerjugend zusammengefaßt.

§ 2 Die gesamte deutsche Jugend ist außer in Elternhaus und Schule in der Hitlerjugend körperlich, geistig und sittlich im Geiste des Nationalsozialismus zum Dienst am Volk und zur Volksgemeinschaft zu erziehen.

§ 3 Die Aufgabe der Erziehung der gesamten deutschen Jugend in der Hitlerjugend wird dem Reichsjugendführer der NSDAP übertragen. Er ist damit »Jugendführer des Deutschen Reiches«. Er hat die Stellung einer Obersten Reichsbehörde mit dem Sitz in Berlin und ist dem Führer und Reichskanzler unmittelbar unterstellt.

Mitgliederzahlen der Hitlerjugend (1933 bis 1938)

Jahr	HJ-Mitglieder	davon Mädchen
1933	2 300 000	593 000
1934	3 577 000	1 334 000
1935	3 900 000	1 616 000
1936	5 400 000	2 485 000
1937	5 800 000	2 759 000
1938	8 700 000	3 426 000

Aus einer Meldung der »Frankfurter Zeitung«
über die Darstellung der Familie in der bildenden Kunst
(6. Januar 1937)

Wie die Reichskammer der bildenden Künste mitteilt, hat das Rassenpolitische Amt der NSDAP die Bemerkung gemacht, daß in der Öffentlichkeit vielfach Darstellungen aus unserer Zeit auftauchen, die bildlich oder sinnbildlich die deutsche Fa-

»Mädchen von heute –
Mütter von morgen!«

milie bedauerlicherweise noch mit einem oder zwei Kindern zeigten. Der Nationalsozialismus bekämpfe mit Nachdruck das Zwei-Kinder-System, da es das deutsche Volk unrettbar dem Untergang zuführe. Er vertrete die Forderung nach mindestens vier Kindern in jeder Familie, um die heutige Bevölkerungszahl wenigstens zu halten. Wo immer die künstlerischen Notwendigkeiten es erlauben – und das werde in der Mehrzahl der Fälle möglich sein –, solle auch der bildende Künstler, besonders der Maler und Gebrauchsgraphiker, sich das Ziel setzen, im Rahmen der künstlerischen Gestaltungsmöglichkeiten wenigstens vier deutsche Kinder zu zeigen, wenn eine »Familie« dargestellt werde.

Aus einem Bericht der »Frankfurter Zeitung« über den »Blondheitsfimmel« der Frauen (1. Juni 1937)
In einer Versammlung der NSDAP wandte sich SS-Obergruppenführer Jeckeln gegen den »Blondheitsfimmel«. Blonde Haare und blaue Augen seien allerdings noch längst kein

zwingender Beweis, daß man der nordischen Rasse angehöre. Ein Mädchen, das heute einen SS-Mann heiraten wolle, müsse in jeder Beziehung einwandfrei sein. Daher werde von ihr der Besitz des Reichssportabzeichens gefordert. Manche können vielleicht heute dieses Verlangen noch nicht verstehen. Aber Deutschland brauche keine Frauen, die auf den Fünf-Uhr-Tees schön tanzen könnten, sondern Frauen, die durch sportliche Leistungen ihre Gesundheit bewiesen hätten. Und zum Gesundwerden tauge der Speer oder der Sprungstab besser als der Lippenstift.

Aus einer Rede des Staatssekretärs Wilhelm Reinhard auf der Tagung des Reichsbundes der Kinderreichen (5. Juni 1937)

Es muß besonders von einem Volksgenossen, der für die Beamtenlaufbahn zugelassen worden ist, verlangt werden, daß er frühzeitig heiratet. Jeder Beamtenanwärter ist nach nationalsozialistischer Auffassung verpflichtet, allen anderen Volksgenossen auch in der Frage der frühzeitigen Familiengründung Vorbild zu sein. Es wird demnächst bestimmt werden, daß ohne Rücksicht auf das Dienstalter die Bezüge der höchsten Stufe gewährt werden, sobald der Beamte heiratet …

Zu der Verbesserung der Anfangsbezüge kommt das Weniger an Lohnsteuer. Ein junger Beamter, der unter solchen Umständen nicht bald nach bestandener Prüfung heiratet, ist nicht wert, in die Beamtenlaufbahn des nationalsozialistischen Staates endgültig übernommen zu werden. Es muß erstrebt werden, die Übertragung einer Planstelle an den jungen Beamten davon abhängig zu machen, daß er verheiratet ist.

Aus einer Rede Himmlers vor SS-Gruppenführern über »Pantoffelhelden« (8. November 1937)

Ich habe … für etwas kein Verständnis, nämlich wenn dieser oder jener Führer … so ein entsetzlicher Pantoffelheld ist. Ich sprach schon oft aus: Führer, die nicht fähig sind, eine Rotte zu führen, nämlich sich und ihre Frau, die sind auch nicht fähig zu größeren Dingen. Ich bitte Sie, dafür zu sorgen …, daß Sie solche Kameraden zu sich holen und in ganz taktvoller und klarer Form einmal sagen: Mein Guter, das geht nicht, daß du in der Öffentlichkeit von deiner Frau blamiert wirst. Es geht nicht, daß man überall merkt, du darfst eigentlich nicht, deine Frau erlaubt dir das nicht. Das erleben Sie sehr oft auch im Volk. Nur wünsche ich nicht, daß das in der SS vorkommt, wenn es sonst ist, geht mich das nichts an. Machen Sie den Betreffenden in aller Ruhe darauf aufmerksam; auch die Frau gehört mit zur SS, sie ist ein Teil der SS, da wir nicht nur ein soldatischer Verband, sondern eine Gemeinschaft, ein Orden sind. Auch die Frau hat hier zu gehorchen.

Aus dem Buch »Die Wende in der Mädchenerziehung« von Franz Kade (1937)

Der Nationalsozialismus hat uns zum Bewußtsein gebracht, daß im Schoße des Weibes die Zukunft des Volkes ruht, daß der Volkstod unser unabwendbares Schicksal ist, wenn das Weib dem Volke die Fruchtbarkeit seines Schoßes verweigert. Die völkisch wertvollen Kräfte, die der Schöpfer in Schoß und Herz der deutschen Frau gelegt hat, werden im Existenzkampf unseres Volkes hoch gewertet und restlos eingesetzt. Der Nationalsozialismus hat uns gelehrt, daß das Weib als Hüterin der Reinheit des deutschen Blutes eine große Verantwortung trägt.

Aus diesen Erkenntnissen hat die Familien- und Bevölkerungspolitik des Dritten Reiches die Folgerungen gezogen, sie hat die Voraussetzungen dafür geschaffen, daß die Frau die ihr von unserem völkischen Schicksal gestellte Aufgabe erfüllen kann. Die Frau steht auf einer neuen Lebensgrundlage und in einem reichen Wirkungskreise. Sie muß nun zeigen, daß sie sich ihrer völkischen Verantwortung bewußt und bereit ist, daraus zu handeln. Sie muß den Schicksalsruf der Volkheit hören und den Auftrag des Volkes erfüllen ...

Vor dem Essen ein Lied: Führerinnen des Bundes Deutscher Mädel.

Das »Schönheitsideal« der jüngsten Vergangenheit, welches das schmalhüftige und engbrüstige Püppchen auf den Thron hob, ist im Wanken. Man beginnt wieder aufzuschauen zu kraftvollen, blühenden Frauengestalten voll gesunder Natürlichkeit, zu dem deutschen Frauentypus, der in stolzer leiblicher und seelischer Schönheit eine heilige Fruchtbarkeit und den Lebenswillen des deutschen Volkes verkörpert.

Aus der Anordnung Görings über das Pflichtjahr für Mädchen (15. Februar 1938)

Um den Mangel an weiblichen Arbeitskräften in der Land- und Hauswirtschaft zu mindern, bestimme ich folgendes:
1. Ledige weibliche Arbeitskräfte unter 25 Jahren dürfen von privaten und öffentlichen Betrieben und Verwaltungen als Arbeiterinnen oder Angestellte nur eingestellt werden, wenn sie eine mindestens einjährige Tätigkeit in der Land- oder Hauswirtschaft durch das Arbeitsbuch nachweisen. Vom Lande stammende Arbeitssuchende müssen die Tätigkeit auf dem Lande abgeleistet haben. Der Nachweis ist nicht erforderlich bei Einstellungen in der Land- und Hauswirtschaft.

Aus Richtlinien des Reichsarbeitsministers Franz Seldte für die Beschäftigung von Frauen im Mobilmachungsfall (16. September 1938)

Im Kriege müssen in weitestem Umfange Frauen in Wirtschaft und Verwaltung eingesetzt werden, um wehrfähige Männer für den Kampf mit der Waffe freizustellen. Dabei müssen im Dienst der Reichsverteidigung Gewohnheiten der Friedenszeit aufgegeben und Rücksichten, die unter anderen Verhältnissen den Einsatz von Frauen verbieten, entschlossen zurückgestellt werden. Doch muß auch im Kriege die Frauenarbeit dort ihre Grenzen finden, wo sie den Lebensquell der Nation bedrohen würde. Frauen dürfen deshalb auch im Kriege nicht Gesundheitsschädigungen ausgesetzt werden, durch welche früher oder später die Erfüllung der Aufgabe der Mutterschaft gefährdet würde. Beim Einsatz weiblicher Arbeitskräfte muß ferner berücksichtigt werden, daß Frauen nach ihrer geistigen und körperlichen Veranlagung nicht zu allen von Männern verrichteten Arbeiten fähig sind und daß ein falscher Einsatz sich auch im Arbeitsergebnis nachteilig auswirken würde …

I. Allgemeine Gesichtspunkte

1. Frauen dürfen nicht mit Arbeiten beschäftigt werden, die ernsthafte Gesundheitsschädigungen mit sich bringen (ätzende, giftige und stark reizende Stoffe und Gase, gesundheitsgefährdende Dämpfe und Stäube, große Hitze und Erschütterungen).

2. Frauen dürfen keine schweren Arbeiten übertragen werden, für die sie körperlich nicht geeignet sind.

Frauen im »männerersetzenden« Einsatz: die Zugbegleiterin.

3. Frauen sollen nicht mit Arbeiten beschäftigt werden, die besondere Geistesgegenwart, Entschlußkraft und schnelles Handeln erfordern.

4. Frauen sollen im allgemeinen nicht mit Arbeiten betraut werden, die besonderes technisches Verständnis und technische Kenntnisse erfordern. Der Einsatz ist aber auch hier möglich:

a) bei Frauen mit guter Auffassungsgabe nach besonderer technischer Ausbildung,

b) bei verstärkter fachkundiger Überwachung.

Aus einem Verehrungsbrief der Lehrerin Margarete Witte aus Hagenow an Hitler (Ende Oktober 1938)

Während Sie das Sudetenland befreiten, habe ich diese Strümpfe für Sie gestrickt. Nun haben wir beide unser Ziel erreicht. Sie ein großes, ich ein kleines.

Ich bitte Sie, mein Führer, diese Strümpfe von mir anzunehmen, ich hoffe, daß mein Gefühl mich richtig geleitet hat und daß die Strümpfe Ihnen auch passen werden. In tiefster Verehrung und Dankbarkeit.

Aus einem Telegramm der Pianistin Elly Ney an »meinen innig verehrten Führer« (17. Dezember 1938)

Mein Führer, nach meinem Berliner Schubert-Abend in der Philharmonie lebte aufs neue mein sehnlichster Wunsch auf, Ihnen, mein Führer, einmal Schubert vorspielen zu dürfen. Seit Jahren war es mein größter Wunsch, meinen innig verehrten Führer an dieser ergreifenden Sprache der Ostmark teilnehmen zu lassen, die Erfüllung dieses Wunsches würde mir neue Kraft verleihen, mit meinem Leben und meiner Kunst Ihnen und der deutschen Jugend zu dienen.

Aus einem Bericht des »Völkischen Beobachters« über das »Ehrenkreuz der Deutschen Mutter« (25. Dezember 1938)

»Die deutsche kinderreiche Mutter soll den gleichen Ehrenplatz in der deutschen Volksgemeinschaft erhalten wie der Frontsoldat, denn ihr Einsatz von Leib und Leben für Volk und Vaterland war der gleiche wie der des Frontsoldaten im Donner der Schlachten.« Mit diesen Worten hat der Hauptdienstleiter für Volksgesundheit in der Reichsleitung der Partei, Reichsärzteführer Dr. Wagner, bereits auf dem Parteitag der Arbeit [6. bis 13. September 1937] im Auftrage des Führers die Schaffung eines Ehrenzeichens für die kinderreiche deutsche Mutter angekündigt.

3 Millionen deutscher Mütter werden nunmehr am Tage der deutschen Mutter 1939 erstmalig in feierlicher Weise die neuen Ehrenzeichen durch die Hoheitsträger der Partei verliehen bekommen. Jahr für Jahr werden diese Feiern sich dann am Muttertag, am Ordenstag der kinderreichen Mütter [zweiter Mai-Sonntag], wiederholen.

[Die Auszeichnung wurde in drei Klassen verliehen: in Bronze ab dem vierten, in Silber ab dem sechsten und in Gold ab dem achten Kind.]

Die Jugend vor allem, sie soll zur Ehrfurcht vor den Müttern des Volkes angehalten werden. So wird sich die Ehrung der kinderreichen deutschen Mutter nicht nur auf den Muttertag und auf die Ordensverleihung beschränken. Auch im öffentlichen Leben wird die kinderreiche Mutter in Zukunft den Platz einnehmen, der ihr zukommt.

Durch die Grußpflicht sämtlicher Mitglieder der Jugendformationen der Partei wird der Jungnationalsozialist ihr die Achtung erweisen.

Darüber hinaus aber werden die Trägerinnen des Mütter-Ehrenkreuzes in Zukunft alle jene Bevorzugungen genießen, die uns gegenüber den verdienten Volksgenossen, gegenüber

Kriegsbeschädigten und Opfern der nationalsozialistischen Erhebung bereits Selbstverständlichkeit geworden sind, als da sind Ehrenplätze bei Veranstaltungen der Partei und des Staates, Vortrittsrecht an Behördenschaltern, Verpflichtung der Schaffner zu bevorzugter Platzanweisung in Eisen- und Straßenbahn. Dazu kommt eine Altersversorgung, bevorzugte Aufnahme in Altenheimen für alleinstehende Altmütter, eventuell in eigens in Großstädten zu errichtenden Altenheimen oder in besonderen Abteilungen der schon bestehenden Heime.

Doch nicht Dank allein bedeutet diese Ehrung der kinderreichen Mutter, insbesondere der deutschen Altmutter, durch den Führer, sie drückt auch zugleich das Vertrauen aus, das der Führer und damit das deutsche Volk allen deutschen Müttern entgegenbringt, daß sie uns auch weiterhin den Weg unseres Volkes bereiten helfen, daß sie uns die Jugend schenken, die nach schwerer Zeit dereinst den Aufstieg unseres Volkes beendet.

Ende 1937 eingeführt: »Ehrenbuch für die deutsche, kinderreiche Familie.«

Aus Ratschlägen der Reichsfrauenführung zum Pflichtjahr für Mädchen (1938)

Das Pflichtjahr ist … ein doppelseitiges Verhältnis, ein *Arbeits- und ein Erziehungsverhältnis*. Dadurch wird das Pflichtjahr reich an Erfolg und innerer Beglückung, aber auch reich an Schwierigkeiten. Es fährt nicht wie eine x-beliebige simple Sache »eingleisig«, sondern »zweigleisig«, weil neben der Arbeit und über der Arbeit der junge Mensch und seine Erziehung steht. Damit nicht genug, diese pädagogische Seite der Sache hat noch einen Haken, und den muß man sehen. Welcher Haken ist das?

Ganz einfach der: Das junge Mädel, das ins Pflichtjahr geht, ist bisher von den Eltern – oder enger gefaßt – von der Mutter erzogen worden und soll nun mit einem Mal von einer doch zunächst »fremden Frau«, der Hausfrau, erzogen werden. Schon dieser Übergang ist nie und nirgends leicht. Er muß notwendigermaßen Spannung und Reibung mit sich bringen.

Aber damit nicht genug. Es handelt sich im Pflichtjahr gar nicht um ein »*Hintereinander*« von Autoritäten und Erziehungsgewalten, sondern um ein »*Nebeneinander*«. Die Mutter gibt ja während des Pflichtjahres ihre elterliche Gewalt und ihre Sorge um das Kind nicht auf und nicht an eine »Fremde« ab. Sie behält beides, und sie soll es behalten.

Was ergibt sich also? Das Pflichtjahrmädel steht inmitten zweier Erziehungspole, und eben das ist das *Grundproblem*. Nicht an zu vieler Arbeit, nicht an zu wenig Freizeit, nicht an mangelndem guten Willen oder schlechter Behandlung und dergleichen sind manche Pflichtjahrverhältnisse zerbrochen, sondern meist und zuallermeist an der fehlenden Harmonie zwischen der Hausfrau und der Mutter.

Wenn sich diese beiden Erziehungsgewalten nicht verstehen, nicht zusammenarbeiten, sondern vielleicht sogar gegeneinander, ist das *Pflichtjahrmädel die Leidtragende, und die*

Sache geht zu Bruch! ... Um das Problem zu lösen, haben die Mutter und die Hausfrau Gebote zu erfüllen. Gebote der Klugheit und der Menschenkenntnis.

Die Gebote der Mutter:

1. Sei nicht von vornherein gegen die Hausfrau, zu der dein Mädel ins Pflichtjahr kommt, mißtrauisch! *Auf Mißtrauen kann man überhaupt nicht aufbauen.* Was würdest du sagen, wenn du die Hausfrau wärst?

2. Habe nicht gleich Angst, dein Mädel müsse sich im Pflichtjahr *totarbeiten.* Lehrjahre sind keine Herrenjahre, das ist gewiß, *und ein Vergnügen soll das Pflichtjahr* auch nicht sein. Wir müssen alle arbeiten, und dein Mädel soll es lernen. Vor Überarbeit wird es durch die Vertrauensfrauen des Deutschen Frauenwerkes und des Reichsnährstandes und durch die Deutsche Arbeitsfront geschützt.

3. Nimm nicht jeden *Klage- und Heimwehbrief* deiner Tochter ernst. Kinder haben in der ersten Zeit Heimweh, das ist die natürlichste Sache von der Welt. Dem mußt du Rechnung tragen! *Bestärke dieses Heimweh nicht, sondern rede und schreibe zum Guten, zur Pflichterfüllung, zum Aushalten!*

4. *Ergreife nicht immer Partei für dein Mädel* und gegen die Hausfrau. *Kinder übertreiben oft und leicht.* Wer urteilen will, muß beide Seiten hören.

5. Stelle *nicht übertriebene Forderungen* an Freizeit, Urlaub usw., denn du bist ja selbst Hausfrau und Mutter und kannst am besten die Situation in einer Familie mit Kindern beurteilen.

6. Bedenke, daß deine Tochter im fremden Haushalt *auch deine Arbeit richtig schätzenlernt* und nach ihrer Rückkehr richtig schätzen wird. Dafür sollst du dankbar sein.

7. *Bei allem aber versetze dich in die Lage der Hausfrau und beurteile jede Klage deiner Tochter so, als ginge sie wider dich selbst! Dann wirst du das Richtige tun!*

Die Gebote der Hausfrau:

1. Verliere nicht gleich in den ersten Tagen die Geduld. Das Pflichtjahrmädel soll ja erst bei dir etwas lernen! *Der geduldige Lehrmeister ist der beste!*

2. Wenn das Mädel Heimweh hat, *fühle dich nicht gleich beleidigt.* Habe Verständnis dafür! Kinder sind Kinder! *Deine Kinder würden auch Heimweh haben, und du als Kind hattest es auch!*

3. Überhaupt vergiß nie, daß das Pflichtjahrmädel noch ein Kind ist. Lege nicht den Maßstab von Erwachsenen an ein Kind. *Zeige, daß du ein guter Pädagoge bist!*

4. Sprich mit deinem Pflichtjahrmädel nicht bloß von der Arbeit. Laß es auch teilhaben an deinen Festen und Freuden. *Du bist nicht seine Mutter, aber sei zu ihm so, als wärest du es!*

5. Tadle nicht dauernd, lobe auch manchmal. *Ein Tropfen Lob ist besser als eine Flasche Tadel!*

6. Sprich dich, wenn es geht, auch einmal mit der Mutter deines Pflichtmädels aus, wenn nicht mündlich, dann schriftlich. *Ein gutes Wort am rechten Ort, ein verständnisvoller Brief tun Wunder!* Du und die Mutter, ihr müßt zusammenhalten. Oft sind aus solchen Aussprachen und Briefen Freundschaften erwachsen. *Denn du und die Mutter, ihr beide seid doch Hausfrauen und habt die gleichen Interessen, Sorgen und Ziele.*

7. *Handle mit einem Wort immer so, als seiest du die Mutter deines Pflichtjahrmädels.* Mute ihm nichts Unbilliges zu, aber du sollst es auch nicht verzärteln. *Sei stets gerecht, vorbildlich in jeder Weise, aber auch gütig, klug, verständig und – mütterlich!*

Würden alle Mütter diese 7 Gebote und alle Hausfrauen die ihren befolgen, dann gäbe es kein Problem mehr! Zwar gäbe es dann noch immer Klagen und Heimwehbriefe, aber keine wirklichen Ängste und Sorgen mehr. *Die innere wechselseitige Harmonie zwischen der Hausfrau und der Mutter löst alle Probleme.*

Aus den Richtlinien für die ärztliche Untersuchung von Ehestandsbewerbern (3. Januar 1939)

Eine ablehnende Beurteilung hat in allen den Fällen zu erfolgen, in denen die Sippe zwar frei von Erbkrankheiten ist, dafür aber die Lebensbewährung der einzelnen Sippenmitglieder ergibt, daß der Gesamterbwert der Antragsteller erheblich unter dem Durchschnitt liegt. Demnach sind Anträge solcher Antragsteller nicht zu befürworten, die einer Sippe entstammen, deren Mitglieder zu einem mehr oder minder großen Teil laufend Konflikte mit Strafgesetzen, der Polizei oder sonstigen Behörden haben oder arbeitsscheu, hemmungslos oder unwirtschaftlich sind und den Unterhalt für sich oder ihre Kinder dauernd aus fremden Mitteln zu erlangen suchen. Ebenso zu bewerten sind Antragsteller aus solchen Sippen, die ohne fremde Hilfe, Beaufsichtigung oder Führung weder einen geordneten Haushalt zu führen oder ihre Kinder zu brauchbaren Volksgenossen zu erziehen vermögen, oder wenn in der Sippe Trinker, Prostituierte, Landstreicher, Rauschgiftsüch-

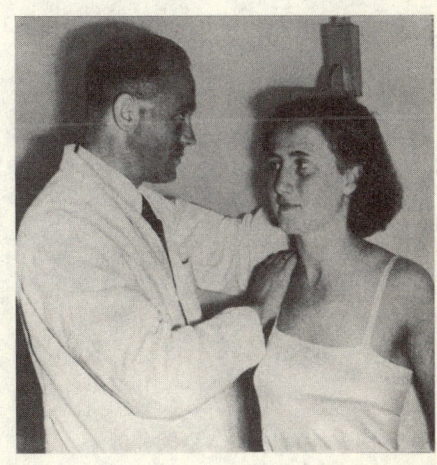

Musterung für den weiblichen Reichsarbeitsdienst.

tige, Spieler, betrügerische Hausierer usw. nicht als Einzelfall vorkommen. Die Bewährung oder das Versagen in der Leistung oder bei der Eingliederung in die Volksgemeinschaft sind häufig bessere Maßstäbe für den Gesamterbwert einer Sippe als die Ergebnisse kurzer ärztlicher Untersuchungen; sie sind deshalb – wie überall bei der erbpflegerischen Beurteilung – auch bei der Untersuchung und Beurteilung der Ehestandsdarlehensbewerber besonders zu bewerten.

Aus einem Schreiben Bormanns an Ley über die Abschaffung der Kellner (8. Februar 1938)

Zu Ihrer Unterrichtung teile ich Ihnen mit, daß der Führer, soweit irgend möglich, *die Bedienung durch Kellner in allen Gaststätten abgeschafft* wissen will. Die Tätigkeit eines Kellners ist nach der Auffassung des Führers nicht die richtige Arbeit für einen Mann, sondern vielmehr die gegebene Arbeit für Frauen und Mädchen.

»Wir alle sind Frontkämpfer!«

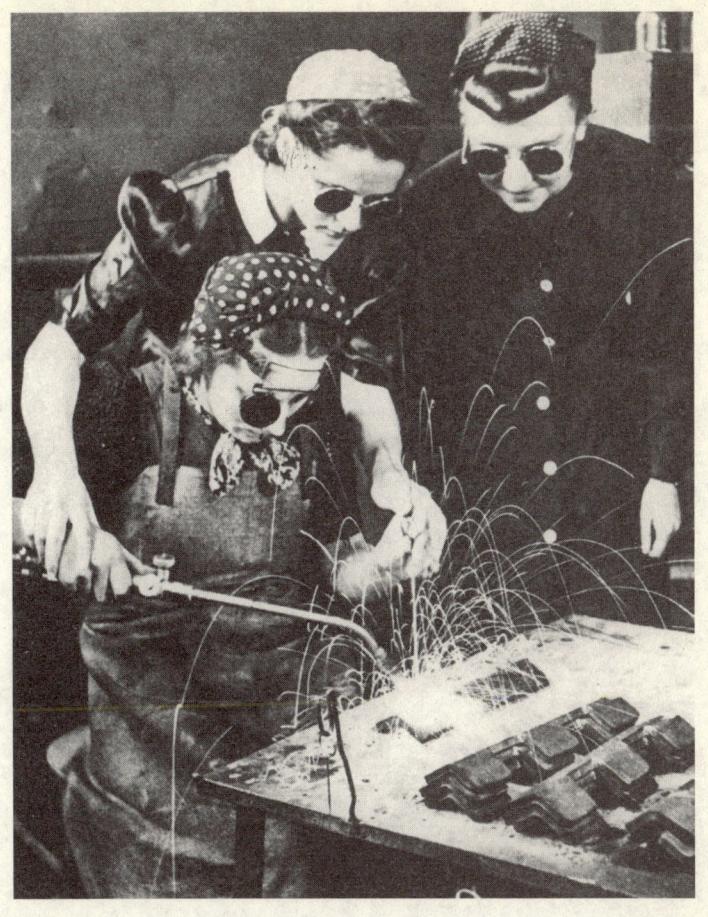

Blitzkriegsjahre:
September 1939 bis Juni 1941

Vorherige Seite:
Anleitung für Arbeit in der Rüstungsindustrie.

»Ich erwarte von jeder deutschen Frau, daß sie sich in eiserner Disziplin vorbildlich in diese große Kampfgemeinschaft einfügt«, beschwor Hitler die »Volksgenossinnen« noch am Tag des Überfalls auf Polen. Von Kriegsbeginn an trat ein mit preußischer Pedanterie langfristig vorbereitetes Programm zur Militarisierung aller Bereiche des zivilen Lebens in Aktion. Bedingungslose Opferbereitschaft wurde nun auch an der »Heimatfront« zur Devise, reglementiert durch ein Bündel restriktiver Maßnahmen.

Bereits am 1. September 1939 erging das Verbot, ausländische Rundfunksender abzuhören. Gleichzeitig wurde die Verdunklungspflicht bei Fliegeralarm eingeführt – und tatsächlich waren Cuxhaven und Wilhelmshaven schon drei Tage später die Ziele des ersten britischen Luftangriffs. Gegen die vorausschauend einkalkulierte, zumindest als Unbehagen einge-

Verdunklungspflicht bei Fliegeralarm; schon im September 1939 fallen die ersten Bomben auf Deutschland.

stufte Reaktion von Teilen der »Volksgemeinschaft« hatte tags zuvor der Chef der Sicherheitspolizei und des Sicherheitsdienstes der SS, Reinhard Heydrich, die drakonische Weisung ausgegeben: »Jeder Versuch, die Geschlossenheit und den Kampfwillen des deutschen Volkes zu zerstören, ist rücksichtslos zu unterdrücken. Insbesondere ist gegen jede Person sofort durch Festnahme einzuschreiten, die in ihren Äußerungen am Sieg des deutschen Volkes zweifelt oder das Recht des Krieges in Frage stellt.«

Noch aber wurde der beginnende, später verheerende Bombenkrieg weitestgehend ignoriert, zumal sich die Royal Air Force anfangs damit begnügte, neben wenigen Sprengkörpern vor allem zum Widerstand gegen das NS-Regime aufrufende Flugblätter abzuwerfen. Viel bedrückender war da schon die Sorge der Frauen um die in den Kampf geschickten Söhne, Männer und Väter. Sie waren nicht im Manöver oder nahmen an umjubelten Truppenparaden teil, sondern standen erstmals einem bewaffneten Gegner gegenüber, der – wenngleich der Großteil der Bevölkerung vom Sieg überzeugt war – immerhin zurückschoß.

Polens Lage war ohne die Hilfe seiner Verbündeten Frankreich und England von vornherein aussichtslos. In nur zwei Wochen wurde ein Großteil der zahlenmäßig und technisch weit unterlegenen Armee eingekesselt und gefangengenommen, nachfolgend der Staat zerstückelt und ein Territorium mit fast acht Millionen Einwohnern von Deutschland annektiert.

Das aber sollte nur der Anfang einer ganzen Reihe von »Blitzkriegen« sein, die längst beschlossene Sache waren. Vorsorglich hatte das Reichsministerium für Volksaufklärung und Propaganda bereits am 22. September 1939 der Presse folgende geheime Weisung erteilt: »Die Regierung Deutschlands hat den Eindruck, daß im Volke der Glaube herrsche, daß nach der Eroberung Polens der Krieg zu Ende sei. Es muß unbedingt dafür gesorgt werden, daß die langsam gewonnene Bereitschaft des Volkes zu kämpfen nicht nachläßt.«

Diese Sorge erwies sich jedoch zunächst als überflüssig, noch herrschte in der Mehrheit der Bevölkerung Freude und Erleichterung, auch Stolz über den raschen Sieg vor – und das, obwohl rund 45 000 deutsche Soldaten in Polen gefallen waren. Ihr Tod »für Führer und Vaterland« wurde von der Propagandamaschinerie heldisch verklärt, auch zum Schüren von Rachegedanken gegen andere »Feindvölker« mißbraucht und der Schmerz der betroffenen Familien in die Anteilnahme der ganzen »Volksgemeinschaft« übertragen.

Einschränkungen im Alltagsleben wurden zwar beklagt, lösten aber keine Empörung aus. So veranlaßten Importabhängigkeiten bei Rohstoffen sowie Fett und Futtermitteln noch im September 1939 die Einführung der Zwangsrationierung von Lebensmitteln; »Normalverbraucher« (sogenannte Unproduktive wie Angestellte und Hausfrauen) erhielten vierwöchentlich 2000 Gramm Fleisch, 1080 Gramm Fett, 250 Gramm Käse, fünf Eier, 9600 Gramm Brot, 600 Gramm Nährmittel, 1000 Gramm Zucker und 400 Gramm Marmelade; nur Kartoffeln blieben ausreichend vorhanden. Im Monat darauf erfolgte die Ausgabe von Reichskleiderkarten. Auch andere Versorgungslücken wurden spürbar, beispielsweise durch die vor allem einrufungsbedingte Stillegung von rund 100 000 Handwerksbetrieben allein in den ersten beiden Kriegsmonaten, insbesondere Schneider, Schuhmacher, Tischler, Frisöre, Bäcker und Fleischer.

Dem Sieg über Polen hatte Hitler ursprünglich einen sofortigen Angriff auf Frankreich folgen lassen wollen, doch die Generalität riet ab: Die Truppen mußten umgegliedert und detaillierte Operationspläne erarbeitet werden, zudem waren Waffen und Munition für eine große Materialschlacht nicht

111

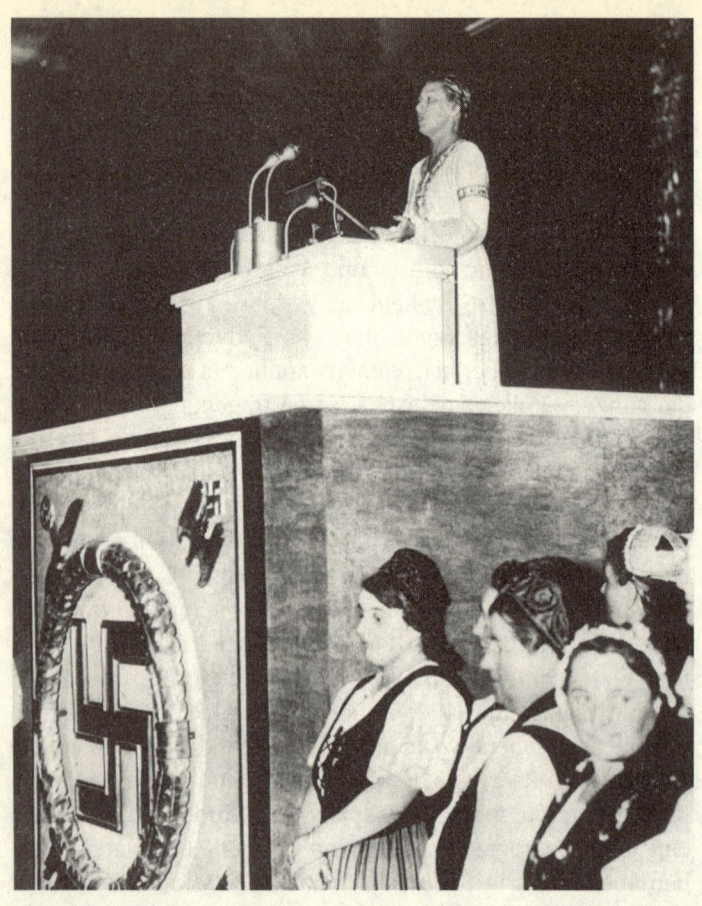

»Reichsfrauenführerin« Gertrud Scholtz-Klink auf dem NSDAP-Reichsparteitag 1935 in Nürnberg.

in ausreichender Menge vorhanden. So erhielten die Soldaten bis zum Frühjahr 1940 eine Atempause, gingen vom »Blitz-krieg« zum aktionslosen »Sitzkrieg« (in der französischen Bezeichnung »drôle de guerre« auch »Witzkrieg«!) über – und fehlten an der »Heimatfront«. Damit wurden das Arbeitskräfteproblem im Reich und das weibliche »Ersatzreservoir« zum zentralen Dauerthema.

Getreu dem NS-Primat der Mutterrolle vollzog sich die Kampagne zur Eingliederung der Frauen in die außerhäusliche Tätigkeit, insbesondere die Rüstungsindustrie, nicht per Weisung, sondern per Werbung, letztere aber in einem pausenlosen Trommelfeuer nationalsozialistischer Beschwörungen. »Wir alle sind Frontkämpfer!« tönte Göring schon wenige Tage nach Kriegsausbruch vor der Belegschaft der Rheinmetall-Borsig-Werke. »Jetzt kommt es auf den Einsatz an, und zwar auf den Einsatz der arbeitenden Front. Und hier muß das ganze Volk aufstehen … Jeder steht von diesem Augenblick ab im Dienst der Reichsverteidigung … Jeder steht im Dienst, über uns steht das Reich, und das Reich wird erhalten werden.« Noch konkreter wurde Adolf Hitler im Mai 1941 vor dem Reichstag: »Millionen deutscher Frauen sind auf dem Lande auf dem Felde und müssen dabei in härtester Arbeit die Männer ersetzen. Millionen deutscher Frauen und Mädchen arbeiten in Fabriken, Werkstätten und Büros und stellen auch dort ihren Mann. Es ist nicht unrecht, wenn wir verlangen, daß sich diese Millionen deutsche schaffende Volksgenossinnen noch viele Hunderttausende andere zum Vorbild nehmen.«

»Heimatfront«

Die flammenden Aufrufe verpufften jedoch nahezu wirkungslos; sie offenbarten dadurch das Dilemma der praktischen Politik, in das sich das Regime durch seine diffuse, ja widersprüchliche Haltung zum weiblichen Geschlecht selbst hineinmanövriert hatte. So wurden einerseits massive Werbungen zur Berufstätigkeit betrieben, andererseits den Solda-

113

tenfrauen – in krassem Gegensatz zum Ersten Weltkrieg – reichlich bemessene Unterstützungszahlungen gewährt, die es ihnen in der Regel ermöglichten, auf einen Zusatzverdienst zu verzichten. Die für die NS-Wirtschaftsstrategie fatale Folge war, dass der Anteil weiblicher Arbeitskräfte in den ersten Kriegsjahren stetig schrumpfte: von 14,6 Millionen (1939) auf 14,4 (1940) und schließlich auf 14,1 (1941).

Hinzu kamen organisatorische Mängel, die ein Geheimbericht des SS-Sicherheitsdienstes im Dezember 1939 auflistete: »Nach wie vor gehen Meldungen über verschiedene Schwierigkeiten, die die Frauenarbeit mit sich bringt, ein. Vereinzelte Berichte sprechen von einem Mangel an Kindertagesstätten. Kinderreiche Mütter, die trotz entgegenstehender Anordnungen wegen des Mangels an Arbeitskräften in einzelnen Bezirken zur Arbeit herangezogen werden müssen, sehen sich der Frage gegenüber, wie ihre Kinder ordentlich versorgt werden sollen … Ferner beklagen sich die Frauen darüber, daß sie die für ihre Hauswirtschaft notwendigen Besorgungen kaum machen können, da sie teilweise lange anstehen müssen und die Geschäfte in manchen Fällen frühzeitig schließen. Daraus ergibt sich ein Nachlassen der Arbeitsdisziplin, das noch dadurch gestärkt wird, daß die weiblichen Gefolgschaftsmitglieder nicht ganz zu Unrecht erklären, daß sie wenigstens einmal im Monat ihre Wohnung saubermachen, Strümpfe und Wäsche waschen und stopfen müßten.«

In dieser Situation wagte es die Reichsfrauenführerin Scholtz-Klink sogar, in die »geheiligten« Reservate privaten Patriarchats einzudringen. Auf einer Großkundgebung der NS-Frauenschaft des Gaues Berlin im Juni 1940 gab sie arbeitswilligen Frauen, deren Männer nicht an der Front waren, Argumentationshilfe: »Du sagst vielleicht jetzt: Ja, ich könnte schon, aber mein Mann will das nicht, er will pünktlich sein Essen auf dem Tisch. Sage ihm, wir verstehen das, und er soll es alles eines Tages gerne wieder haben, aber im Augenblick ist etwas anderes vordringlicher; wenn Millionen Menschen Tag und Nacht ihr Letztes hergeben, wenn andere seit Jahr und Tag sich nur in kurzen Zeitabständen sehen, dann soll er dankbar sein, daß ihr euch jeden Tag sehen könnt und bei gutem Willen ... auch er einmal das Essen warm machen kann, ohne daß vom Kranz seiner Herrlichkeit eine Zacke abbricht! Es könnte mir vielleicht ein Mann jetzt entgegenhalten, das wäre keine Männerarbeit, ich frage dagegen, ob nicht Tausende von Soldaten jeden Tag sich ihr Essen selber in ihrem Kochgeschirr an der Feldküche holen, ohne daß jemand deshalb an ihrer Männlichkeit zweifeln würde?«

Auffällig war in dieser Zeit die zweckbetonte Hinwendung zur weiblichen Jugend. Bereits unmittelbar nach Kriegsbeginn wurde der seit 1935 nur auf freiwilliger Basis durchgeführte Reichsarbeitsdienst für alle ledigen, nicht in Ausbildung stehenden jungen Frauen zwischen 18 und 25 Jahren zur Pflicht. Halbjährlich wurden zunächst jeweils 100 000 »Arbeitsmaiden« für die Dauer von sechs Monaten eingezogen. Sie waren in Lagern mit 36 bis 72 Plätzen untergebracht und arbeiteten in der Landwirtschaft. Im Lager selbst hatten sie praktischen Dienst in Haus und Garten zu leisten und erhielten politischen und hauswirtschaftlichen, auch handwerklichen Unterricht; die Freizeit war von Musik und Leibeserziehung bestimmt.

Göring als Beauftragter für den Vierjahresplan hatte aber noch jüngere Jahrgänge im Auge, als er in der schon erwähnten Rede in den Rheinmetall-Borsig-Werken betonte: »Es gibt jetzt nicht mehr nur einen Mob[ilmachungs]-Befehl für den Soldaten ..., sondern heute gibt es einen Mob.-Befehl für jeden Deutschen, sobald er 16 Jahre alt geworden ist, Mädchen wie Junge ... Die Mädchen aber sollen verstehen, daß auch an sie nun im Ernst der Stunde appelliert wird. In Zeiten, wo wir mitten im Kampf um Sein oder Nichtsein stehen, hört das Vergnügen auf.«

Der Arbeitskräftemangel bescherte den erwerbstätigen Frauen Nachteile und Vorteile zugleich. Noch im September 1939 war die für sie zulässige tägliche Höchstarbeitszeit von acht auf zehn, die wöchentliche von 48 auf 56 Stunden heraufgesetzt worden; außerdem wurde die Pausenzeit verkürzt und die nach wie vor für weibliche Beschäftigte untersagte Nachtarbeit von bisher 22 bis 6 Uhr auf nunmehr die Stunden zwischen null und fünf Uhr beschränkt. Im Gegenzug waren Bemühungen um ein verbessertes Tarifgefüge erfolgreich. So erhielten seit Oktober 1939 die im öffentlichen Dienst tätigen Frauen ebenso wie ab 1940 die Akkordarbeiterinnen in

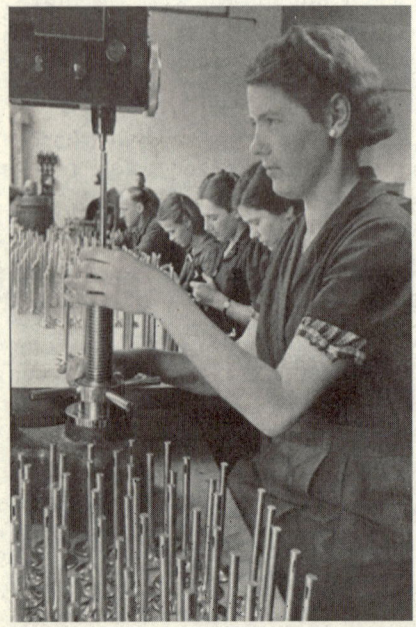

Präzisionsarbeit
wird gefordert.

der Rüstungsindustrie entsprechend einer Uraltforderung der Emanzipationsbewegung das gleiche Entgelt wie ihre männlichen Kollegen.

Nach dem raschen Ende des Polenfeldzuges hatte sich die Situation auf dem deutschen Arbeitsmarkt kurzzeitig durch den Einsatz von Kriegsgefangenen und Gastarbeitern leicht entspannt. Hinzu kam, daß durch die Einschränkung der Friedenswirtschaft zahlreiche weibliche Erwerbstätige vor allem in der Textilindustrie und im Handel freigesetzt wurden, um sie in rüstungswichtige Produktionszweige umzulenken. Darüber hinaus waren unmittelbar nach Kriegsbeginn zahlreiche bislang nicht berufstätige Frauen als Zeichen ihrer Loyalität und zivilen Opferbereitschaft freiwillig in eine Voll- oder Teilzeitbeschäftigung eingetreten.

»Volksgenossinnen«

Die zustimmende Haltung des weitaus größten Teils der weiblichen Bevölkerung gegenüber dem Regime resultierte nicht zuletzt aus dem flächendeckenden Agitationssystem der nationalsozialistischen Frauenorganisationen, deren Mitgliederzahlen von Jahr zu Jahr expandiert waren. Schon 1936 hatte die NS-Frauenschaft eine weitreichende Aufnahmesperre verfügt, um den Elitecharakter dieser offiziellen Parteigliederung zu bewahren. Als Sammelbecken gleichgeschalteter bürgerlicher Frauenverbände hatte sich das Deutsche Frauenwerk ausgeweitet und beispielsweise durch den korporativen Beitritt des Frauenwerkes der Deutschen Evangelischen Kirche vermeintliche Integrität bewiesen. NS-Frauenschaft und Deutsches Frauenwerk waren streng hierarchisch aufgebaut, eng miteinander verflochten und galten gemeinsam als »größte Frauenorganisation der Welt«. Beide standen unter der Leitung der sogenannten Reichsfrauenführerin Gertrud Scholtz-

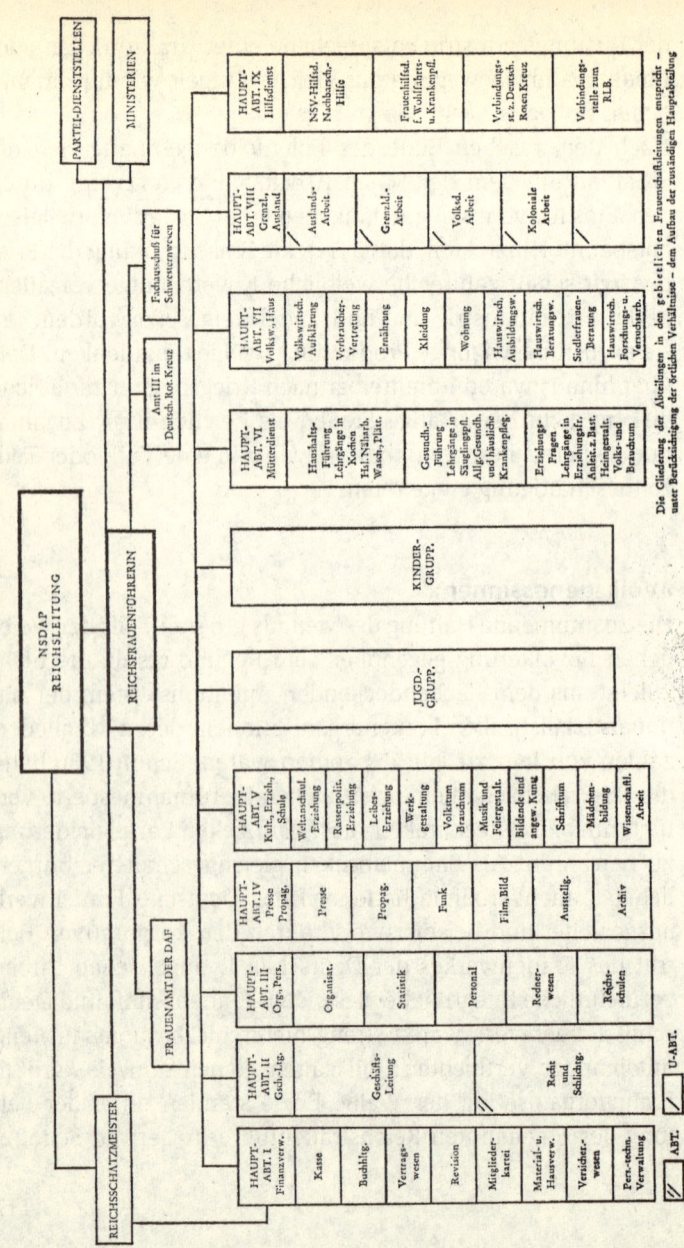

Organisationsplan der Reichsfrauenführung vom 25. Oktober 1938.

Klink, die den »Volksgenossinnen« in stereotyper Wiederholung ihren Grundsatz einhämmerte: »Fragt nie zuerst, was bringt der Nationalsozialismus uns, sondern fragt zuerst immer und immer wieder: Was sind wir bereit, dem Nationalsozialismus zu bringen?«

Zwölf Millionen, zuweilen auch »alle deutschen Frauen« beanspruchte Scholtz-Klink zu führen – die meisten jedoch nur nominell; denn ihre beiden Trägerorganisationen zählten insgesamt etwa vier Millionen Mitglieder. Sämtliche Mädchen von 10 bis 21 Jahren unterstanden der Hitlerjugend und waren im Alter zwischen 18 und 25 Jahren zusätzlich in den Reichsarbeitsdienst eingebunden, rund acht Millionen Landfrauen gehörten dem »Reichsnährstand«, vier Millionen weibliche Erwerbstätige der Deutschen Arbeitsfront und weitere der NS-Volkswohlfahrt an.

Dieser hohe, vielfach zwangsweise durchgesetzte Organisationsgrad der deutschen Frauen hatte seine verhängnisvollste Auswirkung in einer vielfach unmerklichen, auf Dauer aber sehr nachhaltigen rassenpolitischen Beeinflussung. Die vielbeschworene Einheit aller »Volksgenossinnen« implizierte wie selbstverständlich die Ächtung alles »Unwerten«, dessen anfängliche Ausgrenzung sich mehr und mehr zur Verfolgung steigerte und letztlich in systematischer Vernichtung mündete. Wer »guten Blutes« war, fühlte sich mehrheitlich einer großen, Standesunterschiede ausgleichenden Gemeinschaft zugehörig, stolz auf eine Art von »Adel der Geburt«, nicht unbeeindruckt auch durch das propagandistische Dauerfeuer von »Herrenvolk« und »Herrenrasse«. Man dachte gar nicht daran, gegen diese Wertzuweisung zu protestieren. Was der Minderheit der Nichtdazugehörigen widerfuhr, wurde zu diesem Zeitpunkt bestenfalls am Rande wahrgenommen.

Der nationalsozialistische Rassenwahn erlebte mit Beginn des Krieges eine kaum für möglich gehaltene Steigerung. Sie erfaßte die Polaritäten sowohl des »Ausmerzens« auf der einen als auch der »Auslese« auf der anderen Seite. Aus der im Juli 1933 gesetzlich angeordneten *Verhütung* »unwerten Lebens« wurde nun dessen systematische *Vernichtung,* aus der *Förderung* von Mutterschaften »guten Blutes« geradezu die *Züchtung* »erbgesunden« Nachwuchses.

Ende Oktober 1939 verfügte Hitler seinen »Euthanasie«-Erlaß, aus taktischen Erwägungen zurückdatiert auf den 1. September, um so den Kriegsbeginn als Begründung zu benutzen, wonach »nach menschlichem Ermessen unheilbar Kranken bei kritischster Beurteilung ihres Krankheitszustandes der Gnadentod gewährt werden kann«. Unerträglich – so der »Führer« – sei ihm der Gedanke, dass ein Geisteskranker ein Bett blockiere, das für verwundete Soldaten benötigt würde. So wurden im Zuge der »Aktion T 4« (benannt nach der Berliner Zentrale Tiergartenstraße 4) insgesamt etwa 120 000 Geisteskranke und Behinderte mit tödlichen Injektionen »abgespritzt« oder mit Kohlenmonoxyd vergast – grausame Vorstufe des späteren sechsmillionenfachen Mordes an den Juden.

Der »Volksgemeinschaft«, von der NS-Führung als nicht »reif« für das Verständnis dieser bis zuletzt ungesetzlichen »Sterbehilfe« angesehen, blieben jene Verbrechen bis auf Gerüchte weitgehend verborgen, weniger hingegen die »rassenzüchterischen« Aktivitäten Himmlers, der ebenfalls Ende Oktober 1939 die gesamte SS und Polizei zu verstärkter Zeugung aufrief: »Die alte Weisheit, daß nur der ruhig sterben kann, der Söhne und Kinder hat, muß in diesem Krieg gerade für die Schutzstaffel wieder zur Wahrheit werden. Ruhig kann der sterben, der weiß, daß seine Sippe, daß all das, was seine Ahnen und er selbst gewollt und erstrebt haben, in den Kindern seine Fortsetzung findet. Das größte Geschenk für die Witwe eines Gefallenen ist immer das Kind des Mannes, den sie geliebt hat.« Und dies sollte beileibe nicht nur für den familiären Nachwuchs gelten: »Über die Grenzen vielleicht sonst notwendiger bürgerlicher Gesetze und Gewohnheiten hinaus wird es auch außerhalb der Ehe für deutsche Frauen und Mädel guten Blutes eine hohe Aufgabe sein können, nicht aus Leichtsinn, sondern in tiefstem sittlichen Ernst Mütter der Kinder ins Feld ziehender Soldaten zu werden, von denen das Schicksal allein weiß, ob sie heimkehren oder für Deutschland fallen.« Für alle ehelichen und unehelichen Kinder, deren Väter an der Front starben, übernahmen vom Reichsführer SS persönlich Beauftragte in dessen Namen die Vormundschaft. »Wir stellen uns zu diesen Müttern und werden menschlich die Erziehung und materiell die Sorge für das Großwerden dieser Kinder bis zu ihrer Volljährigkeit übernehmen … Für alle während des Krieges erzeugten Kinder ehelicher und unehelicher Art wird die Schutzstaffel während des Krieges für die werdenden Mütter und für die Kinder, wenn Not oder Bedrängnis vorhanden ist, sorgen. Nach dem Kriege wird die Schutzstaffel, wenn die Väter zurückkehren … wirtschaftlich zusätzliche Hilfe in großzügiger Form gewähren.«

»Arbeitsfront«

1940 begannen im Generalstab des Heeres nach erfolgter Festlegung der nächsten »Blitzkriegs«-Feldzüge die ersten operativen Erwägungen einer militärischen Aggression gegen die Sowjetunion. Die Folge war eine gewaltige Ankurbelung der Rüstungsindustrie, was neuerlich die weibliche Arbeitskraft in den Mittelpunkt eines großangelegten Werbefeldzuges rückte. Doch auch hierbei offenbarten sich konfuse Kompetenzen und – mangels verbindlicher zentraler Vorgaben – regional uneinheitliche Vorgehensweisen, wie sie für die ansonsten mörderische Pedanterie und strikte Kompromiß-

121

losigkeit des Regimes höchst ungewöhnlich waren. Diese offensichtliche, geradezu symptomatische Verunsicherung äußerte sich auch in widersprüchlichen Presseanweisungen. So hieß es beispielsweise in einer vertraulichen Information vom 27. April 1940: »Ab sofort sind sämtliche Betrachtungen und Verlautbarungen aller Art über den weiteren Einsatz der Frau

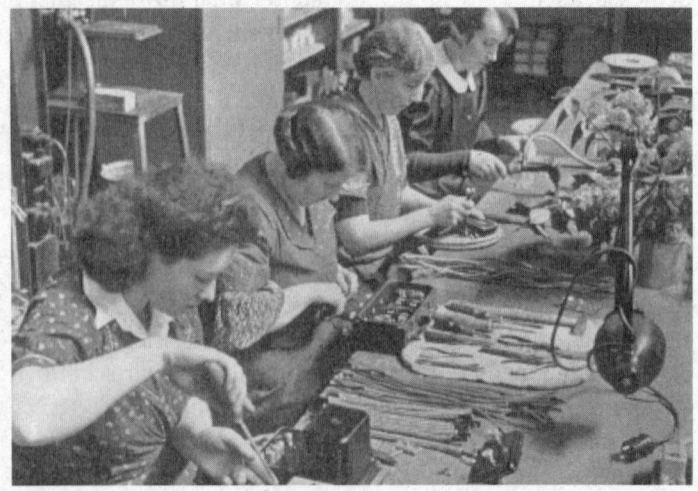

Montage elektrischer Baugruppen für gepanzerte Fahrzeuge.

in der Kriegswirtschaft verboten«, nur zehn Tage später aber: »Die Behandlung dieses Themas soll nicht in Form einer besonderen Aktion erfolgen, sondern in Form gelegentlicher Schilderungen über den Einsatz von Frauen in Rüstungsbetrieben, über die damit gezeigte tatkräftige Hilfe der Frau im Kriege, die Kameradschaft bei der Arbeit und über die Tatsache, daß eine Überanstrengung der in den Rüstungsbetrieben eingesetzten Frauen ausgeschlossen ist. Es darf dabei in keiner Weise der Eindruck entstehen, als ob es sich bei der Frauenarbeit in Rüstungswerken um einen Zwang handelt, vielmehr sollen die gewünschten Veröffentlichungen als Anregung zum freiwilligen Einsatz wirken.«

Die weitgehend ausbleibende Bereitschaft der deutschen Frauen, den ihnen von der NS-Ideologie grundsätzlich zugewiesenen Platz als Hüterin der Familie zugunsten agitatorisch verordneten Arbeitseinsatzes aufzugeben, versuchten die zuständigen Behörden durch den verstärkten Einsatz von sogenannten Fremdarbeitern zu kompensieren, welche im besetzten Polen zunächst angeworben, später zwangsrekrutiert wurden. Über die Hälfte waren Frauen unter 20 Jahren, die vor allem in der Landwirtschaft und in Rüstungsbetrieben des »Altreichs« eingesetzt wurden und bei geringem Lohn und meist schlechter Verpflegung und Unterkunft auch noch strengen Reglementierungen unterworfen waren. Im März 1940 erließ Himmler dazu erste Richtlinien, welche den Betriebsleitern Züchtigungsrecht zu-, den Betroffenen Beschwerderecht absprachen; unter Strafe gestellt waren jegliche Kontakte zur deutschen Bevölkerung, Besuche von Gottesdiensten, Gaststätten und Kinos, die Benutzung öffentlicher Verkehrsmittel, das Hören von Rundfunk ebenso wie das Lesen von Zeitungen. Die grenzenlos zynische Menschenverachtung diesen »Fremdvölkischen« gegenüber formulierte der Reichsführer SS im Mai 1940 in einer Denkschrift: »Für die nichtdeutsche Bevölkerung des Ostens darf es keine höhere Schule geben als die vierklassige Volksschule. Das Ziel dieser Volksschule hat lediglich zu sein: Einfaches Rechnen bis höchstens 500, Schreiben des Namens, eine Lehre, daß es ein göttliches Gebot ist, dem Deutschen gehorsam zu sein und ehrlich, fleißig und brav zu sein. Lesen halte ich nicht für erforderlich.« Und später fügte Himmler als wörtliche Formulierung Hitlers hinzu, es genüge, »wenn die Kinder in der Schule die Verkehrszeichen lernen, damit sie uns nicht in die Autos laufen«.

Im – allerdings völlig andersgearteten – Gegenzug wurden 1940 zahlreiche der rund 200 000 jungen deutschen Frauen zwischen 18 und 25, die ihr sogenanntes Pflichtjahr zumeist in der Landwirtschaft abzuleisten hatten, zum »Osteinsatz« abkommandiert, insbesondere zur Unterstützung großer Umsiedlungsaktionen, in deren Verlauf »Volksdeutsche« vor allem aus dem Wartheland und aus Wolhynien die Höfe vertriebener Polen übernahmen. Auch gleichaltrige »Arbeitsmaiden« als Verpflichtete des Reichsarbeitsdienstes wurden zunehmend in Grenzgebieten eingesetzt.

Massenloyalität

Bis zum Frühjahr 1940 herrschte im Reich eine ähnlich trügerische Ruhe wie an der seit Monaten im »Sitzkrieg« verharrenden Front. Die Versorgungslage war trotz rationierungsbedingter Einschränkungen weitgehend stabil, Lohn- und Sozialleistungen blieben ohne nennenswerte Kürzungen. Zwar forderte die NS-Führung auch von der Zivilbevölkerung bedingungslose Opferbereitschaft, war aber zugleich auffallend bemüht, ihr nur die notwendigsten Belastungen zuzumuten. So waren beispielsweise der im September 1939 für die Industrie verfügte Lohn- und Urlaubsstop sowie die Aussetzung von Zuschlägen für Nacht- und Feiertagsarbeit bereits in den beiden folgenden Monaten aufgehoben worden.

Die Kunst verkam in dieser Zeit mehr und mehr zu einem Teil der Kriegspropaganda nach innen und Truppenbetreuung nach außen. Der Rundfunk sendete bereits seit Oktober 1939 regelmäßige Wunschkonzerte als »Bindeglied zwischen Front und Heimat«. Vor Ort waren mobile Theater- und Varietégruppen, Kapellen und Kinowagen eingesetzt, um den Landser auf die nächsten Kämpfe einzustimmen, für die Hitler »größte Härte« befohlen hatte.

Im Frühjahr 1940 meinte der »Führer«, für großangelegte Angriffe zur Unterwerfung Europas gerüstet zu sein. Nach dem Muster des ersten »Blitzkriegs« gegen Polen erfolgten schlagartig weitere Überfälle: Im April 1940 wurden Dänemark und Norwegen, im Mai/Juni Frankreich, Belgien, die Niederlande und Luxemburg, im April 1941 Jugoslawien und Griechenland überrannt.

Der Jubel im Reich war unbeschreiblich und riß – weil nunmehr auch ein Ende des Krieges erwartet wurde – viele derjenigen mit, die bisher im stillen an Hitler und seinem Regime gezweifelt, es innerlich abgelehnt hatten. Jetzt dominierte der von einer allumfassenden Propagandamaschinerie beförderte Stolz auf die heimkehrenden Söhne, Männer und Väter. Sie hatten binnen eines Jahres halb Europa erobert und damit etwas erreicht, was der vorhergegangenen Generation im Ersten Weltkrieg versagt geblieben war. Genugtuung breitete sich aus, die »Schmach« von 1918 war getilgt.

Vom nationalsozialistischen Triumphgeschrei übertönt wurden zunächst auch noch die Detonationen britischer Bomben in deutschen Großstädten. Nachdem es Ende August 1940 in Berlin die ersten acht Toten und 28 Verletzten gegeben hatte und bis Jahresende eine Sprenglast von immerhin rund 10 000 Tonnen auf das Reich gefallen war, weiteten sich die Luftattacken 1941 massiv aus. Im März griffen über 100 Kampfflugzeuge Köln an, im Mai bombardierten 359 Maschinen Hamburg und Bremen, und im Juni schließlich kam es im Ruhrgebiet zum bis dahin schwersten Angriff. Da dennoch die Schäden, verglichen mit den von der deutschen Luftwaffe vor allem in London und Coventry angerichteten verheerenden Zerstörungen, nur relativ gering und auf die unmittelbar Betroffenen beschränkt waren, gelang es der NS-Propaganda in sprichwörtlicher Umkehrung von Not in Tugend, den Großteil der »Volksgemeinschaft« auf Rache und Vergeltung ein-

»Blitzkriegs«-Jubel nach dem Frankreichfeldzug 1940.

zuschwören. Als besonders perfides Beispiel dafür kann die
Bombardierung von Freiburg im Breisgau vom 10. Mai 1940
gelten, bei der 57 Menschen starben, darunter 22 Kinder.
»Kindermord in Freiburg« und »Freiburgs Mütter klagen an«,
geißelte Goebbels die Royal Air Force – in Wirklichkeit hatten
drei deutsche Mittelstreckenbomber vom Typ He 111 ihre für
den französischen Flugplatz von Dijon bestimmte tödliche
Last irrtümlich auf die Stadt abgeworfen!
So dominierte im Reich die Loyalität der Masse. Hinzu kam,
daß sich mit der radikalen Ausbeutung der okkupierten Staaten
die allgemeine Versorgungslage in Deutschland spürbar verbessert hatte. Außerdem bedrohten seit Kriegsbeginn zahlreiche gesetzliche Terrorbestimmungen jeglichen »Defätismus«
und die geringste Kritik am Regime mit härtesten Strafen; 1940
wurden beispielsweise 870 überführte Hörer von »Feindsendern« meist zu todbringender KZ-Haft verurteilt.

Hitler war auf dem Höhepunkt seiner Macht, genoß das Bad in der begeisterten Menge und ließ sich fortan als »größter Feldherr aller Zeiten« feiern (später vom Volksmund zum ironisierenden »Gröfaz« verknappt). Mehr größenwahnsinnig als groß, schritt er nun zur Realisierung des von langer Hand vorbereiteten Raubzugs auf den beanspruchten »Lebensraum im Osten«. Am 22. Juni 1941 begann mit dem Überfall auf die Sowjetunion die blutigste Schlacht der Menschheitsgeschichte. Sie trug als Operationsplan den Decknamen »Unternehmen Barbarossa«, benannt nach dem mittelalterlichen Stauferkaiser Friedrich I., dem Hitler im »Kreuzzug gegen das soziale Verbrechertum des Kommunismus« nachzueifern suchte – eine ungewollt stimmige Namenswahl, war doch den Beratern des »Führers« verborgen geblieben, daß der verehrte Regent im Jahre 1190 auf seinem Kreuzzug das Leben lassen mußte.

Dokumente

Aus den von Heydrich erlassenen geheimen »Grundsätzen der inneren Staatssicherung während des Krieges« (3. September 1939)

1. Jeder Versuch, die Geschlossenheit und den Kampfwillen des deutschen Volkes zu zerstören, ist rücksichtslos zu unterdrücken. Insbesondere ist gegen jede Person sofort durch Festnahme einzuschreiten, die in ihren Äußerungen am Sieg des deutschen Volkes zweifelt oder das Recht des Krieges in Frage stellt.

2. Dagegen sind mit psychologischem Verständnis und mit erzieherisch bestärkendem Bemühen diejenigen Volksgenossen zu behandeln, die aus äußerer oder innerer Not oder in Augenblicken der Schwäche sich Entgleisungen irgendwelcher Art zuschulden kommen lassen.

Aus dem Flugblatt des Kommunistischen Jugendverbandes Deutschlands »Ich rufe die Jugend der Welt« (8./9. September 1939)

Es ist noch gar nicht so lange her, daß diese sechs Worte aus dem Olympia-Stadion (anläßlich der Spiele der XI. Olympiade im August 1936) verklungen sind. Junge Berliner und junge Berlinerinnen, gedenkt ihr noch des ehrlichen und sportlichen Wettkampfes mit jungen Engländern, Franzosen, Polen und vielen anderen? Wieviel hat sich nun mit einem Mal an diesem friedlichen Streben geändert. Diese unsere jungen, lachenden Sportsfreunde, Arbeiter, Angestellten und Lehrlinge, sollen plötzlich allesamt unsere verhaßtesten Feinde sein? Wir sollen jetzt, anstatt mit Speer, Fußball, Diskus usw., diesen jungen Menschen mit den grausamsten und fürchterlichsten

Mordmaschinen gegenübertreten? All jene, die uns gar nichts getan haben, sollen wir grundlos ermorden? Jawohl, grundlos! Es gibt nichts in der Welt, was dieses neue wahnwitzige Verbrechen irgendwie rechtfertigen könnte.

Aus einer Rede Görings in den Rheinmetall-Borsig-Werken über den »Einsatz der arbeitenden Front« (9. September 1939)

Jetzt kommt es auf den Einsatz an, und zwar auf den Einsatz der arbeitenden Front. Und hier muß das ganze Volk aufstehen und das ganze Volk sich jetzt einsetzen.

Es gibt jetzt nicht mehr nur einen Mob[ilmachungs]-Befehl für den Soldaten zwischen dem und dem Jahrgang, sondern heu-

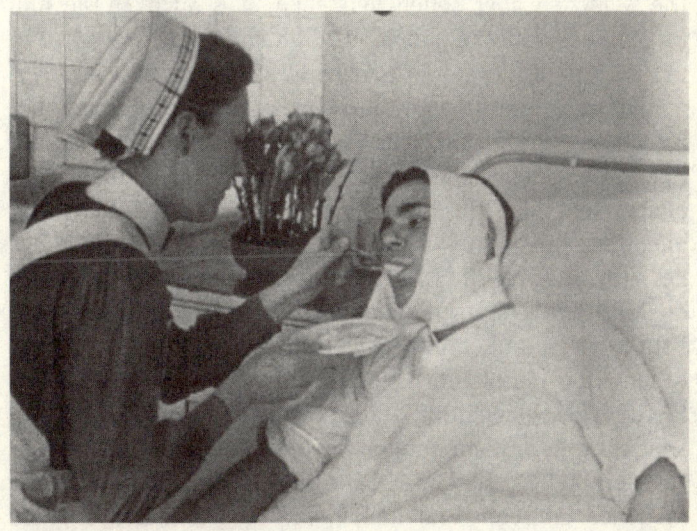

Geduldige Rote-Kreuz-Schwester am Krankenbett: »Immer hübsch langsam essen, Herr Unteroffizier – wir haben Zeit!«

te gibt es einen Mob.-Befehl für jeden Deutschen, sobald er 16 Jahre alt geworden ist, Mädchen wie Junge.

Jeder steht von diesem Augenblick ab im Dienst der Reichsverteidigung, ob als Mutter in der Erziehung der Kinder, ob als Arbeiter am Schraubstock oder als Mann draußen am Maschinengewehr – das ist gleichgültig – oder ob die Jugend eingesetzt wird zu dieser oder jener nützlichen Arbeit. Jeder steht im Dienst, über uns steht das Reich, und das Reich wird erhalten werden.

Die Jugend rufe ich ebenso auf. Sie wird sich, daß weiß ich, mit Leidenschaft und mit heiliger Begeisterung in den Dienst der Sache stellen.

Ein besonderes Wort aber möchte ich den Frauen sagen. Wenn Krieg ist, so liegt auf den Frauen der schwerste Teil des Krieges. Sie sind die stillen Dulderinnen …

Die Mädchen aber sollen verstehen, daß auch an sie nun im Ernst der Stunde appelliert wird. In Zeiten, wo wir mitten im Kampf um Sein oder Nichtsein stehen, hört das Vergnügen auf. Es tritt dann auch an sie der Ernst heran, der Ernst des Berufs einerseits, das sie dorthin eilen, wo sie irgendwie einen wehrfähigen Mann ersetzen können, oder andererseits, daß sie dorthin eilen, wo von alten Zeiten her die Frau schon immer die beste Arbeit getan hat, in der Pflege der Verwundeten und Kranken. Sie sollen aber auch vor allem die Mütter unterstützen und die Frauen, die doch heute in der Fabrik oder draußen auf dem Lande einen schweren Dienst tun müssen; der Mann ist eingezogen; der Knecht ist weg; das Pferd ist beschlagnahmt, und trotzdem soll die Arbeit weitergehen; sie liegt allein auf den Schultern der Bauernfrau. Hier rufe ich die deutsche weibliche Jugend auf, hier sollen die Mädchen eintreten und helfen, die Frauen und Mütter zu unterstützen und immer daran zu denken, daß die Frau, die die meisten Kinder hat, dem Vaterland auch das meiste gibt.

So rufe ich sie alle auf, Mann für Mann, Frau für Frau, Jungen und Mädel.
Wir alle sind Frontkämpfer!

Aus einer geheimen Presseanweisung des Reichsministeriums für Volksaufklärung und Propaganda über verstärkte Kriegsbereitschaft (22. September 1939)

Die Regierung Deutschlands hat den Eindruck, daß im Volke der Glaube herrsche, daß nach der Eroberung Polens der Krieg zu Ende sei. Es muß unbedingt dafür gesorgt werden, daß die langsam gewonnene Bereitschaft des Volkes zu kämpfen nicht nachläßt.

Aus dem »Zeugungsbefehl« Himmlers an die gesamte SS und Polizei (28. Oktober 1939)

Jeder Krieg ist ein Aderlaß des besten Blutes. Mancher Sieg der Waffen war für ein Volk zugleich eine vernichtende Niederlage seiner Lebenskraft und seines Blutes. Hierbei ist der leider notwendige Tod der besten Männer, so betrauernswert er ist, noch nicht das Schlimmste. Viel schlimmer ist das Fehlen der während des Krieges von den Lebenden und der nach dem Krieg von den Toten nicht gezeugten Kinder.

Die alte Weisheit, daß nur der ruhig sterben kann, der Söhne und Kinder hat, muß in diesem Krieg gerade für die Schutzstaffel wieder zur Wahrheit werden. Ruhig kann sterben, der weiß, daß seine Sippe, daß all das, was seine Ahnen und er selbst gewollt und erstrebt haben, in den Kindern seine Fortsetzung findet. Das größte Geschenk für die Witwe eines Gefallenen ist immer das Kind des Mannes, den sie geliebt hat. Über die Grenzen vielleicht sonst notwendiger bürgerlicher

Gesetze und Gewohnheiten hinaus wird es auch außerhalb der Ehe für deutsche Frauen und Mädel guten Blutes eine hohe Aufgabe sein können, nicht aus Leichtsinn, sondern in tiefstem sittlichem Ernst Mütter der Kinder ins Feld ziehender Soldaten zu werden, von denen das Schicksal allein weiß, ob sie heimkehren oder für Deutschland fallen.

Auch für die Männer und Frauen, deren Platz durch den Befehl des Staates in der Heimat ist, gilt gerade in dieser Zeit die heilige Verpflichtung, wiederum Väter und Mütter von Kindern zu werden.

Niemals wollen wir vergessen, daß der Sieg des Schwertes und das vergossene Blut unserer Soldaten ohne Sinn wären, wenn nicht der Sieg des Kindes und das Besiedeln des neuen Bodens folgen würden.

Im vergangenen Krieg hat mancher Soldat aus Verantwortungsbewußtsein, um seine Frau, wenn sie wieder ein Kind mehr hatte, nicht nach seinem Tode in Sorge und Not zurücklassen zu müssen, sich entschlossen, während des Krieges keine weiteren Kinder zu erzeugen. Diese Bedenken und Besorgnisse braucht Ihr SS-Männer nicht zu haben; sie sind durch folgende Regelung beseitigt:

1. Für alle ehelichen und unehelichen Kinder guten Blutes, deren Väter im Kriege gefallen sind, übernehmen besondere, von mir persönlich Beauftragte im Namen des Reichsführers SS die Vormundschaft. Wir stellen uns zu diesen Müttern und werden menschlich die Erziehung und materiell die Sorge für das Großwerden dieser Kinder bis zu ihrer Volljährigkeit übernehmen, so daß keine Mutter und Witwe aus Not Kümmernisse haben muß.

2. Für alle während des Krieges erzeugten Kinder ehelicher und unehelicher Art wird die Schutzstaffel während des Krieges für die werdenden Mütter und für ihre Kinder, wenn Not oder Bedrängnis vorhanden ist, sorgen. Nach dem Krieg wird

die Schutzstaffel, wenn die Väter zurückkehren, auf begründeten Antrag des einzelnen wirtschaftlich zusätzliche Hilfe in großzügiger Form gewähren.

SS-Männer und Ihr Mütter dieser von Deutschland erhofften Kinder, zeigt, daß Ihr im Glauben an den Führer und im Willen zum ewigen Leben unseres Blutes und Volkes ebenso tapfer, wie Ihr für Deutschland zu kämpfen und zu sterben versteht, das Leben für Deutschland weiterzugeben willens seid!

Aus einem Anbetungsbrief der Hitler-Verehrerin Erika Spann-Rheinsch (9. November 1939)

Teurer Führer mein und aller Deutschen!
Wieder haben Gottes Engel den Erwählten der deutschen Seele behütet [gemeint ist das mißglückte Attentat von Johann Georg Elser am 8. November 1939 im Münchner Bürgerbräukeller]. Dank sei Gott und Ihnen, o Führer mein! Denn allen geschieht ja doch, was sie sind! Ihnen geschieht nach Ihrem Wesen, nach Ihrer Bestimmung: Ihr Wesen ist eins mit dem deutschen Geist; er hat Sie herausgeführt aus der Verborgenheit Ihrer Ahnengeschlechter und zu unserm Herzen und Haupte gemacht! Möge Ihr starker Stern ewig über Ihnen stehenbleiben! Mögen Freunde und Feinde sehen, daß Sie unbesieglich wie der deutsche Geist, unverwundbarer als Siegfried sind!

Vorgestern, o mein Führer, in der Nacht von Sonntag auf Montag, zeigte mir ein Traum, daß Sie in Gefahr schweben. Aber ich verstand ihn nicht. Sie saßen an einem langen weißgedeckten Tische – an dem auch ich saß –, und ich bemerkte, daß der silberne Löffel, der links von Ihrem Teller lag, abgebrochen war, nur aus einem Stiel bestand und keine Kelle mehr hatte. Im Traum wunderte ich mich über Ihre Geduld, daß Sie sich einen solchen Löffel bieten ließen und nicht nach einem andern riefen …

Oft und oft träumt es mir von Ihnen, und zwar ganz offensichtlich nicht in bezug auf mich oder unser Haus, sondern in bezug auf Sie allein. Den herrlichen Traum von Ihren hohen, wenn auch unbekannten Ahnen [?], den ich bei Ihrer Machtergreifung hatte, habe ich Ihnen ja damals gleich mitgeteilt, und Sie ließen mir dafür danken. Sie sind der Herrscher, der Inbegriff Deutschlands, aber auch ich gehöre für immer zu Deutschland, zu seiner echten Dichterschaft; und so besteht ein geheimes Band, das kein Zufall, kein Irrtum zerreißen kann.

Aus einem Brief des kleinen Ralph Müller an den »lieben, lieben Führer« (12. November 1939)

Mein lieber, lieber Führer!

Ich sende Dir meine allerherzlichsten Glückwünsche zu Deiner wunderbaren Errettung [vom Attentatsversuch am 8. November 1939]. Ich habe mich bei dem lieben Gott bedankt, daß Du lebst.

An Deinem Geburtstag schenkte ich Dir ein Hufeisen und am 3. September den goldenen Anhänger mit dem schönen Spruch, sie haben Dir Glück gebracht.

Mein lieber Führer, schreibe mir doch bitte ein paar Zeilen, ob Du den kleinen Anhänger trägst und ob er Dir auch gefällt, ich würde mich so freuen …

Als wir von dem furchtbaren Attentat hörten, hat sich Mutti mit mir und meinen Brüdern Benno und Henning unter Dein Bild gesetzt, das ganz groß in Muttis Zimmer hängt, und Mutti hat uns von Dir lange erzählt. Ich werde es nie vergessen, und Mutti sagte: »Unserem lieben Führer wird nie etwas passieren, er ist in Gottes Hand.«

Aus dem SD-Geheimbericht »Meldungen aus dem Reich« über Schwierigkeiten bei der Frauenarbeit (18. Dezember 1939)

Nach wie vor gehen Meldungen über verschiedene Schwierigkeiten, die die Frauenarbeit mit sich bringt, ein. Vereinzelte Berichte sprechen von einem Mangel an Kindertagesstätten. Kinderreiche Mütter, die trotz entgegenstehender Anordnungen wegen des Mangels an Arbeitskräften in einzelnen Bezirken zur Arbeit herangezogen werden müssen, sehen sich der Frage gegenüber, wie ihre Kinder ordentlich versorgt werden sollen …

Ferner beklagen sich die Frauen darüber, daß sie die für ihre Hauswirtschaft notwendigen Besorgungen kaum machen können, da sie teilweise lange anstehen müssen und die Geschäfte in manchen Fällen frühzeitig schließen. Daraus ergibt sich ein Nachlassen der Arbeitsdisziplin, das noch dadurch gestärkt wird, daß die weiblichen Gefolgschaftsmitglieder nicht ganz zu Unrecht erklären, daß sie wenigstens einmal im Monat ihre Wohnung saubermachen, Strümpfe und Wäsche waschen und stopfen müßten …

Im allgemeinen soll bei den Frauen, die längere Zeit im Arbeitsprozeß bleiben – auch nach der Beurteilung von Ärzten –, nach Möglichkeit eine tägliche Arbeitszeit von 6 Stunden nicht überschritten werden. Dies gelte besonders für schwangere Frauen. Da auch die Kräfte der jungen Mädchen, bei denen Schäden naturgemäß nicht sofort deutlich werden, geschont werden müßten, wird vielfach in den Nachrichten angeregt, für die Frauen, zumindest in Rüstungsbetrieben, reichseinheitlich die 5-Stunden-Schicht einzuführen. Dadurch würde den volksgesundheitlichen Gefahren begegnet und gleichzeitig dem Wunsch der Frauen Rechnung getragen, daß sie für ihre hauswirtschaftliche Arbeit mehr Zeit bekommen.

Aus einem Tätigkeitsbericht des »Lebensborn e.V.« (1939)

832 wertvolle deutsche Frauen haben sich, obwohl sie nicht verheiratet waren, entschlossen, trotz schwerster Opfer der Nation ein Kind zu schenken und nicht den Weg der Abtreibung zu gehen, welchen heute noch jährlich etwa 600 000 Frauen im Reich beschreiten. Unter Zugrundelegung, daß jedes geborene Kind durch seine spätere Arbeitskraft der deutschen Wirtschaft einen Betrag von 100 000 Reichsmark zuführt, wurden durch die Tätigkeit des »Lebensborn e.V.« allein bis jetzt für die deutsche Volkszukunft Werte in Höhe von 83 200 000 Reichsmark geschaffen.

Aus einem Aufruf Görings zur Metallsammlung (14. März 1940)

Nach allen ihren Fehlschlägen hoffen die Feinde jetzt, daß uns einzelne kriegswichtige Metalle ausgehen werden, die, wie sie annehmen, in Deutschland nicht in ausreichender Menge gewonnen werden können. Wir werden ihnen darauf die rechte Antwort erteilen und uns vorsorglich eine jederzeit verfügbare Reserve an diesen Metallen schaffen … Ich rufe euch deshalb heute auf zu einer großen Sammelaktion. Wir wollen der Reichsverteidigung alle entbehrlichen Gegenstände aus Kupfer, Bronze, Messing, Zinn, Blei und Nickel in nationalsozialistischer Opferbereitschaft zur Verfügung stellen.

Aus einer vertraulichen Presseanweisung über den Einsatz von Frauen in Rüstungsbetrieben (7. Mai 1940)

Im Nachgang zu dem gestern gegebenen Hinweis betreffend Veröffentlichungen über die Beschäftigung von Frauen in Rüstungsbetrieben wird noch folgendes mitgeteilt: Die Behand-

Rohstoff- und Devisenmangel machen Altmaterialsammlungen zur »nationalen Aufgabe«.

Auch ich helfe dem Führer

Metallspende des Deutschen Volkes zum 20. April 1940

lung dieses Themas soll nicht in Form einer besonderen Aktion erfolgen, sondern in Form gelegentlicher Schilderungen über den Einsatz von Frauen in Rüstungsbetrieben, über die damit gezeigte tatkräftige Hilfe der Frau im Kriege, die Kameradschaft bei der Arbeit und über die Tatsache, daß eine Überanstrengung der in den Rüstungsbetrieben eingesetzten Frauen ausgeschlossen ist. Es darf dabei in keiner Weise der Eindruck entstehen, als ob es sich bei der Frauenarbeit in Rüstungswerken um einen Zwang handelt, vielmehr sollen die gewünschten Veröffentlichungen als Anregung zum freiwilligen Einsatz wirken.

Aus einer Rede der Reichsfrauenführerin Gertrud Scholtz-Klink im Berliner Sportpalast (13. Juni 1940)

Wenn wir heute die erste Großkundgebung der Frauenschaft des Gaues Berlin veranstalten seit Ausbruch des Krieges, so kann sie nur eine Stunde der inneren Rechenschaft über Haltung und Bewährung, gemessen an den Leistungen unserer Väter, Brüder, Männer und Söhne draußen vor dem Feinde, sein.

Wenn je unsere nationalsozialistische Organisation ihre Daseinsberechtigung erweisen konnte, dann in diesen Monaten. Wir Frauen sind glücklich gewesen, bei Ausbruch des Krieges feststellen zu können, daß alles, was im Frieden aufgebaut war, so auf das Wesentliche eingestellt war, daß wir nichts ändern, sondern bestenfalls das Vorhandene ausdehnen und seine Einsatzkraft unter Beweis stellen konnten. Sei es, daß wir, angefangen vom Augenblick der Ausgabe der Lebensmittelkarten und Bezugsscheine, uns bei der Umstellung sofort dem Einzelhandel und den Kartenausgabestellen zur Verfügung stellten zur Hilfeleistung, Aufklärung und Ausgleichung von Härten, sei es, daß wir bei der Betreuung der Rückgeführten halfen, ganz gleich, ob im Rahmen der NSV [NS-Volkswohlfahrt], des Deutschen Roten Kreuzes oder in eigener Mission; ob unsere Westwallarbeiter aus dem ganzen Deutschen Reich bei unsern Frauen der Saarpfalz Heimat und Verpflegung fanden oder ob nachher und bis heute in der Rückführung der Balten- und Wolhyniendeutschen schwesterliche Hilfe in allen Nöten zur Seite stand, immer haben wir uns bemüht, Hand in Hand mit allen Kameraden der Partei gute und zuverlässige Helfer unseres Führers zu sein. Wenn jetzt in dieser Stunde, in der wir hier beisammen sind, ein paar hundert NS-Schwestern und Frauenhilfsdienstmädel zur Hilfeleistung bei den Flüchtlingen aus Nordfrankreich zum Einsatz unterwegs sind oder aber wir bereits vor 14 Tagen in Posen, in 8 Tagen in Bromberg und Litzmannstadt große Frauenkundgebungen mit einem Stand von Hunderten von Führerinnen durchführen können, so erfüllt uns das mit einer tiefen Dankbarkeit gegenüber dem Leben [...]

Bis heute können wir uns nur in tiefer Achtung vor den Millionen Frauen verneigen, die in selbstverständlichem inneren Gehorsam besonders als Bäuerin und Arbeiterin in der Ernährungssicherung und in der Rüstungsindustrie stehen; was sie an Tapferkeit und körperlicher Leistung schon vor dem Kriege – noch mehr aber seither vollbracht haben, wird einmal in unserer Geschichte als das Hohelied von der unbekannten

Mit Fortgang des Krieges müssen immer mehr Frauen die Arbeit der eingezogenen Männer übernehmen.

»Reichsfrauenführerin«
Gertrud Scholtz-Klink.

Frau der deutschen Nation stehen. Da uns der Führer aber immer gelehrt hat, in allen Lebenslagen aus der Gemeinschaft heraus darauf zu achten, daß wir die Lasten rechtzeitig so gleichmäßig verteilen, daß alle sie tragen und nicht ein Teil überlastet wird, ist es nur ein Akt einfachster geschwisterlicher Hilfe, daß alle andern Frauen eine Kette helfender Hände bilden und einspringen, wo sie nur können. Unsere Arbeiterinnen und Bäuerinnen sind zum großen Teil Mütter wie alle anderen auch, vergessen wir aber nie, daß sie doppelte Arbeit leisten – manche von ihnen ihr Leben lang; sie sind seit Kriegsbeginn dreifach belastet, denn die Erschwerungen der Kriegswirtschaft treffen sie infolge ihrer exakt vorgeschriebenen Arbeitszeit anders als die nicht berufstätige Hausfrau und Mutter. Der Arbeitsanfall ist zudem durch das Soldatsein unserer Männer ein wesentlich größerer als vorher, so daß es wohl eine berechtigte Forderung ist, wenn wir alle Frauen, die dazu in der Lage sind, aufrufen, sich kameradschaftlich an die Seite dieser Arbeiterinnen zu stellen. Wer nichts zu versorgen hat als seinen eigenen Haushalt – womöglich noch ohne Kinder oder nur mit erwachsenen Kindern –, der melde sich zur

Arbeit in kriegswichtigen Betrieben oder, sofern er auf dem Lande wohnt, in der Landwirtschaft. Auch wenn die Arbeit dort schmutziger ist als die bisher verrichtete. Glaube mir, was du an Schmutz an deine Hände bekommst, es wiegt kein Milligramm von dem, was du an menschlicher Anständigkeit, Kameradschaft und tiefgläubiger Liebe zum Führer erlebst unter diesen schwer arbeitenden Menschen. Du sagst vielleicht jetzt: Ja, ich könnte schon, aber mein Mann will das nicht, er will pünktlich sein Essen auf dem Tisch. Sage ihm, wir verstehen das, und er soll es alles eines Tages gerne wieder haben, aber im Augenblick ist etwas anderes vordringlicher; wenn Millionen Menschen Tag und Nacht ihr Letztes hergeben, wenn andere seit Jahr und Tag sich nur in kurzen Zeitabständen sehen, dann soll er dankbar sein, daß ihr euch jeden Tag sehen könnt und bei gutem Willen … auch er einmal das Essen warm machen kann, ohne daß vom Kranz seiner Herrlichkeit eine Zacke abbricht!

Es könnte mir vielleicht ein Mann jetzt entgegenhalten, das wäre keine Männerarbeit, ich frage dagegen, ob nicht Tausende von Soldaten jeden Tag sich ihr Essen selber in ihrem Kochgeschirr an der Feldküche holen, ohne daß jemand deshalb an ihrer Männlichkeit zweifeln würde?

Wir gehen zur nächsten Gruppe von Frauen: Wer eine Hausgehilfin hat, keine Kinder besitzt und selber gesund ist, gebe sie dem, der Kinder hat und keine Hilfe bekommen kann; wer aber keine Kinder hat und nicht außer Haus arbeiten kann, der stelle sich der Nationalsozialistischen Frauenschaft zur Nachbarschaftshilfe zur Verfügung; sei es, daß er sich bereit erklärt, in Krankheitsfällen innerhalb seines Wohnblocks Kinder bzw. ein Kind für vorübergehende Zeit bei sich aufzunehmen und mit zu versorgen, sei es, daß sie sich bereit erklären, einen Nachmittag der Woche unsere Kinderstuben, in denen wir die größeren Kinder beschäftigter Mütter aufnehmen, zu betreuen, sei es, daß sie sich bereit erklären, bei ihren Einkäufen die Besorgungen einer in Arbeit stehenden andern Frau mit zu erledigen und all dergleichen mehr. Diesen uns Deutschen ursprünglich so selbstverständlichen Gedanken der nachbarschaftlichen Hilfe haben wir in den großen Millionenstädten zum Teil verlernt oder verloren, heute aber ist die Zeit, wo wir ihn mit gutem Willen wieder suchen und finden müssen ...

Was unser Volk an jedem Arbeitsplatz, in jedem Haus und in jedem Beruf braucht, sind Mutterhände und Mutterherzen, denn niemals noch wurde die Haltung des Volkes davon bestimmt, was ein Volk und wieviel es gearbeitet hat, sondern aus welcher inneren Schau und wie es gearbeitet hat. Ich habe vor wenigen Tagen eine Geschichte gelesen, in der in einer Schule Kindern die Aufgabe gestellt wurde, etwas zu schreiben über Mutterhände. Darunter war ein Aufsatz eines kleinen Mädchens, das schrieb: Mutterhände: Mit der einen Hand macht Mutter Butter. Mit der andern flickt sie Vaters Kittel; mit der andern flicht sie mir die Zöpfe, ehe ich zur Schule gehe; mit der andern kocht sie, mit der andern schafft sie auf dem Acker ... »Mit der andern ... mit der andern ...«, alles lacht. Und der Lehrer sagt: »Deine Mutter wird wohl kein Tausendfüßler sein. So viele Hände! Wie viele hat sie denn eigentlich?« Da sagt das Mädchen unbeirrt: »Zwei für den Vater, für 7 Kinder auch für jedes 2, macht 14 Hände, für Küche, Stall und Feld wieder für jedes 2, macht 6 Hände, 2 für die armen Leute, macht wieder 2, 2 für den Führer, macht im ganzen 26 Mutterhände.« Keiner lacht mehr. Auch dem Lehrer ist das Lächeln vergangen ...

Diese Geschichte soll uns Frauen in unserm Anteil am Werk des Führers immer Vorbild sein, nämlich immer dort helfende Hände zu haben, wo sie gebraucht werden.

Aus einer Reichstagsrede Hitlers über die zusätzliche Mobilisierung von Frauen und Mädchen für den Arbeitsprozeß (4. Mai 1941)

Ich glaube, daß dabei vor allem auch das deutsche Mädchen und die deutsche Frau noch einen zusätzlichen Beitrag leisten können. Denn Millionen deutscher Frauen sind auf dem Lande auf dem Felde und müssen dabei in härtester Arbeit die Männer ersetzen. Millionen deutscher Frauen und Mädchen arbeiten in Fabriken, Werkstätten und Büros und stellen auch dort ihren Mann. Es ist nicht unrecht, wenn wir verlangen, daß sich diese Millionen deutsche schaffende Volksgenossinnen noch viele Hunderttausende andere zum Vorbild nehmen. Denn wenn wir auch heute in der Lage sind, mehr als die Hälfte Europas arbeitsfähig für diesen Kampf zu mobilisieren [gemeint waren die sogenannten Fremdarbeiter], dann steht aber als wertvollste Substanz in diesem Arbeitsprozeß weitaus an der Spitze unser eigenes Volk ... Wir sind daher verpflichtet, die Arbeitskraft der ganzen Nation in diesem gewaltigsten Rüstungsprozeß der Weltgeschichte einzugliedern. Die dazu notwendigen Maßnahmen werden mit nationalsozialistischer Entschlossenheit und Gründlichkeit getroffen.

»Zuchtstute oder Arbeitspferd?«

Weltkriegsjahre:
Juni 1941 bis Februar 1943

»Das Warten auf Sondermeldungen von neuen, größeren Erfolgen an der Ostfront, die bisher noch in keinem Feldzug so lange ausgeblieben sind, bewirkt allmählich ein Absinken der erwartungsvollen Stimmung der Bevölkerung«, resümierte am 4. August 1941 – sechs Wochen nach dem Überfall auf die Sowjetunion – ein Geheimbericht des SS-Sicherheitsdienstes die Stimmung im Reich. »Dabei sind es in erster Linie die Gerüchte über angeblich sehr hohe Verluste unserer Truppen, die alle Kreise der Bevölkerung anhaltend beschäftigen. So heißt es beispielsweise schon seit einiger Zeit, daß bei den Postanstalten zahlreiche Todesnachrichten zurückgehalten würden und daß Zeitungen jeweils nur eine bestimmte Anzahl von Anzeigen veröffentlichen dürften.«
Mit gemischten Gefühlen, die vorherige Begeisterung deutlich in Nachdenklichkeit, ja Besorgnis umgewandelt, hatte die

Arbeitsbaracke im Frauen-Konzentrationslager Ravensbrück.

»Volksgemeinschaft« auf die Fortsetzung und Ausweitung des Krieges reagiert. Zwar blieb die Versorgungslage vor allem durch die verstärkte Ausplünderung der besetzten Länder zunächst noch stabil, doch mehrten sich jene Stimmen, die insgeheim an das Schicksal Napoleons in den eisigen Weiten Rußlands erinnerten.

Rasche militärische Anfangserfolge schienen diese Bedenken Lügen zu strafen. Tief waren die drei deutschen Heeresgruppen in das sowjetische Territorium eingedrungen, hatten sich in erbitterten Kesselschlachten behauptet. Aber der Preis war hoch. Allein in den ersten vier Kriegswochen waren mehr Tote und Verwundete zu beklagen als während des gesamten Frankreichfeldzuges. Nachschub fehlte, sowohl an Menschen als auch an Material. Der Vormarsch verlangsamte sich, die Verluste wuchsen von Tag zu Tag.

Fieberhaft versuchte die NS-Führung, die Planungsdefizite des auf nur wenige Monate ausgelegten Raubzuges auszugleichen und die Lücken durch Mobilisierung zusätzlicher Reserven zu schließen. Dazu wurden vor allem verstärkt sogenannte Fremdarbeiter aus den okkupierten Ländern meist zwangsverpflichtet; rund drei Millionen waren schon 1941 im Reich tätig und setzten militärischen Ersatz für die Front frei. Bemühungen, mehr deutsche Frauen insbesondere der Rüstungsproduktion zuzuführen, scheiterten weitestgehend.

Mit Fortschreiten des Krieges rückte die Diskussion über die Einführung einer allgemeinen Dienstpflicht für weibliche Arbeitskräfte mehr und mehr in den Mittelpunkt nicht nur parteiinterner Auseinandersetzungen. »Unschwer hätte Hitler Mitte 1941 eine doppelt so stark ausgerüstete Armee haben können«, resümierte später Albert Speer in unausdenklicher Weiterung, »sofern nur die gleichen Maßstäbe angesetzt worden wären, wie sie für die Frauenarbeit in England und den Vereinigten Staaten gültig waren. Rund fünf Millionen Frauen hätten dann für die Rüstungswirtschaft bereitgestanden; und Hitler hätte mit drei Millionen Soldaten zusätzlich zahlreiche Divisionen aufstellen lassen können, die infolge der Mehrproduktion hervorragend bewaffnet gewesen wären.«

Kritik kam auch aus den Reihen der weiblichen Erwerbstätigen selbst, die den Mangel an Beschäftigten durch verlängerte Arbeitszeiten zu kompensieren hatten. Ende September 1941 gab ein Geheimbericht des SS-Sicherheitsdienstes deren Meinung wider: »Der ganze Fraueneinsatz läuft darauf hinaus, daß nur auf die Arbeiter und kleinen Leute zurückgegriffen wird ... Es ist dringend erforderlich, endlich einmal auf die Frauen zurückzugreifen, die für die Volksgemeinschaft noch nichts getan haben und die auf Grund ihrer günstigen finanziellen Verhältnisse nicht wissen, wie sie die Zeit totschlagen sollen. Das Wort Volksgemeinschaft ist sehr schön, deshalb erscheint es angebracht, daß die behördlichen Stellen die Volksgemeinschaft auch in der Form der Arbeit auf alle Kreise erstrecken.«

Dieser Stimmungsbericht ist für die Kennzeichnung der damaligen Situation an der sogenannten Heimatfront aus zweierlei Gründen überaus interessant: Zum einen belegt er, daß sich die Mehrheit der weiblichen Erwerbstätigen nach wie vor zur Pflichterfüllung gegenüber dem Regime bekannte, zum anderen, daß die vielbeschworene, standesübergreifende Einheit der Frauen zu bröckeln begann.

Schon ein knappes Vierteljahr zuvor war Goebbels auf Grund von Geheimberichten gleichen Tenors massiv gegen »Weibergesindel aus Plutokratenkreisen« zu Felde gezogen. Es sei empörend, »daß diese Weiber bis mittags 12.00 Uhr schlafen, dann das arme Personal zu Tode plagten, bis in die Nacht hinein tanzten und söffen und sich dann noch für 60,– RM eine männliche Nachtbedienung herholen«. Sie müßten endlich zur Arbeit herangezogen und in die Munitionsfabriken geschickt werden. Martin Bormann als Leiter der Parteikanzlei teilte wenige Tage später den ablehnenden Bescheid Hitlers mit, der zu der Überzeugung gelangt sei, »daß wir mit der Dienstverpflichtung solcher Frauen uns selber den größten Schaden zufügen würden«; es stehe »völlig außer Zweifel, daß diese beschäftigungslosen Frauen … uns gründlich in den Fabriken usw. die Stimmung … vermiesen würden«.

Hitlers grundsätzliche Ablehnung einer allgemeinen Arbeitspflicht für Frauen war zu diesem Zeitpunkt noch dadurch erklärbar, daß er mit einem »blitzkriegsartigen« Waffengang gegen die Sowjetunion rechnete, den er selbst auf eine Dauer von voraussichtlich nur fünf Monaten kalkuliert hatte. Für diese überschaubare Spanne erschien es ausreichend, das weibliche Potential dadurch zu nutzen, daß man den bisher vorwiegend in der Landwirtschaft abzuleistenden halbjährigen Reichsarbeitsdienst für junge Frauen zwischen 18 und 25 Jahren verdoppelte und in einen monatlich mit 45 Reichsmark entlohnten »Kriegshilfsdienst« umwandelte, der im Bürobetrieb der Wehrmacht, bei Behörden, in Krankenhäusern und sozialen Einrichtungen zu absolvieren war.

Hitlers Machtwort

Im Dezember 1941 kam die deutsche Offensive vor Moskau zum Stehen, die Rote Armee ging zum Gegenangriff über. Die Front zerriß, Panik griff um sich. Mit der ersten schweren Niederlage der Wehrmacht schwand der Mythos ihrer Unbesiegbarkeit. Zugleich war die »Blitzkriegs«-Strategie endgültig gescheitert, drohte ein kräftezehrender Stellungskampf.

Die »Volksgemeinschaft« war aufgeschreckt. In den Zeitungen vervielfachten sich die schwarzumränderten Gefallenenanzeigen. Doch auch die Zahl der Opfer an der »Heimatfront« wuchs mit der Ausweitung der britischen Bombardements.

Auch auf dem Herrenrad mobil: die Postzustellerin.

Insgesamt wurde 1941 eine Sprenglast von rund 30 000 Tonnen auf das Reich abgeworfen.

Angesichts der durch einen extrem strengen Winter verschärften militärischen Situation, die den Nachschub von Wehrfähigen und Waffen zwingend erforderlich machte, und des andererseits verheerenden Arbeitskräftemangels im Reich, der die Erfüllung dieser existentiellen Aufgabe gefährdete, kam es im Frühjahr 1942 zum Höhepunkt des Tauziehens um die Einführung einer allgemeinen Dienstpflicht für Frauen. »Zuchtstute oder Arbeitspferd?« lautete die Polarisierung der Meinungen. Göring als Beauftragter für den Vierjahresplan und der gerade zum Generalbevollmächtigten für den Arbeitseinsatz ernannte thüringische Gauleiter Fritz Sauckel galten neben Speer als die Hauptverfechter einer Zwangsrekrutierung – bis Hitler schließlich ein endgültiges Machtwort sprach.

In einem devoten Bericht vom 20. April 1942 (nur zufällig am 53. Geburtstag des »Führers«?) erklärte Sauckel seine kampflose Kapitulation: »Nachdem ich ... dieses sehr schwere Problem gewissenhaft überprüft habe, muß ich grundsätzlich auf eine von Staats wegen vorgenommene Dienstverpflichtung aller deutschen Frauen und Mädchen für die deutsche Kriegs- und Ernährungswirtschaft verzichten. Wenn ich auch selbst anfänglich und mit mir wohl der größte Teil der führenden Männer der Partei und die Frauenschaft aus bestimmten Gründen glaubten, eine Dienstverpflichtung der Frau durchführen zu müssen, so sollten sich hier doch alle verantwortlichen Männer und Frauen aus Partei, Staat und Wirtschaft mit der größten Ehrfurcht, aber auch in tiefster Dankbarkeit der Einsicht unseres Führers Adolf Hitler beugen, dessen größte Sorge der Gesundheit der deutschen Frauen und Mädchen und damit der jetzigen und zukünftigen Mütter unseres Volkes gilt.« Und eilfertig schob Sauckel noch nach, es sei eben »ein ungeheurer Unterschied, ob eine Frau oder ein Mädchen schon frühzeitig an bestimmte Arbeiten in der Fabrik oder in der Landwirtschaft gewöhnt war und ob sie diese Arbeit auch schon durchgehalten hat oder nicht. Neben körperlichen Schädigungen müssen aber deutsche Frauen und Mädchen auch vor Schädigungen ihres Seelen- und Gemütslebens nach dem Willen des Führers unter allen Umständen bewahrt bleiben«. Auch Göring, der zuvor mit markigen Worten die Mobilmachung des weiblichen Geschlechts gefordert hatte, beeilte sich nun, seinen Gesinnungswandel zu begründen: Wenn das Rassepferd am Pflug eingespannt werde, verbrauche es sich schneller als das Arbeitspferd, infolgedessen könne man nie zu einer Frauendienstverpflichtung im allgemeinen kommen. Die hochwertigen Frauen hätten in erster Linie die Aufgabe, Kinder zu bekommen.

Die Gründe, die Hitler zu dieser endgültigen, bis auf die letzten chaotischen Kriegswochen nie wieder ernsthaft in Frage gestellten Entscheidung veranlaßten, sind sicher nicht nur im tradierten nationalsozialistischen Frauenbild zu suchen. Zumindest aus heutiger Sicht war die seinerzeitige bevölkerungspolitische Perspektive nicht gleich-, schon gar nicht höherrangig als die damals aktuelle Arbeitsmarkterfordernis einzustufen, andererseits durchaus als Ausdruck vielfach zu registrierenden Realitätsverlustes, sprich Größenwahns tausendjähriger Dimension, zu verstehen. Auf der Suche nach weiteren Ursachen bietet sich Hitlers ambivalentes Verhältnis zum weiblichen Geschlecht an, das er auf der einen Seite bis auf die Gebärfähigkeit pauschal abwertete, andererseits im Einzelfall geradezu rühmte – beispielsweise seine wohl nicht zuletzt unter dem Eindruck eines tyrannischen Vaters kultisch verehrte Mutter und »vier Paradefrauen«: die Architektin Gerdy Troost, von der er seine Residenz auf dem Obersalzberg

Frauenidol Hanna Reitsch (1912–1979), erster weiblicher Flugkapitän der Welt (1937), Erstflug mit Hubschraubern (1938) und Erprobung von Raketenjägern (1943); als berühmteste deutsche Testpilotin eine der ganz wenigen Trägerinnen des zu den höchsten militärischen Auszeichnungen zählenden Eisernen Kreuzes Erster Klasse (EK I).

ausgestalten ließ, Winifred Wagner als Organisatorin der Bayreuther Festspiele, die Parteitags- und Olympiaregisseurin Leni Riefenstahl sowie die »Reichsfrauenführerin« Gertrud Scholtz-Klink; später kam zumindest noch die Testpilotin Hanna Reitsch als erster weiblicher Flugkapitän der Welt hinzu. Am Rande sei hier eine weitere erstklassige Fliegerin ob ihres abenteuerlichen Werdegangs erwähnt: Beate Köstlin, die 1936 im Alter von 17 Jahren (!) den Pilotenschein erwarb und ab 1944 im Rang eines Luftwaffenhauptmanns die ersten Düsenjäger der Welt (Me 262 Schwalbe) an die Front überstellte, sich zu Kriegsende mit Kleinkind in gewagter Aktion aus dem eingeschlossenen Berlin auszufliegen vermochte und nachfolgend als verwitwete Beate Uhse maßgeblich zur sexuellen Enttabuisierung in Deutschland beitrug.

Hitlers Frauen

Es kann und soll hier keine Aufgabe sein, das nachweisbar psychisch wie physisch gestörte Verhältnis Hitlers zum weiblichen Geschlecht zu definieren, auf das er nicht nur aus Machtfülle geradezu charismatisch wirkte. Jüngste Studien gehen von einer – aus welchen Gründen auch immer – sexuellen Enthaltsamkeit zumindest bis zu seinem 37. Lebensjahr aus, welche mit kurzzeitigen, in die Abnormität verwiesenen Unterbrechungen auch später, beispielsweise für die gesamte Liaison mit Eva Braun, angehalten haben soll und mit der Schutzbehauptung »Meine Braut ist Deutschland!« kaschiert wurde. All dies ist an sich historisch nicht relevant, könnte aber Fingerzeige auf ein letztendlich politisch mitentscheidendes persönliches Frauenbild geben, das von dumpfer Verunsicherung geprägt scheint.

Überaus interessant ist in diesem Zusammenhang, daß die endgültige Entscheidung Hitlers für die »Zuchtstute«, sprich die bevölkerungspolitische Mission der Frauen, zu genau jenem Zeitpunkt erfolgte, in dem sich seine im Führerhauptquartier »Wolfsschanze« gehaltenen Monologe in auffälliger Weise dem ansonsten weitestgehend ausgesparten weiblichen Geschlecht widmeten – so, als suchte er eine persönliche Positionsbestimmung. Unkommentierte Auszüge sollen nachfolgend ein eigenes Urteil ermöglichen.

Eines der seltenen gemeinsamen Fotos: Hitler und Eva Braun.

25./26. Januar 1942, *über die Ehe:* »Es ist ein Glück für mich, daß ich nicht geheiratet habe: Das wäre eine Katastrophe geworden! Es gibt einen Punkt, wo die Frau den Mann nie versteht, das ist, wenn in einer Ehe der Mann die Zeit nicht aufbringt, welche die Frau für sich glaubt beanspruchen zu müssen. Soweit es sich um fremde Männer handelt, ja, da

155

sagen sie alle: Ich begreife die Frau nicht, ich würde nicht so sein! Aber dem eigenen Mann gegenüber ist darin jede Frau gleich unvernünftig. Man muß das verstehen: Eine Frau, die ihren Mann liebt, geht doch ganz auf in ihm; erst wenn sie Kinder hat, erfährt sie, daß es noch etwas anderes für sie gibt; so verlangt sie vom Mann, daß er in gleicher Weise ihr lebt! Der Mann jedoch ist der Sklave seiner Gedanken, seine Aufgaben und Pflichten beherrschen ihn, und es mag Augenblicke geben, wo er wirklich sagen muß: Was schert mich Weib, was schert mich Kind! Wenn ich denke: Während des Jahres 1932 würde ich doch nur wenige Tage überhaupt zu Hause gewesen sein. Aber auch da wäre ich nicht mein eigener Herr gewesen. Du bist ja gar nicht bei mir!, klagt die Frau, wenn die Gedanken unversehens vom Mann Besitz ergriffen haben! Gewiß, man braucht nicht immer beisammenzuhocken! Auch der Trennungsschmerz bringt der Frau eine Art Wohlgefühl, dann kommt die Freude, sich wiederzusehen, und wenn ein Seemann nach Hause kommt, ist es nicht anders, als feierte man von neuem Hochzeit: Nach den Monaten seiner Abwesenheit hat er für einige Wochen völlige Freiheit! So wäre das bei mir nie gewesen. Mir würde die Frau immer mit dem Vorwurf begegnet sein: Und ich?! Dazu das Quälende, mit welchem man sich belastet, weil man der Frau doch gern zu Willen wäre! Für mich hätte es stets nur ein vergrämtes, verkümmertes Gesicht gegeben, oder ich hätte meine Pflichten versäumen müssen! Drum ist es besser, nicht zu heiraten. Das ist das Schlimme an der Ehe: Sie schafft Rechtsansprüche! Da ist es schon viel richtiger, eine Geliebte zu haben. Die Last fällt weg, und alles bleibt ein Geschenk.«

1. März 1942, *über außereheliche Kinder und Beziehungen:* »An dem Verlust an Männern stirbt ein Volk nicht aus, nur wenn es an Frauen fehlt. Nach dem Dreißigjährigen Krieg wurde weithin die Vielweiberei wieder gestattet. Durch das

illegitime Kind ist die Nation wieder in die Höhe gekommen. Gesetzlich kann man das nicht regeln. Aber: Solange man zweieinhalb Millionen hat, die alte Jungfern werden müssen, darf man das außereheliche Kind nicht ächten! Ein Mädchen,

Glühende Anhängerin des Wagner-Verehrers Hitler ist Winifred Wagner, hier mit ihren Söhnen Wieland (links) und Wolfgang (im Hintergrund); Bayreuth wird zum NS-Wallfahrtsort.

das ein Kind besitzt und dafür sorgt, ist in meinen Augen einer alten Jungfer überlegen. Das gesellschaftliche Vorurteil ist im Weichen begriffen, die Natur setzt sich wieder durch, wir sind da schon am besten Weg. Von vielen Mädeln, Kellnerinnen vor allem, habe ich erst nachträglich erfahren, daß sie Kinder hatten; es ist rührend zu sehen, wie es das ganze Glück so eines Mädels ist, für Kinder sorgen zu können. Kriegt ein Mädel kein Kind, so wird es hysterisch oder krank … Auf dem

Land geht es so weit, daß der Vorwurf gegen einen Pfarrer, daß er Umgang hat, auf das Volk gar nicht wirkt. Wenn der mit seiner Kathl einen Umgang hat, ist das ganze Dorf beruhigt: Die Kinder, die anderen Frauen haben eine Ruh! Beim Hirn kann er es auch nicht herausschwitzen!, sagen die Frauen. Das Verlogenste sind die oberen Zehntausend. Ich habe da die unglaublichsten Sachen erlebt. Leute haben andere beanstandet, weil sie einen nichtehelichen Umgang hatten, während sie selbst geschiedene Frauen geheiratet haben!«

10./11. März 1942, *über die Frauen:* »Die Welt des Mannes ist groß, verglichen mit der der Frau: Der Mann gehört seiner Pflicht, und nur ab und zu schweift ein Gedanke zur Frau hinüber. Die Welt der Frau ist der Mann, an anderes denkt sie nur ab und zu; das ist der große Unterschied. Die Frau kann viel tiefer lieben als der Mann! Auf den Intellekt kommt es bei einer Frau gar nicht an. Verglichen mit den gebildeten intellektuellen Frauen war meine Mutter gewiß eine ganz kleine Frau, sie hat ihrem Mann und uns Kindern gelebt, in der Gesellschaft unserer gebildeten Frauen würde sie sich wohl schwer getan haben, aber sie hat dem deutschen Volk einen großen Sohn geschenkt!«

Man könnte diese verquasten, frauenverachtenden Einstellungen kommentarlos dem geschichtlichen Müll überantworten, stammten sie nicht von Hitler persönlich, womit sie automatisch in den Rang einer die praktische Politik dirigierenden Staatsdoktrin erhoben wurden. Denn der »Führer« hatte sich bei der Entscheidung der Frage »Zuchtstute oder Arbeitspferd?« wirklich als solcher erwiesen und kompromißlos durchgesetzt. Erinnert sei an die devote Abkehr Sauckels von einer generellen Dienstverpflichtung des weiblichen Geschlechts, von deren Notwendigkeit nicht nur er, sondern »mit mir wohl der größte Teil der führenden Männer der

Partei und die Frauenschaft« überzeugt waren – ein weit über die spezifische Thematik hinausreichender Beleg für die geradezu absolutistische Machtfülle Hitlers.

»Gift der Heimat«

Auf der Suche nach Gründen fast schonend erscheinender Behandlung der »Volksgenossinnen« durch das NS-Regime stößt man auf ein ebenfalls personenbezogenes Phänomen. Schon in Hitlers »Mein Kampf« ist seine geradezu panische Angst vor dem »Gift der Heimat« erkennbar, jenem legendenhaften »Dolchstoß«, mit dem 1918 »marxistisch-jüdische Wühlarbeit« angeblich dem »im Felde unbesiegten deutschen Heer« in den Rücken fiel und so das »schmachvolle« Ende des Ersten Weltkriegs herbeiführte – eine Behauptung, mit der die Realität der militärischen Niederlage verdrängt werden sollte. Damals fiel die folgenschwere Entscheidung: »Ich … beschloß, Politiker zu werden.«

Hitlers Furcht vor inneren Unruhen saß tief. Er mißtraute der Verläßlichkeit der »Volksgemeinschaft«, beargwöhnte die Belastbarkeit der eigenen »Heimatfront«, an der die Frauen eine immer dominierendere Rolle spielten. Sie hatten die schwerste Bürde der Kriegsfolgen im Reich zu tragen, waren verantwortlich für die Versorgung der Familien, die Erziehung der Kinder, die zumindest moralische Unterstützung der Männer und Söhne an der Front, zusätzlich eingebunden in millionenfache Erwerbstätigkeit. Noch stand der Großteil des weiblichen Geschlechts hinter dem Regime, dessen »Führung« sich hütete, diese Massenloyalität durch überzogene Belastungen und Zwangsmaßnahmen wie beispielsweise die Einführung der staatlichen Dienstverpflichtung aller deutschen Frauen und Mädchen zu gefährden – es hätte tödlich sein können!

Tatsächlich hatte sich die Alltagssituation im Land erheblich verschärft. 1941/42 kam es erstmals seit Einführung der Zwangsrationierung von Lebensmitteln (1939) zu erheblichen Kürzungen: »Normalverbraucher« erhielten je vierwöchiger Zuteilungsperiode nur noch 1200 Gramm Fleisch, 825 Gramm Fett, 125 Gramm Käse und 8500 Gramm Brot; auch der Bezug von Kartoffeln war nunmehr auf 15 Kilogramm begrenzt. Ungleich bedrückender aber wirkten die lähmenden Opfermeldungen von der Front: Per 31. August 1942 waren binnen eines Jahres 485 000 Wehrmachtsangehörige gefallen und über 65 000 vermißt oder in Gefangenschaft geraten. Hinzu kamen die sich dramatisch verstärkenden Bombenangriffe. Durch die enormen Verluste im Osten weiter geschwächt, mußte die deutsche Luftwaffe den Himmel über dem Reich mehr und mehr den angloamerikanischen Kampfflugzeugen überlassen. Deren anfängliches Ziel, die Rüstungsbetriebe zu zerstören, wurde nun durch die Absicht ersetzt, mit rigorosen Flächenbombardements der Wohnviertel die Moral der Bevölkerung zu brechen. Eine 1942 auf Deutschland abgeworfene Sprenglast von rund 40 000 Tonnen brachte Tod und Vernichtung.

Die Rüstungsproduktion lief dennoch weiter auf Hochtouren und konnte 1942 gegenüber dem Vorjahr erhebliche Zuwachsraten verzeichnen. Beispielsweise wurde die Anzahl der Panzer und Sturmgeschütze fast verdoppelt; der Ausstoß an Lastkraftwagen wuchs von 62 400 auf 78 200, an Flugzeugen von 11 050 auf 14 700.

Einen wesentlichen Anteil daran hatten die erwerbstätigen Frauen, deren Arbeitskraft – da nicht zwangszuverpflichten – heftig und nicht ganz erfolglos umworben wurde. So war ihre seit Kriegsbeginn ständig geschrumpfte Zahl 1942 erstmals wieder leicht angestiegen und überschritt im Folgejahr mit 14,8 Millionen geringfügig den Vorkriegsstand.

Mutterschutz

Zu einem Beschäftigungsschub dürfte auch das im Mai 1942 erlassene, eindeutig arbeitsmarktorientierte »Gesetz zum Schutze der erwerbstätigen Mutter« beigetragen haben, welches mit dem Ziel, Mutterschaft und außerhäusliche Berufstätigkeit mehr in Einklang zu bringen, das bis dahin geltende Mutterschutzgesetz von 1927 erheblich verbesserte. Detailliert war darin festgelegt, daß werdenden Müttern keine schweren körperlichen Arbeiten übertragen werden durften, ebenso wenig solche, bei denen sie schädlichen Einwirkungen von gesundheitsgefährdenden Stoffen oder Strahlen, von Staub, Gasen oder Dämpfen, von Hitze, Kälte oder Nässe sowie von Erschütterungen ausgesetzt waren. Auch die Beschäftigung im Akkord, mit Prämienarbeit und am Fließband galt als unzulässig. Je sechs Wochen vor und nach der Entbindung wurde eine allgemeine Arbeitsbefreiung mit vollem Lohnausgleich gewährt; letztere Frist verlängerte sich für stillende

Von der NS-Volkswohlfahrt 1934 ins Leben gerufen: »Hilfswerk Mutter und Kind« zur Unterstützung vor allem kinderreicher Familien.

Mütter auf acht, nach Frühgeburten auf zwölf Wochen. Werdende und stillende Mütter durften weder mit Mehrarbeit noch zwischen 20 und 6 Uhr, noch an Sonn- und Feiertagen beschäftigt werden, der Einsatz in der Landwirtschaft war auf täglich maximal neun Stunden begrenzt. Zugleich bestand ein genereller Kündigungsschutz bis zum Ablauf von vier Monaten nach der Niederkunft.

Zahlreiche weitere Maßnahmen waren im Gesetz verankert, um den Frauen die »Pflichten ihrer Mutterschaft« zu erleichtern. Dazu zählten die Gewährung von Stillzeiten ohne Lohnausfall sowie zusätzlicher Stillgelder, ebenso die Einrichtung betrieblicher Liege- und Stillräume. Von grundsätzlicher, auch emanzipatorischer Bedeutung war die erstmalige Festschreibung der Verpflichtung, »eine ausreichende Betreuung von Kindern erwerbstätiger Mütter sicherzustellen«; neben den bestehenden Kindertagesstätten der NS-Volkswohlfahrt und der Gemeinden konnte der Reichsarbeitsminister die Schaffung weiterer Krippen, Kindergärten und -horte verfügen, die »von den Betrieben oder Verwaltungen selbst errichtet und unterhalten werden«.

Der im Ergebnis solcher und anderer Förderung bewirkte zögerliche Zuwachs weiblicher Berufstätigkeit entsprach dennoch keineswegs den aktuellen Erfordernissen der Kriegswirtschaft. Da boten die ständig neu aufgefüllten und vergrößerten Reservoirs der faschistischen Konzentrationslager schon andere Möglichkeiten. Ab Februar 1942 wurden die Häftlinge systematisch zum Sklaveneinsatz in der Rüstungsindustrie gezwungen – »Vernichtung durch Arbeit« lautete die Devise. Auch das spezielle Frauen-KZ Ravensbrück war davon nicht ausgenommen. Insgesamt etwa 132 000 weibliche Gefangene aus mehr als 20 Nationen, vor allem aus Polen und der Sowjetunion, mußten hier und in rund 70 Außenkommandos von 1939 bis 1945 unter unvorstellbaren Verhältnissen leiden – Mütter zum Teil gemeinsam mit ihren Kindern, viele Jüdinnen sowie Sinti und Roma. Mit brutaler Gewalt wurden die meisten, selbst Hochschwangere, zur Arbeit in Munitionsfabriken sowie Produktionsstätten solcher Firmen wie Hugo Schneider AG (Hasag) und Heinkel-Flugzeugwerke getrieben. Besonders »rationell« verfuhr der Siemens-Konzern, als er unmittelbar neben dem Stammlager einen großen rüstungstechnischen Betrieb errichten ließ. Angesichts einer täglichen Arbeitszeit von zwölf Stunden, völlig unzureichender Ernährung und fehlender ärztlicher Versorgung ging das SS-Wirtschafts-Verwaltungs-Hauptamt, das die Häftlinge gegen Tagessätze an die Industrie »vermietete«, bei seiner »Rentabilitätsrechnung« von einer durchschnittlich dreivierteljährigen Lebensdauer aus.

Im KZ Ravensbrück, das zugleich als Ausbildungsstätte für weibliches Wachpersonal (»SS-Helferinnen«) diente, begannen im Juli 1942 grausame medizinische Experimente, nachdem

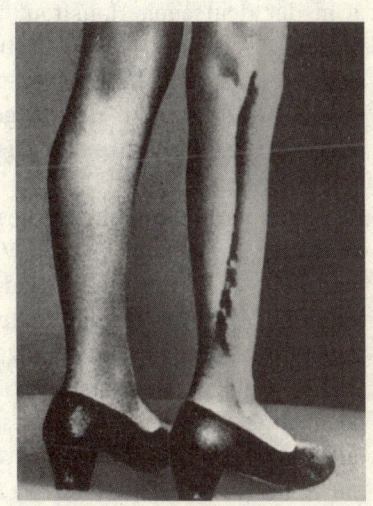

Operationsnarbe eines weiblichen Häftlings aus dem KZ Ravensbrück; bei »Menschenversuchen« erleiden zahllose Frauen einen qualvollen Tod.

163

Hitler zuvor entschieden hatte, »daß grundsätzlich, wenn es um das Staatswohl geht, der Menschenversuch zuzulassen ist«: bakterielle Infizierungen zur Erprobung neuer Medikamente und Behandlungsmethoden, Knochentransplantationen, Unterkühlungs- und Sterilisationsexperimente. Die Versuchspersonen erlitten bleibende Schäden und Verkrüppelungen, viele einen qualvollen Tod – auch dies ein Kapitel zum Thema »Frauen unterm Hakenkreuz«!

Menschenreserven

Da auch das Reservoir der Konzentrationslager den aktuellen Anforderungen der Kriegswirtschaft nicht genügte, wies Hitler im April 1942 – zugleich mit der kategorischen Ablehnung genereller Dienstverpflichtung der »Volksgenossinnen« – seinem Generalbevollmächtigten für den Arbeitseinsatz, Sauckel, nach dessen eigenen Worten einen weiteren Weg zur personellen Aufstockung vor allem der Rüstungsindustrie: »Um der deutschen Hausfrau, vor allem der kinderreichen Mutter ... eine fühlbare Entlastung zuteil werden zu lassen und ihre Gesundheit nicht weiter zu gefährden, hat mich der Führer beauftragt, aus den Ostgebieten ca. 400 000–500 000 ausgesuchte, gesunde und kräftige Mädchen in das Reich hineinzunehmen.«

Nur allzu gern kam Sauckel dieser Weisung nach, entsprach sie doch ganz seinem Diktum: »Vor Maschinen stelle ich keine deutschen Frauen, dafür sind die Russinnen gerade gut genug.« Im April 1942 verkündete er programmatisch: »Es ist daher unumgänglich notwendig, die in den eroberten sowjetischen Gebieten vorhandenen Menschenreserven voll auszuschöpfen. Gelingt es nicht, die benötigten Arbeitskräfte auf freiwilliger Grundlage zu gewinnen, so muß unverzüglich zur Aushebung derselben bzw. zur Zwangsverpflichtung geschritten werden. Neben den schon vorhandenen, noch in den besetzten Gebieten befindlichen Kriegsgefangenen gilt es also vor allem, Zivil- und Facharbeiter und -arbeiterinnen aus den Sowjetgebieten vom 15. Lebensjahr ab für den deutschen Arbeitseinsatz zu mobilisieren … All diese Menschen müssen so ernährt, untergebracht und behandelt werden, daß sie bei denkbar sparsamstem Einsatz die größtmögliche Leistung hervorbringen … Die Arbeitskraft dieser Leute muß in größtem Maße ausgenutzt werden.« Und mit widerlichem Zynismus ergänzte er: »Ich bitte dabei zu bedenken, daß auch eine Maschine nur das zu leisten vermag, was ich ihr an Treibstoff, Schmieröl und Pflege zur Verfügung stelle. Wieviel Voraussetzungen mehr aber muß ich beim Menschen, auch wenn er primitiver Art und Rasse ist, gegenüber einer Maschine berücksichtigen … Nur so wird es möglich sein, ohne alle falsche Sentimentalität auch aus diesem Einsatz den höchsten Nutzen für die Rüstung der kämpfenden Front und für die Kriegsernährungswirtschaft zu gewährleisten.«

1942 waren mit hohem, ständig wachsendem Frauenanteil 4,2 Millionen ausländische Arbeitskräfte und Kriegsgefangene in der deutschen Industrie und Landwirtschaft, aber auch in »gehobenen« Haushalten tätig. Vorzugsweise eingesetzt wurden sowjetische »Ostarbeiterinnen«, denen die Reichswirtschaftskammer eine weitaus höhere Arbeitsproduktivität als allen männlichen Ausländern bescheinigte.

Die sogenannten Fremdarbeiter lebten unter entwürdigenden Bedingungen, welche jedoch gegenüber dem Inferno, dem die Menschen jüdischen Glaubens zu jener Zeit ausgesetzt waren, geradezu harmlos anmuten. Schon im September 1941 durch die Pflicht stigmatisiert, im Alter ab sechs Jahren »sichtbar auf der linken Brustseite der Kleidung« und »fest angenäht« einen handtellergroßen sechszackigen gelben Stern mit der Aufschrift »Jude« zu tragen, wurde die »Endlösung der europäischen Judenfrage« im Januar 1942 zum beschlossenen Programm. Vorbereitend schritt im Reich deren weitere bürgerliche Entrechtung mit zuweilen geradezu absurden Verfügungen rasch voran: Juden durften keine Haustiere halten (15. Februar), weder Zeitungen noch Zeitschriften abonnieren (17. Februar), mußten ihre Wohnungen kennzeichnen (13. März), »arische« Friseure meiden (12. Mai), sämtliche elektrischen und optischen Geräte sowie Schreibmaschinen und Fahrräder abliefern (12. Juni), auf Fleisch- und Milchmarken verzichten (19. September).

Zehntausende Juden waren bereits in Konzentrationslager des Reiches eingeliefert worden. Anfang Oktober 1942 befahl Himmler ihre Deportation nach Auschwitz. Zum gleichen Zeitpunkt enthüllte der emigrierte Schriftsteller Thomas Mann über den britischen Rundfunksender BBC den deutschen Hörern erschütternde Einzelheiten vom bereits begonnenen Massenmord und löste auch unter den Frauen des Reiches als Hauptkonsumenten des Hörmediums zumindest Betroffenheit aus, die sich jedoch bis zum bitteren Ende nie in organisierten Massenwiderstand auswuchs. Selbst die Geschwister Sophie und Hans Scholl, die mit anderen Münchner Studenten im Herbst 1942 die Widerstandsgruppe »Weiße Rose« gründeten, waren zuvor nach eigenem Bezeugen glühende Anhänger des Nationalsozialismus gewesen.

Tanz auf dem Vulkan

Langfristig hatte das Regime Vorkehrungen gegen permanent befürchtete innere Unruhen getroffen: Rund 50 000 »Vertrauensleute« versorgten den SS-Sicherheitsdienst mit regelmäßigen Stimmungsberichten, die als »Meldungen aus dem Reich« zusammengefaßt und an die »Führung« weitergeleitet wurden. Auch die Gestapo unterhielt ein vielverzweigtes Spitzel-

Mit dem Schlager »Lili Marleen« international bekannt geworden:
Lale Andersen.

und Informantennetz, das gnadenlos jeden Anflug von »Defätismus« verfolgte.

Daß trotz all dieser Bedrückung und einer immer ernster werdenden militärischen Situation im Reich selbst weitgehende Alltagsnormalität zu herrschen schien, muß aus heutiger Sicht als Phänomen erscheinen. Da wurden Filme wie »Frau Luna« (mit Theo Lingen), »Frauen sind doch bessere Diplomaten« (mit Marika Rökk, erstmals in Farbe) und »Quax, der Bruchpilot« (mit Heinz Rühmann in der Titelrolle) uraufgeführt, umjubelt wie die »Faust«-Premiere unter der Regie von Gustaf Gründgens; aus dem Volksempfänger dudelten »Lili Marleen« und »Es geht alles vorüber, es geht alles vorbei« – und nebenan fielen die Bomben!

Doch dieser vermeintliche Widerspruch entlarvt sich bei näherer Betrachtung als gezielte Methode, um vor allem vom

Drama an der Ostfront abzulenken, wo im November 1942 die 6. deutsche Armee und weitere Verbände mit insgesamt rund 250 000 Mann eingekesselt wurden. Hitler, der voreilig schon am 8. November die Einnahme von Stalingrad verkündet hatte und zudem durch allierte Erfolge in Nordafrika unter wachsenden Druck geriet, reagierte im Januar 1943 mit einem »Führererlaß« zur Mobilisierung zusätzlicher Frontreserven: »Der Bedarf an Kräften für Aufgaben der Reichsverteidigung macht es notwendig, alle Männer und Frauen, deren Arbeitskraft für diese Zwecke nicht oder nicht voll ausgenutzt ist, zu erfassen und ihrer Leistungsfähigkeit entsprechend zum Einsatz zu bringen. Das Ziel ist, die wehrfähigen Männer für den Fronteinsatz freizumachen.«

Dazu erfolgte die Anordnung zur Stillegung von Betrieben und Unternehmungen, »die nicht ganz oder überwiegend Aufgaben der Kriegswirtschaft oder der Sicherung des lebens-

Abschied
nach kurzem
Heimaturlaub.

wichtigen Bedarfs erfüllen«. Für noch nicht registrierte Frauen vom vollendeten 17. bis zum vollendeten 50. Lebensjahr sollte eine Meldepflicht gelten. In schon gewohnt halbherziger Weise wurde diese zunächst durch die Absenkung des Meldealters auf 45 Jahre entschärft, dann durch eine Vielzahl von Ausnahmen unterlaufen; als nicht meldepflichtig galten beispielsweise »Volksgenossinnen«, die im öffentlichen Dienst oder in der Landwirtschaft tätig waren oder ein noch nicht schulpflichtiges Kind oder zwei im gemeinsamen Haushalt lebende Kinder unter 14 Jahren hatten, auch Schülerinnen, die eine öffentliche oder anerkannte private allgemeinbildende Schule besuchten.

Dementsprechend skeptisch verhielt sich die »Volksgemeinschaft«, wie ein geheimer Stimmungsbericht des SS-Sicherheitsdienstes Anfang Februar registrierte: »Geradezu mit Spannung wartet man auf das Anlaufen dieser Maßnahme und insbesondere darauf, ob die Angehörigen der Oberschicht auch wirklich gerecht einbezogen werden … Nach den vorliegenden Meldungen ist die Skepsis ziemlich groß. Man glaubt, daß die ›Prominenten‹, wozu in der kleinen Stadt auch die Frau des Bürgermeisters oder des Rechtsanwalts gerechnet wird, auf irgendeine Weise versuchen würden, sich zu drükken. Die Ärzte würden sicherlich von Frauen überlaufen, die sich ihre Arbeitsunfähigkeit bescheinigen lassen wollen … Man vermute, daß … sehr viele Lücken entstanden seien, die von arbeitsunwilligen Frauen zur ›Drückebergerei‹ benützt werden könnten … Darüber hinaus werde seitens verantwortungsbewußter Volksgenossen auch an die vielen Möglichkeiten des ›Scheineinsatzes‹ von Frauen bei Verwandten und Bekannten gedacht.«

Unabhängig aller mobilisierenden Bemühungen im Reich waren zu diesem Zeitpunkt die Würfel an der Ostfront bereits gefallen. Gegen den ausdrücklichen Befehl Hitlers, »bis zum letzten Soldaten« zu kämpfen, kapitulierte die Südgruppe der 6. Armee am 31. Januar, die Nordgruppe am 2. Februar 1943; rund 150 000 Mann waren auf deutscher Seite gefallen, über 90 000 gerieten in Gefangenschaft, nur 6000 von ihnen sollten später heimkehren – Stalingrad wurde zum Wendepunkt des Krieges.

Dokumente

Aus einem von Goebbels veranlaßten, für Bormann bestimmten Fernschreiben der Parteikanzlei über »Weibergesindel aus Plutokratenkreisen« (2. Juli 1941)

In den letzten SD-Berichten »Meldungen aus dem Reich« wird wieder außerordentlich über das Verhalten von Frauen im Reiseverkehr und in den Kurorten geklagt. Es sei einfach empörend, wenn man nicht nur aus den SD-Berichten, sondern auch sonst immer wieder Klagen darüber erhalte, daß diese Weiber bis mittags 12.00 Uhr schlafen, dann das arme Perso-

Berliner Frühjahrsmode 1941: Eleganter Kasak aus Seidenkrepp, blusig gearbeitet und in reichen Falten gehalten, mit breitem Taillengürtel und ausgesetzten Taschen.

nal zu Tode plagten, bis in die Nacht hinein tanzten und söffen und sich dann noch für 60,– RM eine männliche Nachtbedienung herholen …

Es gäbe hier nur ein Mittel: Dieses Weibergesindel aus Plutokratenkreisen müsse endlich zur Arbeit herangezogen werden. Es müsse festgestellt werden, welche Mädchen bzw. Frauen sich mehrere Wochen in einem Kurort aufhalten. Diese müßten dann in die Munitionsfabriken geschickt werden. Dies sei besser als aller Appell, sich anständig zu benehmen, der bei diesen Weibern sowieso überhaupt nichts fruchtet.

Die Bevölkerung sowohl in den luftgefährdeten wie in den Gebieten der Kurorte sei mehr wie empört darüber, daß überhaupt nichts gegen dieses Weibergesindel veranlaßt würde.

Bormann antwortete darauf am 6. Juli 1941:

»Ich habe dem Führer wiederholt die Unzufriedenheit der arbeitenden bzw. arbeitsverpflichteten Frauen über jene Frauen, die auf Tennisplätzen, in Cafés, in Kurorten usw. die Zeit totschlagen, geschildert; dabei habe ich dem Führer wiederholt vorgetragen, immer würde von unseren Parteimännern die Dienstverpflichtung dieser Frauen gefordert.

Bei meinem letzten Vortrag, der vor etwa 14 Tagen stattfand, hat der Führer mir erwidert, er habe sich die Sachlage gründlich überlegt und sei danach zu der Überzeugung gekommen, daß wir mit der Dienstverpflichtung solcher Frauen uns selber den größten Schaden zufügen würden; es stehe für ihn – sagte der Führer – völlig außer Zweifel, daß diese beschäftigungslosen Frauen, die ja meist reaktionären Kreisen entstammen, uns gründlich in den Fabriken usw. die Stimmung der dienstverpflichteten Frauen vermiesen würden.«

Aus dem SD-Geheimbericht »Meldungen aus dem Reich« über Reaktionen auf hohe Truppenverluste an der Ostfront (4. August 1941)

Das Warten auf Sondermeldungen von neuen, größeren Erfolgen an der Ostfront, die bisher noch in keinem Feldzug so lange ausgeblieben sind, bewirkt allmählich ein Absinken der erwartungsvollen Stimmung der Bevölkerung.

Dabei sind es in erster Linie die Gerüchte über angeblich sehr hohe Verluste unserer Truppen, die alle Kreise der Bevölkerung anhaltend beschäftigen. So heißt es beispielsweise schon seit einiger Zeit, daß bei den Postanstalten zahlreiche Todesnachrichten zurückgehalten würden und daß Zeitungen jeweils nur eine bestimmte Anzahl von Anzeigen veröffentlichen dürften, ferner, daß die Lazarette in den Ostgebieten schon seit einiger Zeit überfüllt wären. Fast in allen Gegenden des Reiches sind Gerüchte im Umlauf, daß gerade jene Truppen, die in den betreffenden Gegenden zur Aufstellung gekommen sind, besonders starke Verluste erlitten hätten oder ganz aufgerieben worden seien. Stark verbreitet sind die Gerüchte, daß es der Roten Armee gelungen sei, den deutschen Vormarsch weitestgehend zum Stehen zu bringen.

Aus der Polizeiverordnung »über die Kennzeichnung der Juden« (1. September 1941)

§ 1 (l) Juden …, die das sechste Lebensjahr vollendet haben, ist es verboten, sich in der Öffentlichkeit ohne einen Judenstern zu zeigen.

(2) Der Judenstern besteht aus einem handtellergroßen, schwarz ausgezogenen Sechsstern aus gelbem Stoff mit der schwarzer Aufschrift »Jude«. Er ist sichtbar auf der linken Brustseite des Kleidungsstücks fest aufgenäht zu tragen.

§ 2 Juden ist verboten,

a) den Bereich ihrer Wohngemeinde zu verlassen, ohne eine schriftliche Erlaubnis der Ortspolizeibehörde bei sich zu führen,

b) Orden, Ehrenzeichen und sonstige Abzeichen zu tragen.

Aus dem SD-Geheimbericht »Meldungen aus dem Reich« über den Arbeitseinsatz von Frauen (29. September 1941)

Der ganze Fraueneinsatz läuft darauf hinaus, daß nur auf die Frauen der Arbeiter und kleinen Leute zurückgegriffen wird. Obwohl die Frauen der bessergestellten Kreise offensichtlich sehr viel mehr Zeit haben und ohne weiteres dem Arbeitseinsatz zugeführt werden könnten, arbeiten die Arbeitsämter vollkommen einseitig und greifen nur auf die einfachen Frauen zurück, weil diese weder Ausrede noch »Beziehungen« haben. Es ist dringend erforderlich, endlich einmal auf die Frauen zurückzugreifen, die für die Volksgemeinschaft noch nichts getan haben und die auf Grund ihrer günstigen finanziellen Verhältnisse nicht wissen, wie sie die Zeit totschlagen sollen. Das Wort Volksgemeinschaft ist sehr schön, deshalb erscheint es angebracht, daß die behördlichen Stellen die Volksgemeinschaft auch in der Form der Arbeit auf alle Kreise erstrecken.

Aus einem Bericht der »Frankfurter Zeitung« über die Zuteilung von Bohnenkaffee (16. Oktober 1941)

Eine Anordnung des Reichsernährungsministers bestimmt, daß auch im dritten Kriegswinter Bohnenkaffee an die Zivilbevölkerung abgegeben wird. Vorgesehen sind zwei Zuteilungen, und zwar kurz vor Weihnachten und im Februar 1942. Alle Versorgungsberechtigten, die bis zum 16. November

1941 das 18. Lebensjahr vollendet haben und die bei der für die 31. Zuteilungsperiode vorgesehenen Verteilung vor Weihnachten Bohnenkaffee anstelle von Kaffee-Ersatzmitteln beziehen wollen, haben dies bei den Verteilern bis zum 25. Oktober 1941 anzumelden. Die frühzeitige Anmeldung ist erforderlich, um die richtige Verteilung des Kaffees von den Vorratslagern auf die Stellen des Bedarfs zu sichern.

Aus dem SD-Geheimbericht »Meldungen aus dem Reich« über Reaktionen auf hohe Gefallenen- und Verwundetenzahlen (15. Dezember 1941)
Das Ansteigen der Gefallenenzahlen in letzter Zeit hat um so größeres Erstaunen ausgelöst, als nach der seinerzeitigen Eröffnung durch den Reichspressechef allgemein angenommen worden war, daß der Bolschewismus entscheidend geschlagen sei und Kampfhandlungen größeren Ausmaßes kaum noch zu erwarten seien. Einen breiten Raum nahmen in den Erörterungen ebenfalls die bekanntgegebenen Verwundetenzahlen ein, die vielfach als sehr hoch bezeichnet werden.

Aus einem Bericht des »Völkischen Beobachters« über eine reichsweite Anweisung zur Versorgung der Gaststättenbesucher (31. Dezember 1941)
Am Montag und Donnerstag jeder Woche haben künftig die Speisekarten in allen Gaststätten während des ganzen Tages das Feldküchengericht anzubieten – einen Eintopf oder ein Tellergericht einfachster Art ... Die Heimat wird an diesen Tagen gewissermaßen aus dem gleichen Topf essen wie der Soldat an der Front.
Für das Feldküchengericht darf höchstens eine 50-g-Fleisch-

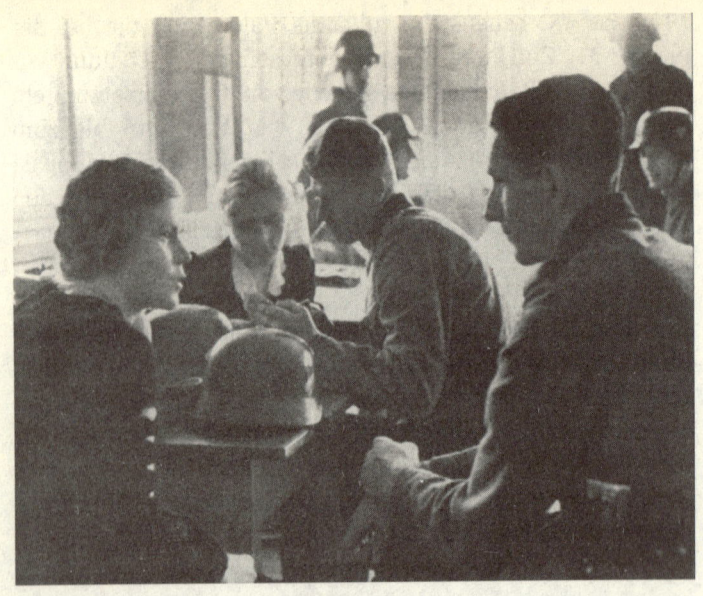

Letzter Sonntagsbesuch in der Kaserne vor dem Fronteinsatz (1939)

marke genommen werden, erforderlichenfalls ferner Fettmarken bis zu 10 g oder Nährmittel- und Brotmarken.

Ausnahmen von diesen Bestimmungen sind auch für Veranstaltungen aller Art, Hochzeiten usw. nicht zugelassen.

Aus einem Monolog Hitlers über die Ehe (25./26. Januar 1942)

Es ist ein Glück für mich, daß ich nicht geheiratet habe: Das wäre eine Katastrophe geworden! Es gibt einen Punkt, wo die Frau den Mann nie versteht, das ist, wenn in einer Ehe der Mann die Zeit nicht aufbringt, welche die Frau für sich glaubt, beanspruchen zu müssen. Soweit es sich um fremde Männer handelt, ja, da sagen sie alle: Ich begreife die Frau nicht, ich

würde nicht so sein! Aber dem eigenen Mann gegenüber ist
darin jede Frau gleich unvernünftig. Man muß das verstehen:
Eine Frau, die ihren Mann liebt, geht doch ganz auf in ihm;
erst wenn sie Kinder hat, erfährt sie, daß es noch etwas anderes für sie gibt; so verlangt sie vom Mann, daß er in gleicher
Weise ihr lebt! Der Mann ist der Sklave seiner Gedanken,
seine Aufgaben und Pflichten beherrschen ihn, und es mag
Augenblicke geben, wo er wirklich sagen muß: Was schert
mich Weib, was schert mich Kind!

Wenn ich denke: Während des Jahres 1932 würde ich doch
nur wenige Tage überhaupt zu Hause gewesen sein. Aber
auch da wäre ich nicht mein eigener Herr gewesen. Du bist
ja gar nicht bei mir!, klagt die Frau, wenn die Gedanken unversehens vom Mann Besitz ergriffen haben! Gewiß, man
braucht nicht immer beisammenzuhocken! Auch der Trennungsschmerz bringt der Frau eine Art Wohlgefühl, dann
kommt die Freude, sich wiederzusehen, und wenn ein Seemann nach Hause kommt, ist es nicht anders, als feierte man
von neuem Hochzeit: Nach den Monaten seiner Abwesenheit
hat er für einige Wochen völlige Freiheit! So wäre das bei mir
nie gewesen. Mir würde die Frau immer mit dem Vorwurf
begegnet sein: Und ich?! Dazu das Quälende, mit welchem
man sich belastet, weil man der Frau doch gern zu Willen
wäre! Für mich hätte es stets nur ein vergrämtes, verkümmertes Gesicht gegeben, oder ich hätte meine Pflichten versäumen müssen! Drum ist es besser, nicht zu heiraten.

Das ist das Schlimme an der Ehe: Sie schafft Rechtsansprüche!
Da ist es schon viel richtiger, eine Geliebte zu haben. Die Last
fällt weg, und alles bleibt ein Geschenk.

Aus einem Monolog Hitlers über »politische Weiber« (26. Januar 1942)

Ein Frauenzimmer, das sich in politische Sachen einmischt, ist mir ein Greuel. Völlig unerträglich wird es, wenn es sich um militärische Sachen handelt!

In keiner Ortsgruppe der Partei durfte eine Frau auch nur die kleinste Stelle haben. Man hat daher immer gesagt, die Partei sei frauenfeindlich, wir würden in der Frau nur eine Gebärmaschine oder ein Lustobjekt sehen. Das ist nicht der Fall: In der Jugendfürsorge und auf caritativem Gebiet habe ich viel Raum gegeben! 1924 tauchten bei mir die politischen Weiber auf: die Frau von Treuenfels, die Mathilde von Kemnitz, sie wollten Reichstagsmitglieder werden, um die Sitten dort zu veredeln. Ich sagte ihnen, neunundneunzig Prozent aller Be-

Reichsmütterschule des Deutschen Frauenwerkes in Oberbach (Rhön): Blick in den Gemeinschaftsraum.

ratungsgegenstände sind Männerdinge, die Sie nicht beurteilen können! Die Frauen wollten aufbegehren, konnten mir aber nicht mit der gleichen Waffe begegnen, als ich ihnen vorhielt: Sie werden doch nicht behaupten, daß Sie die Männer so gut kennen, als ich die Frauen kenne! Ein Mann, der brüllt, das ist nicht schön, aber schlimmer ist es noch bei der Frau: Ihre Stimme wird um so piepsiger, je mehr sie schreit! Sie fangen an, zu kratzen oder mit Haarnadeln zu stechen! Je galanter man einer Frau gegenüber ist, desto mehr wird man die Frau davon zurückhalten, Dinge zu versuchen, die ihr nicht liegen. Alles, was mit Kampf- und Bluteinsatz zusammenhängt, ist Sache ausschließlich des Mannes, er hat die letzte Konsequenz zu tragen. Zu vielen Sachen muß man eine Frau heranziehen, weil die Frauen da mehr praktisches Verständnis haben. So zum Beispiel, wenn man eine Wohnung einrichtet.

Aus einem Monolog Hitlers über außereheliche Kinder (1. März 1942)

An dem Verlust an Männern stirbt ein Volk nicht aus, nur wenn es an Frauen fehlt. Nach dem Dreißigjährigen Krieg wurde weithin die Vielweiberei wieder gestattet. Durch das illegitime Kind ist die Nation wieder in die Höhe gekommen. Gesetzlich kann man das nicht regeln. Aber: Solange man zweieinhalb Millionen hat, die alte Jungfern werden müssen, darf man das außereheliche Kind nicht ächten! Ein Mädchen, das ein Kind besitzt und dafür sorgt, ist in meinen Augen einer alten Jungfer überlegen. Das gesellschaftliche Vorurteil ist im Weichen begriffen, die Natur setzt sich wieder durch, wir sind da schon am besten Weg. Von vielen Mädeln, Kellnerinnen vor allem, habe ich erst nachträglich erfahren, daß sie Kinder hatten; es ist rührend zu sehen, wie es das ganze Glück so eines Mädels ist, für Kinder sorgen zu können. Kriegt ein Mädel kein Kind, so wird es hysterisch oder krank …

Auf dem Land geht es soweit, daß der Vorwurf gegen einen Pfarrer, daß er Umgang hat, auf das Volk gar nicht wirkt. Wenn der mit seiner Kathl einen Umgang hat, ist das ganze Dorf beruhigt: Die Kinder, die anderen Frauen haben eine Ruh! Beim Hirn kann er es auch nicht herausschwitzen!, sagen die Frauen. Das Verlogenste sind die oberen Zehntausend. Ich habe da die unglaublichsten Sachen erlebt. Leute haben andere beanstandet, weil sie einen nichtehelichen Umgang hatten, während sie selbst geschiedene Frauen geheiratet haben!

Aus einem Monolog Hitlers über die Frauen (10./11. März 1942)

Die Welt des Mannes ist groß, verglichen mit der der Frau: Der Mann gehört seiner Pflicht, und nur ab und zu schweift ein Gedanke zur Frau hinüber. Die Welt der Frau ist der Mann, an anderes denkt sie nur ab und zu; das ist ein großer Unterschied. Die Frau kann viel tiefer lieben als der Mann!

Auf den Intellekt kommt es bei einer Frau gar nicht an. Verglichen mit den gebildeten intellektuellen Frauen war meine Mutter gewiß eine ganz kleine Frau, sie hat ihrem Mann und uns Kindern gelebt, in der Gesellschaft unserer gebildeten Frauen würde sie sich wohl schwer getan haben, aber sie hat dem deutschen Volk einen großen Sohn geschenkt!

**Aus dem SD-Geheimbericht »Meldungen aus dem Reich«
über Reaktionen auf die Herabsetzung der Lebensmittel-
zuteilungen (23. März 1942)**

Nach übereinstimmenden Meldungen aus allen Teilen des
Reiches hat die Bekanntgabe der Herabsetzung der Lebens-
mittelzuteilungen [um 20 bis 25 Prozent] große Enttäuschung
ausgelöst und insbesondere in Arbeiterkreisen zu einer nicht
unbeträchtlichen Beunruhigung geführt …

In mehreren Meldungen wurde zum Ausdruck gebracht, daß
die Bekanntgabe der »einschneidenden« Lebensmittelkürzun-
gen auf einen großen Teil der Bevölkerung geradezu »nieder-
schmetternd« gewirkt habe, und zwar … wie kaum ein anderes Ereignis während des Krieges …

Insbesondere nehme die Arbeiterschaft der Großstädte und
Industriegebiete, die häufig schon die seitherige Versorgung
als reichlich knapp ansah, nach den bisherigen Feststellungen
vielfach eine Stellungnahme ein, die jegliches Verständnis für

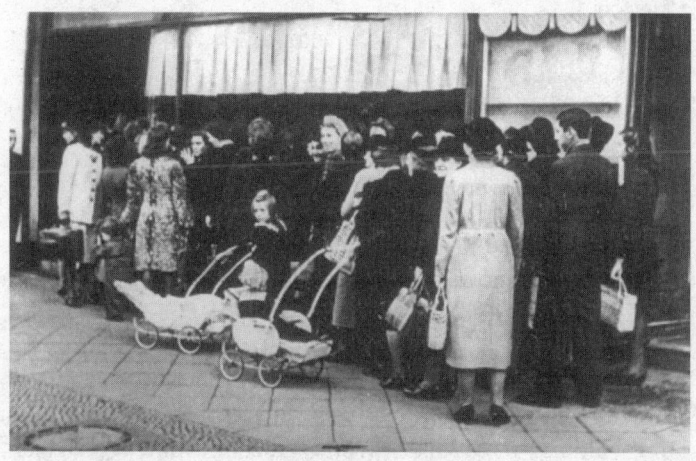

Immer längere Warteschlangen vor den Geschäften.

die Notwendigkeit der neuen Maßnahme vermissen lasse. Die Stimmung in diesen Bevölkerungskreisen sei auf einem im Verlauf des Krieges bisher noch nicht festgestellten Tiefstand angelangt. Zahlreiche Volksgenossen hätten ihrer Enttäuschung in ironisierenden Äußerungen über die angeblich sichergestellte deutsche Versorgungslage und vereinzelt sogar in unverhohlenen Andeutungen über die Minderung ihrer zukünftigen Arbeitsleistungen Ausdruck gegeben. Besonders hart würden die neuen Einschränkungen von den Hausfrauen empfunden, denen es infolge des Mangels an Kartoffeln und Gemüse nahezu unmöglich sei, ihre Familien ausreichend zu ernähren.

Wöchentliche Lebensmittelrationen eines »Normalverbrauchers«* (1939 bis 1945)

Zeitpunkt/in gr	Brot	Fleisch	Fett
Ende September 1939	2400	500	270
Mitte April 1942	2000	300	206
Anfang Juni 1943	2325	250	218
Mitte Oktober 1944	2225	250	218
Mitte März 1945	1778	222	109

* »Unproduktive« wie Angestellte, Hausfrauen

Aus einer Anordnung Himmlers an die Kommandanten der Konzentrationslager über den Vollzug der Prügelstrafe (4. April 1942)

Der Reichsführer SS und Chef der deutschen Polizei hat angeordnet, daß bei seinen Verfügungen von Prügelstrafen (sowohl bei männlichen als auch bei weiblichen Schutz- und Vorbeugungshäftlingen), wenn das Wort »verschärft« hinzugesetzt ist, der Strafvollzug auf das unbekleidete Gesäß zu erfolgen hat.

Aus dem Befehl Himmlers über den
»Schutz der weiblichen Jugend« (6. April 1942)

An alle Männer der SS und Polizei

Viele Väter und sonstige Erziehungsberechtigte stehen heute im Waffendienst oder erfüllen in anderweitigem Einsatz fern ihrer Familie kriegsnotwendige Aufgaben. Sie sind deshalb gezwungen, den Schutz ihrer Kinder mehr denn je der Volksgemeinschaft anzuvertrauen.

Diese Tatsache verpflichtet jeden Deutschen, unsere Jugend, die heranwachsenden jungen Söhne und Töchter unseres Volkes, vor den Gefahren zu bewahren, denen sie in den durch die Kriegszeiten bedingten außergewöhnlichen Verhältnissen ausgesetzt sind.

Ich verlange von Euch, meine Männer der SS und Polizei, daß Ihr dieser Pflicht stets eingedenk seid.

Es ist eines anständigen Mannes unwürdig, ein junges unmündiges Mädchen zu verführen, im leichtsinnigen Spiel ins Unglück zu stürzen und damit meistens unserem Volke eine künftige Ehefrau und Mutter zu nehmen.

Vergeßt nie, wie entrüstet Ihr sein würdet, wenn Eure eigene unmündige Tochter oder Schwester ruiniert werden würde. Mit Recht würdet Ihr die unnachsichtige Verfolgung des Schuldigen verlangen.

Ich glaube, Ihr wißt, daß ich über die Gesetze und Dinge des Lebens absolut natürlich und großzügig denke. Ebenso aber müßt Ihr wissen, daß ich jeden in unseren Reihen rücksichtslos bestrafen werde, der die Unerfahrenheit oder den Leichtsinn eines unmündigen Mädels gemein und verantwortungslos ausnutzt.

Die Dienstvorgesetzten haben mir jedes Vorkommnis dieser Art zu melden.

Aus einem Erinnerungsbericht Albert Speers über den Rüstungseinsatz von Frauen (April 1942)

Als ich Anfang April 1942 von Sauckel den Einsatz deutscher Frauen in der Rüstung forderte, erklärte er mir rundweg, daß die Frage, welche Arbeiter woher zu nehmen und wie zu verteilen seien, zu seiner Zuständigkeit gehörte; er sei zudem als Gauleiter allein Hitler unterstellt und verantwortlich. Schließlich bot er mir jedoch an, Göring als dem Beauftragten des Vierjahresplanes die Entscheidung zu überlassen. Göring zeigte sich bei dieser Besprechung, die wiederum in Karinhall stattfand, sichtlich geschmeichelt. Zu Sauckel von übertriebener Liebenswürdigkeit, war er bedeutend kühler zu mir. Ich kam kaum dazu, meine Gründe vorzubringen; Sauckel und Göring unterbrachen mich immer wieder. Das wichtigste Argument Sauckels galt der Gefahr einer sittlichen Schädigung der deutschen Frauen durch die Fabrikarbeit; darunter könne nicht nur ihr »Seelen- und Gemütsleben«, sondern auch ihre Gebärfähigkeit leiden. Solchen Gründen stimmte Göring mit Entschiedenheit zu. Um aber ganz sicherzugehen, ließ sich Sauckel unmittelbar nach der Besprechung, ohne mein Wissen, Hitlers Zustimmung geben.

Es war der erste Schlag gegen meine bis dahin für unerschütterlich geltende Position. Seinen Sieg teilte Sauckel seinen Gauleiter-Kollegen in einer Proklamation mit, in der er unter anderem feststellte: »Um der deutschen Hausfrau, vor allem der kinderreichen Mutter ... eine fühlbare Entlastung zuteil werden zu lassen und ihre Gesundheit nicht weiter zu gefährden, hat mich der Führer beauftragt, aus den Ostgebieten ca. 400 000–500 000 ausgesuchte, gesunde und kräftige Mädchen in das Reich hineinzunehmen.« ... Daß zudem die halbe Million Ukrainerinnen zu einem großen Teil die Dienstbotensorgen der Parteifunktionäre behob, sprach sich bald in der Bevölkerung herum.

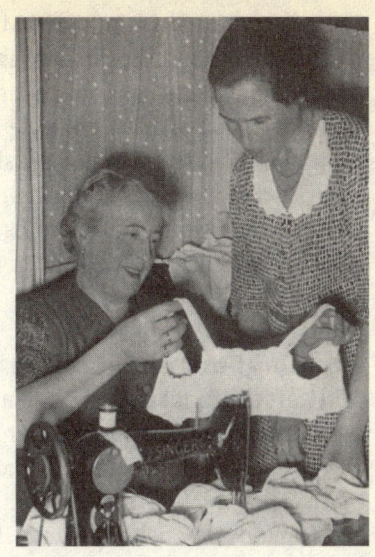

Nachbarschaftshilfe der
»Volksgemeinschaft«:
Aus alt mach neu!

**Aus einem Bericht des Generalbevollmächtigten für den
Arbeitseinsatz, Fritz Sauckel, über den Verzicht auf
Dienstverpflichtung aller Frauen (20. April 1942)**

Nachdem ich … dieses sehr schwere Problem gewissenhaft
überprüft habe, muß ich grundsätzlich auf eine von Staats
wegen vorgenommene Dienstverpflichtung aller deutschen
Frauen und Mädchen für die deutsche Kriegs- und Ernährungswirtschaft verzichten. Wenn ich auch selbst anfänglich
und mit mir wohl der größte Teil der führenden Männer der
Partei und die Frauenschaft aus bestimmten Gründen glaubten, eine Dienstverpflichtung der Frauen durchführen zu müssen, so sollten sich hier doch alle verantwortlichen Männer
und Frauen aus Partei, Staat und Wirtschaft mit der größten
Ehrfurcht, aber auch in tiefster Dankbarkeit der Einsicht unseres Führers Adolf Hitler beugen, dessen größte Sorge der
Gesundheit der deutschen Frauen und Mädchen und damit

der jetzigen und zukünftigen Mütter unseres Volkes gilt ... Darüber, daß diese Entscheidung aber gegenüber den Millionen Frauen, die täglich unter sehr schweren Bedingungen sich im Kriegseinsatz befinden, eine scheinbar sehr große Ungerechtigkeit und Härte bedeutet, sind wir uns alle vollkommen einig, wohl aber auch darüber, daß man ein Übel nicht dadurch verbessert, daß man es bis zur letzten Konsequenz verallgemeinert und über alle heraufbeschwört.

Aus dem »Gesetz zum Schutze der erwerbstätigen Mutter (Mutterschutzgesetz)« (17. Mai 1942)

Die deutsche Frau kann ihre größte Leistung für die Volksgemeinschaft, die Geburt gesunder Kinder, nur vollbringen, wenn sie vor allen Schäden und Nachteilen vor und nach der Niederkunft behütet wird. Die Sorge für einen ausreichenden Schutz gilt allen deutschen Frauen. Vordringlich ist jedoch ein besonderer Schutz für die im Erwerbsleben stehende Mutter, die trotz erschwerter Lebensbedingungen dem Vaterlande Kinder schenkt. Damit sie die Pflichten ihrer Mutterschaft ungefährdet erfüllen kann, hat die Reichsregierung das folgende Gesetz beschlossen, das hiermit verkündet wird:

§ 1 Geltungsbereich

1. Dieses Gesetz gilt für alle weiblichen Gefolgschaftsmitglieder, die in Betrieben und Verwaltungen jeder Art beschäftigt werden. Der Reichsarbeitsminister kann im Einvernehmen mit den beteiligten Reichsministerien einzelne Vorschriften dieses Gesetzes auf Hausgehilfinnen und Hausangestellte, auf Heimarbeiterinnen und auf andere Frauen ausdehnen, die in einem Arbeitsverhältnis stehen oder in sonstiger Stellung gewöhnlich von Gefolgschaftsmitgliedern verrichtete Arbeiten im erheblichen Umfang ausführen.

2. Für die in der Landwirtschaft tätigen Ehefrauen der Bauern und Landwirte sowie die in der Landwirtschaft mithelfenden weiblichen Familienangehörigen kann der Reichsarbeitsminister im Einvernehmen mit dem Reichsminister der Ernährung und Landwirtschaft und dem Reichsminister des Innern Vorschriften über einen entsprechenden Mutterschutz erlassen.

§ 2 Beschäftigungsverbote für werdende Mütter

1. Eine werdende Mutter darf nicht beschäftigt werden, wenn nach ärztlichem Zeugnis Leben und Gesundheit von Mutter und Kind gefährdet sind.

2. Werdende Mütter dürfen nicht mit schweren körperlichen Arbeiten, z.B. Heben und Tragen schwerer Lasten, und nicht mit Arbeiten beschäftigt werden, bei denen sie schädlichen Einwirkungen von gesundheitsgefährdenden Stoffen oder Strahlen, von Staub, Gasen oder Dämpfen, von Hitze, Kälte oder Nässe oder von Erschütterungen ausgesetzt sind. Die Beschäftigung im Akkord, mit Prämienarbeit oder am laufenden Band ist unzulässig, wenn die durchschnittliche Arbeitsleistung die Kräfte werdender Mütter übersteigt. Das Gewerbeaufsichtsamt kann ... auch die Beschäftigung mit bestimmten anderen Arbeiten verbieten. Bei Anwendung dieser Vorschriften oder bei einem ärztlich angeordneten Arbeitswechsel ist den werdenden Müttern, soweit sie nicht Wochengeld beziehen können (§ 7 Abs. 1 Satz 1), der Durchschnittsverdienst der letzten 13 Wochen weiterzugewähren; die Beteiligten können eine andere Regelung vereinbaren.

3. Werdende Mütter sind in den letzten 6 Wochen vor der Niederkunft auf ihr Verlangen von jeder Arbeit zu befreien.

4. Der Reichsarbeitsminister kann ... die Einrichtung von Liegeräumen und sonstige Maßnahmen zum Schutze der werdenden Mütter in Betrieben und Verwaltungen anordnen ...

§ 3 Beschäftigungsverbot nach der Niederkunft

1. Wöchnerinnen dürfen bis zum Ablauf von 6 Wochen nach der Niederkunft nicht beschäftigt werden. Für stillende Mütter verlängert sich diese Frist auf 8 Wochen, für stillende Mütter nach Frühgeburten auf 12 Wochen …

§ 4 Verbot von Mehrarbeit, Nacht- und Feiertagsarbeit

Werdende und stillende Mütter dürfen nicht mit Mehrarbeit, nicht in der Zeit zwischen 20 und 6 Uhr und nicht an Sonn- und Feiertagen beschäftigt werden; in der Landwirtschaft ist außerdem jede Beschäftigung über 9 Stunden am Tage hinaus verboten. Das Gewerbeaufsichtsamt kann in besonderen Fällen Ausnahmen zulassen.

§ 5 Stillzeit

Stillenden Müttern ist auf ihr Verlangen die zum Stillen erforderliche Zeit freizugeben. Die Stillzeit soll bei einer zusammenhängenden Arbeitszeit von mehr als 4½ Stunden 45 Minuten betragen. Bei einer zusammenhängenden Arbeitszeit von 8 oder mehr Stunden soll auf Verlangen 2mal eine Stillzeit von 45 Minuten oder, wenn in der Nähe der Arbeitsstätte keine Stillgelegenheit vorhanden ist, einmal eine Stillzeit von 90 Minuten gewährt werden. Die Arbeitszeit gilt als zusammenhängend, soweit sie nicht durch eine Ruhepause von mindestens 2 Stunden unterbrochen wird. Ein Lohnausfall darf durch die Gewährung der Stillzeit nicht eintreten. Das Gewerbeaufsichtsamt kann … die Einrichtung von Stillräumen vorschreiben.

§ 6 Kündigungsverbot

Frauen dürfen aus Anlaß ihrer Schwangerschaft nicht gegen ihren Willen entlassen werden. Während der Schwangerschaft und bis zum Ablauf von 4 Monaten nach der Niederkunft sind Kündigungen auch aus sonstigem Anlaß unwirksam, wenn dem Betriebsführer zur Zeit der Kündigung die Schwangerschaft oder Niederkunft bekannt war oder unverzüglich mitgeteilt wird …

§ 7 Wochen- und Stillgeld

1. Frauen, die in der gesetzlichen Krankenversicherung versichert sind, erhalten während der letzten 6 Wochen vor und während der ersten 6 Wochen nach der Niederkunft ein Wochengeld in Höhe des Durchschnittsverdienstes der letzten 13 Wochen, jedoch mindestens 2 Reichsmark täglich; stillende Mütter erhalten das Wochengeld nach der Niederkunft für 8 Wochen, nach Frühgeburten für 12 Wochen. Der Anspruch auf Wochengeld entfällt für die Zeit, in der eine Frau gegen Entgelt arbeitet. Den Frauen, die nicht in der gesetzlichen Krankenversicherung versichert sind, ist während der Schutzfristen das regelmäßige Arbeitsentgelt weiterzugewähren.

2. Stillende Frauen, die in der gesetzlichen Krankenversicherung versichert sind, erhalten, solange sie stillen, ein Stillgeld von 0,50 Reichsmark täglich bis zum Ablauf der 26. Woche nach der Niederkunft.

3. Sonstige Leistungen der gesetzlichen Krankenversicherung werden weitergewährt.

§ 8 Schutzfrist, Mitteilungsfrist

1. Für die Berechnung der 6-Wochen-Frist vor der Niederkunft (§ 2 Abs. 3 und § 7 Abs. 1) ist das Zeugnis eines Arztes oder einer Hebamme maßgebend. Irrt sich der Arzt oder die Hebamme über den Zeitpunkt der Niederkunft, so verkürzt oder erweitert sich diese Frist entsprechend.

2. Werdende Mütter sollen dem Betriebsführer ihre Schwangerschaft und den mutmaßlichen Tag der Niederkunft mitteilen, sobald ihnen ihr Zustand bekannt ist; auf sein Verlangen sollen sie das Zeugnis eines Arztes oder einer Hebamme vorlegen. Die Kosten für das Zeugnis trägt der Betriebsführer.

§ 9 Kintertagesstätten

Um eine ausreichende Betreuung von Kindern erwerbstätiger Mütter sicherzustellen, kann der Reichsarbeitsminister bestimmen, daß Betriebe und Verwaltungen zu den Kosten von

Kindertagesstätten der NSV [NS-Volkswohlfahrt] oder der Gemeinden beitragen. Soweit solche Kindertagesstätten nicht vorhanden sind oder nicht errichtet werden, kann der Reichsarbeitsminister auch bestimmen, daß Kindertagesstätten (Krippen, Kindergärten oder Kinderhorte) von den Betrieben oder Verwaltungen selbst errichtet und unterhalten werden ...

Anleitung durch erfahrene Ausbilder.

§ 10 Auslage des Gesetzes
In Betrieben und Verwaltungen, in denen regelmäßig Frauen beschäftigt werden, ist ein Abdruck dieses Gesetzes an geeigneter Stelle zur Einsicht auszulegen.
§ 11 Strafvorschriften
1.Wer vorsätzlich oder fahrlässig einer Vorschrift dieses Gesetzes – ausgenommen die Vorschriften des § 8 Abs. 2 – oder einer aufgrund dieses Gesetzes ergangenen Verordnung oder Anordnung zuwiderhandelt, wird mit Geldstrafe bis zu 150

Reichsmark oder mit Haft bestraft. In besonders schweren Fällen ist die Strafe Gefängnis und Geldstrafe oder eine dieser Strafen.

Aus einem Schreiben Bormanns an Lammers über die Einschränkung von Vernehmungen zum Geschlechtsverkehr (31. Juli 1942)

Heute betonte der Führer, wie ich Ihnen im Auftrage mitteile, folgendes: Es werde [bei polizei- und richterlichen Vernehmungen] gewiß in vielen Fällen notwendig sein, festzustellen, ob zwischen zwei Personen Geschlechtsverkehr bestanden habe oder nicht. Wenn dies bekannt sei, dann sei es aber völlig überflüssig, nun nach weiteren Einzelheiten über Art und Umstände dieses Geschlechtsverkehrs zu forschen. Gerade Frauen gegenüber sollten derartige Fragen unterbleiben! Wenn bisher immer wieder von den vernehmenden Polizeibeamten oder Richtern nach Einzelheiten über Art und Umstände des Geschlechtsverkehrs geforscht würde, dann habe der Führer den sehr starken Eindruck, daß dies aus denselben Gründen geschehe wie die gleichen Ausfragereien im Beichtstuhl. Der Führer wünscht, daß durch eindeutige Anordnungen für Abstellung unnötiger Ausfragereien gesorgt wird.

Aus der späteren eidlichen Erklärung des stellvertretenden Amtschefs im SS-Wirtschaftsverwaltungs-Hauptamt, Karl Sommer, über den Einsatz auch weiblicher KZ-Häftlinge in der deutschen Industrie (ab August 1942)

Der Einsatz von KZ-Häftlingen in der deutschen Industrie begann in den Monaten August bis September 1942. Er erfolgte auf Drängen des Rüstungsministeriums, das damit die industriellen Betriebe instand setzen wollte, die ihnen gegebenen

Produktionsaufträge zu erfüllen. Meiner Erinnerung nach waren KZ-Häftlinge bei fast allen deutschen Industriefirmen, für die ein Masseneinsatz an KZ-Häftlingen in Betracht kam, eingesetzt. Die Zahl der bei den einzelnen Firmen eingesetzten KZ-Häftlinge war verschieden groß. Ein Einsatz erfolgte nicht, wenn nicht mindestens etwa 500 KZ-Insassen in einem Betrieb beschäftigt werden konnten. Die Höchstzahl der in einem Betrieb beschäftigten KZ-Häftlinge betrug zwischen 40 000 und 50 000. Insgesamt waren in der gesamten deutschen Industrie zur Zeit des Höhepunktes des Einsatzes etwa 500 000 KZ-Insassen eingesetzt.

Eine Firma zahlte um diese Zeit (etwa seit Frühjahr 1943) einen festgelegten Satz von RM 4 für Hilfsarbeiter und RM 6 für Facharbeiter pro Tag an die Reichskasse.

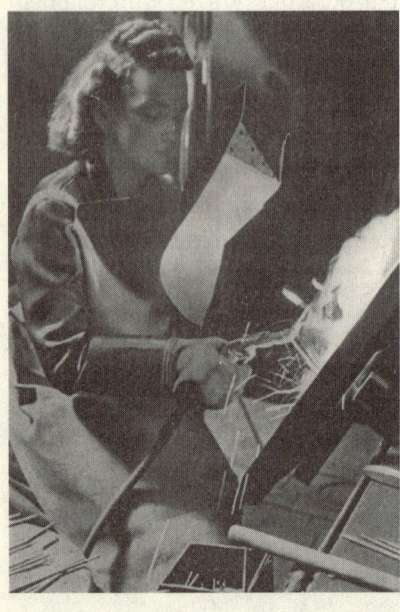

Bei Schweißarbeiten
an Panzerkampfwagen.

Aus einem Schreiben Bormanns an Reichsjustizminister Otto Thierack über uneinheitliche Gerichtsurteile (2. September 1942)

Der Führer beauftragte mich, Ihnen folgendes mitzuteilen:
Der Arbeiter Martin Brieg wird wegen Tierquälerei zu einer Gefängnisstrafe von drei Monaten verurteilt, weil er ein Huhn totgeschlagen hat; der Gastwirt Möhle wird lediglich zu einer Gefängnisstrafe von 18 Monaten verurteilt, obwohl er in rohester Weise seine Hunde auf einen wehrlosen Knaben hetzte und obwohl er ruhig zusah, wie die Hunde den Knaben derart zerfleischten, daß er sein Leben lang ein Krüppel bleiben wird. Ganz offensichtlich, betonte der Führer, hätten jene Essener Richter, die das Urteil gegen den Gastwirt Möhle fällten, keine Kinder bzw. hätten sie sich nicht in die Lage der bedauernswerten Eltern versetzt. Ähnliche Fälle müsse der Führer leider immer wieder feststellen; insbesondere bei Sittlichkeitsverbrechen suchten viele Richter geradezu nach allen möglichen Entschuldigungsgründen für die Verbrecher, statt sich in die Rolle der bedauernswerten Opfer, deren Eltern oder Geschwister zu versetzen.

Früher hätten Richter sogar vielfach für Männer, die ihre schwangeren Geliebten umbrachten, alle möglichen Entschuldigungsgründe gefunden; daraufhin habe der Führer eingegriffen und angeordnet, Männer, die sich ihrer Geliebten entledigten und sie umbrächten, wenn ein Kind zu erwarten sei, seien mit dem Tode zu bestrafen.

Aus dem SD-Geheimbericht »Meldungen aus dem Reich« über Reaktionen auf den andauernden Kampf um Stalingrad (28. September 1942)

Das Ringen um Stalingrad wird nach wie vor von allen Volksgenossen als das entscheidende Ereignis der Ostfront betrachtet. Aufs tiefste besorgt harre das Volk in seiner Gesamtheit mit zunehmender, nervöser Ungeduld der Stunde, die die erlösende Nachricht von dem Fall dieser Stadt bringen werde. Die Volksgenossen vertrösten sich – den Berichten zufolge – von Stunde zu Stunde, von Tag zu Tag und von Wochenende zu Wochenende ... Die Schlacht um Stalingrad daure nun – so werde vielfach festgestellt – schon länger als der ganze Feldzug im Westen. Dieser Kampf sei wohl der erbittertste und blutigste, der je stattgefunden habe, und finde in der ganzen deutschen Geschichte kaum einen Vergleich. In den aufkommenden Befürchtungen äußere sich aber auch vermehrt der bedrückende Gedanke, die strategisch so wichtige Stadt könne vor Einbruch des Winters, zur Errichtung der notwendigen, günstigen Riegelstellung an der Wolga, nicht mehr eingenommen werden.

Aus einer Weisung an das Oberkommando der Wehrmacht über Heiratsgenehmigungen (2. November 1942)
Der Führer hat in der Frage der Heiraten von Wehrmachtsangehörigen mit Frauen, die früher mit einem Juden verheiratet waren, entschieden, daß derartigen Heiratsanträgen ohne jede Ausnahme nicht stattzugeben ist.
Die Tatsache, daß eine deutsche Frau, ganz gleich unter welchen Umständen, gewillt gewesen ist, in ehelicher Gemeinschaft mit einem Juden zu leben, ist ein Zeichen von Charakterschwäche, die nicht unbeachtet bleiben darf.
Diese Entscheidung des Führers gilt ganz gleich, ob die Ehe mit dem Juden kinderlos geblieben ist oder Kinder, d. h. Mischlinge, vorhanden sind.

Aus einem Bericht der »Frankfurter Zeitung« über neue Richtlinien des Reichsinnungsverbandes der Friseure (1. Januar 1943)

Danach sollen grundsätzlich die Frauenhaare kurz getragen werden. Die Friseure sollen gehalten sein, Haare, die länger sind als fünfzehn Zentimeter im Durchschnitt, nicht mehr zu behandeln. Die Kundin soll also in Zukunft nicht mehr ein Recht auf Bedienung haben, wenn ihre Frisur durch die Länge des Haares eine übernormal lange Bedienungszeit beansprucht. Der Zwang, Zeit zu sparen, wirkt demnach modeschöpfend …, die Damen werden die Haare kurz tragen …

Um die Wartezeiten zu verkürzen, sollen die Friseure soweit als möglich das System der Voranmeldung einführen … Grundsätzlich sind Verwundete und Fronturlauber bevorzugt zu bedienen … Weibliche Bedienungskräfte sollen für das Herrenfach umgeschult werden … Schließlich muß die Bestimmung, daß Männer und Jugendliche unter sechzehn Jahren keine Dauerwelle mehr machen lassen, von den Friseuren strikt eingehalten werden.

Aus dem Erlaß Hitlers »über den umfassenden Einsatz von Männern und Frauen für die Aufgaben der Reichsverteidigung« (13. Januar 1943)

Der Bedarf an Kräften für Aufgaben der Reichsverteidigung macht es notwendig, alle Männer und Frauen, deren Arbeitskraft für diesen Zweck nicht oder nicht voll ausgenutzt ist, zu erfassen und ihrer Leistungsfähigkeit entsprechend zum Einsatz zu bringen. Das Ziel ist, die wehrfähigen Männer für den Fronteinsatz freizumachen …

Die folgenden für den Einsatz von Arbeitskräften dringlichsten Maßnahmen sind sofort in Angriff zu nehmen und in kürzester Frist durchzuführen:

Flugmeldehelferinnen im Einsatz.

1. Der Generalbevollmächtigte für den Arbeitseinsatz wird anordnen, daß sich für den Arbeitseinsatz noch nicht erfaßte Personen, und zwar Männer im Alter vom vollendeten 16. bis zum vollendeten 65. Lebensjahre, Frauen vom vollendeten 17. bis zum vollendeten 50. Lebensjahre, zu melden haben. Er hat weiterhin Männer und Frauen aus Handel, Handwerk und Gewerbe sowie aus Beschäftigungsverhältnissen in freien Berufen, soweit sie noch nicht eine überwiegend kriegswichtige Tätigkeit ausüben, in eine solche zu überführen.

Von der Meldepflicht sind befreit:

a) Männer und Frauen, die im öffentlichen Dienst tätig sind,

b) Männer und Frauen, die in der Landwirtschaft voll beschäftigt sind,

c) Frauen mit mindestens einem noch nicht schulpflichtigen Kind oder zwei Kindern unter vierzehn Jahren, die im gemeinsamen Haushalt leben,

d) Schüler und Schülerinnen, die eine öffentliche oder anerkannte private allgemein bildende Schule besuchen ...
2. Um Arbeitskräfte aus Handel, Handwerk und Gewerbe weitgehend für Aufgaben der Reichsverteidigung freizumachen, haben der Reichswirtschaftsminister oder die sonst zuständigen Obersten Reichsbehörden im Benehmen mit dem Generalbevollmächtigten für den Arbeitseinsatz die Stillegung von Betrieben und Unternehmungen anzuordnen, die nicht ganz oder überwiegend Aufgaben der Kriegswirtschaft oder der Sicherung des lebenswichtigen Bedarfs erfüllen.

Aus dem SD-Geheimbericht »Meldungen aus dem Reich« über Maßnahmen zur verstärkten Frauenarbeit (4. Februar 1943)

Geradezu mit Spannung wartet man auf das Anlaufen dieser Maßnahme und insbesondere darauf, ob die Angehörigen der Oberschicht auch wirklich gerecht einbezogen werden ...
Nach den vorliegenden Meldungen ist die Skepsis ziemlich groß. Man glaubt, daß die »Prominenten«, wozu in der kleinen Stadt auch die Frau des Bürgermeisters oder des Rechtsanwalts gerechnet wird, auf irgendeine Weise versuchen würden, sich zu drücken. Die Ärzte würden sicherlich von Frauen überlaufen, die sich ihre Arbeitsunfähigkeit bescheinigen lassen wollen. Im äußersten Fall würden die Frauen, welche man besonders im Auge habe, sich wohl zum Roten Kreuz melden ... Man vermute, daß infolge der Altersfestsetzung, der Festsetzung der Kinderzahl sehr viele Lücken entstanden seien, die von arbeitsunwilligen Frauen zur »Drückebergerei« benützt werden könnten ... Bei vielen Arbeitsämtern wurde bereits von Frauen und Mädchen aller Volksschichten vorgesprochen, die zu beweisen versuchten, daß sie für die Erfassung nicht in Frage kommen ... Unter den vorsprechenden

Frauen seien heute schon solche feststellbar, die sich durch ärztliches Zeugnis in irgendeine Krankheit »flüchten« würden ... Darüber hinaus werde seitens verantwortungsbewußter Volksgenossen auch an die vielen Möglichkeiten des »Scheineinsatzes« von Frauen bei Verwandten und Bekannten gedacht, der lediglich die Erfüllung der gesetzlichen Arbeitsdienstpflicht »vortäuschen« könne.

Aus einem Flugblatt der christlich-studentischen Widerstandsorganisation »Weiße Rose« in München (Mitte Februar 1943)

Erschüttert steht unser Volk vor dem Untergang der Männer von Stalingrad. Dreihundertdreißigtausend deutsche Männer hat die geniale Strategie des Weltkriegsgefreiten sinn- und verantwortungslos in Tod und Verderben gehetzt. Führer, wir danken dir!

Es gärt im deutschen Volk: Wollen wir weiter einem Dilettanten das Schicksal unserer Armeen anvertrauen? Wollen wir den niederen Machtinstinkten einer Parteiclique den Rest der deutschen Jugend opfern? Nimmermehr! Der Tag der Abrechnung ist gekommen, der Abrechnung der deutschen Jugend mit der verabscheuungswürdigsten Tyrannei, die unser Volk je erduldet hat. Im Namen der deutschen Jugend fordern wir vom Staat Adolf Hitler die persönliche Freiheit, das kostbarste Gut des Deutschen, zurück, um das er uns in der erbärmlichsten Weise betrogen ...

Freiheit und Ehre! Zehn lange Jahre haben Hitler und seine Genossen die beiden herrlichen deutschen Worte bis zum Ekel ausgequetscht, abgedroschen, verdreht, wie es nur Dilettanten vermögen, die die höchsten Werte einer Nation vor die Säue werfen. Was ihnen Freiheit und Ehre gilt, haben sie in zehn Jahren der Zerstörung aller materiellen und geistigen

Freiheit, aller sittlichen Substanzen im deutschen Volk genügsam gezeigt. Auch dem dümmsten Deutschen hat das furchtbare Blutbad die Augen geöffnet, das sie im Namen von Freiheit und Ehre der deutschen Nation in ganz Europa angerichtet haben und täglich neu anrichten. Der deutsche Name bleibt für immer geschändet, wenn nicht die deutsche Jugend endlich aufsteht, rächt und sühnt zugleich, ihre Peiniger zerschmettert und ein geistiges Europa aufrichtet. Studentinnen! Studenten! Auf uns sieht das deutsche Volk! Von uns erwartet es, wie 1813 die Brechung des napoleonischen, so 1943 die Brechung des nationalsozialistischen Terrors aus der Macht des Geistes. Beresina und Stalingrad flammen im Osten auf, die Toten von Stalingrad beschwören uns!

»Wollt ihr den totalen Krieg?«

Endkriegsjahre:
Februar 1943 bis Mai 1945

Vorherige Seite:
Dresdens Innenstadt nach den mörderischen Luftangriffen vom Februar 1945;
bis zu 60 000 Menschen sterben im Feuersturm.

»Erschüttert steht unser Volk vor dem Untergang der Männer von Stalingrad ... Wollen wir den niederen Machtinstinkten einer Parteiclique den Rest der deutschen Jugend opfern? Nimmermehr! Der Tag der Abrechnung ist gekommen ... Auch dem dümmsten Deutschen hat das furchtbare Blutbad die Augen geöffnet.«

Mitglieder der Münchner studentischen Widerstandsorganisation »Weiße Rose«: Die Geschwister Hans und Sophie Scholl sowie Christoph Probst (v. l. n. r.), alle drei im Februar 1943 enthauptet.

Mitte Februar 1943 gelangte dieses Flugblatt der studentischen Widerstandsorganisation »Weiße Rose« an die Münchner Öffentlichkeit. Schon in den Monaten zuvor waren ähnliche Appelle zu Tausenden Exemplaren in Süddeutschland und Österreich verbreitet worden. Doch nun schlug das Regime mit aller Brutalität zu: Am 18. Februar wurden Sophie und Hans Scholl beim Verteilen der oben zitierten Flugschrift

203

verhaftet, am 22. Februar gemeinsam mit einem weiteren Initiator zum Tode verurteilt und noch am selben Tag enthauptet.

Auch dem »dümmsten Deutschen«, hatten sie gemeint, seien die Augen geöffnet worden. Gewiß – aber den meisten nur, um weiterhin wegzusehen. Angst vor der nackten Gewalt verband sich mit den Blendungen einer diabolisch inszenierten Propaganda. »Ich frage euch: Wollt ihr den totalen Krieg?« fanatisierte Goebbels am 18. Februar 1943 die im Berliner Sportpalast versammelte Menge ausgesuchter »Volksgenossinnen« und »-genossen«. »Wollt ihr ihn, wenn nötig, totaler und radikaler, als wir ihn uns heute überhaupt noch vorstellen können?« Die Massen rasten in selbstmörderischer Zustimmung. »Ist euer Vertrauen zum Führer heute größer, gläubiger und unerschütterlicher denn je?« Die Menge erhob sich wie ein Mann, entfesselte Sprechchöre: »Führer, befiel, wir folgen!« – ein geradezu gespenstisches Szenario vor dem Hintergrund der militärisch wie innenpolitisch fast aussichtslosen Situation.

Die totale Mobilisierung zur restlosen Erschließung der Reserven des Landes dominierte sämtliche Bereiche des Alltags. Weitere »kriegsunwichtige« Betriebe, Handelseinrichtungen und Behörden wurden stillgelegt, auch Theater und andere kulturelle Einrichtungen ausgedünnt und schließlich ganz geschlossen. Vor allem aber den reichlich fünf Millionen »unabkömmlich« gestellten Männern galt strengste Überprüfung; wieder und wieder wurden die Listen durchforstet und zur Gewinnung neuer Frontreserven drakonisch dezimiert.

Die nichtberufstätigen Frauen waren zwar seit Anfang 1943 durch eine altersbegrenzte Meldepflicht zum Arbeitseinsatz erfaßt, doch wurden diese ohnehin durch eine Vielzahl von Ausnahmeregelungen aufgeweichten Bestimmungen auf höchste Weisung so großzügig gehandhabt, daß bis Ende des

Jahres von 3,6 Millionen registrierten Kandidatinnen lediglich knapp 500 000 in eine außerhäusliche Beschäftigung, auch im zivilen Bereich der Wehrmacht, eingebunden werden konnten. Massiver, flächendeckender Zwang im Sinne einer allgemeinen Dienstverpflichtung blieb weiterhin aus.

Gescheiterte Mobilisierung

Als im November 1943 vorsichtig an Hitler herangetragen wurde, wenigstens der Heraufsetzung des Meldepflichtalters von 45 auf ursprünglich vorgesehene 50 Jahre zuzustimmen, lehnte er sofort ab, ohne auch nur eine Begründung zu hören, geschweige denn selbst abzugeben. Diese schob sein getreuer Paladin Sauckel eilfertig nach: »Durch die Erhöhung des Alters würde etwa 1 Million Frauen erfaßt. Nach den Erfahrungen des im Frühjahr dieses Jahres angelaufenen Arbeitseinsatzes der Frauen würden hiervon im allergünstigsten Falle 250 000 Frauen einsatzfähig sein, voraussichtlich aber nur 140 000–160 000. Da es sich bei diesen Frauen in den meisten Fällen um Ehefrauen von berufstätigen Männern im Alter von ca. 50–60 Jahren handelt, würde ihr Abziehen vom Haushalt die Betreuung ihrer teilweise im schweren Arbeitseinsatz stehenden Männer wesentlich beeinträchtigen, so daß, was eventuell an neuer Arbeitskraft durch die Frauen gewonnen würde, durch Arbeitsabfall bei den Männern wieder verlorengeht.« Erst Ende Juni 1944 gelang es Himmler unter Hinweis auf die dramatisch zugespitzte Lage im Reich, Hitler für die Heraufsetzung des Meldepflichtalters zu gewinnen. Daraufhin erreichte die weibliche Beschäftigungsquote im September 1944 mit 14,9 Millionen ihren höchsten Stand.

Diese Zahl, die nur unerheblich den für Mai 1939 mit 14,6 Millionen ausgewiesenen Vorkriegsstand übersteigt, ist ein Beleg dafür, daß alle diesbezüglichen arbeitsmarktpolitischen

Bemühungen des Regimes letztendlich gescheitert waren. Zu keiner Zeit erreichte der Mobilisierungsgrad der deutschen Frauen auch nur annähernd den ihrer Geschlechtsgenossinnen beispielswcise in den USA und in Großbritannien, wo bereits seit 1941 eine allgemeine weibliche Dienstpflicht bestand. Im Juni 1944 belegte Speer dies mit präzisen Angaben, als er Sauckel in einem Brief darauf hinwies, »daß der Frauenarbeitseinsatz in England bereits wesentlich weiter gediehen ist als bei uns. Von einer Gesamtbevölkerung von 33 Millionen zwischen 14 und 65 Jahren sind 22,3 Millionen im Wehrdienst oder in der Wirtschaft tätig. Von 17,2 Millionen Frauen sind 7,1 Millionen ganztägig und weitere 3,5 Millionen Frauen nicht ganztägig oder halbtägig in der Wirtschaft beschäftigt.

Solange der Vorrat reicht: die Tankwartin.

206

Im ganzen sind also von 17,2 Millionen Frauen in England 10,4 Millionen, das sind 61 Prozent, beschäftigt. Im Vergleich dazu sind in Deutschland von etwa 31 Millionen Frauen zwischen 14 und 65 Jahren 14,3 Millionen ganz- oder halbtägig beschäftigt. Das sind 46 Prozent. Der Prozentsatz der beschäftigten Frauen liegt in Deutschland also wesentlich niedriger.«

Um die Defizite auszugleichen, wurden riesige Ströme weiterer Zwangsarbeiter in das Reich gelenkt, brutal »angeworben« von speziellen Einsatzstäben der Wehrmacht. Der weibliche Anteil der Verschleppten war hoch, belief sich 1944 auf fast zwei Millionen Ausländerinnen – zu 95 Prozent Russinnen und Polinnen –, die in Deutschland zu sklavenähnlichem Einsatz gezwungen wurden. Mit welch grenzenloser Menschenverachtung das Regime ihnen und allen sonstigen »Fremdvölkischen« begegnete, wird in einer Rede deutlich, die Himmler im Oktober 1943 vor SS-Gruppenführern hielt: »Wie es den Russen geht, wie es den Tschechen geht, ist mir total gleichgültig. Das, was in den Völkern an gutem Blut unserer Art vorhanden ist, werden wir uns holen, indem wir ihnen, wenn notwendig, die Kinder rauben und sie bei uns großziehen. Ob die anderen Völker in Wohlstand leben oder ob sie verrecken vor Hunger, das interessiert mich nur insoweit, als wir sie als Sklaven für unsere Kultur brauchen, anders interessiert mich das nicht. Ob bei dem Bau eines Panzergrabens 10 000 russische Weiber an Entkräftung umfallen oder nicht, interessiert mich nur insoweit, als der Panzergraben für Deutschland fertig wird … Wenn mir einer kommt und sagt: ›Ich kann mit den Kindern oder den Frauen den Panzergraben nicht bauen. Das ist unmenschlich, denn dann sterben die daran‹, dann muß ich sagen: ›Du bist ein Mörder an deinem eigenen Blut, denn wenn der Panzergraben nicht gebaut wird, dann sterben deutsche Soldaten, und das sind Söhne deutscher Mütter.‹«

»Menschenversuche«

Mit der gleichen Menschenverachtung trieben die SS-Toten-kopfverbände Hunderttausende von KZ-Häftlingen zur systematisch weiter intensivierten Sklavenarbeit in der Rüstungs-industrie, auch Frauen vor allem aus Ravensbrück. Viele der etwa 30 000 Opfer, die dieses Lager bis zu seiner Befreiung im April 1945 forderte, wurden in Konzernbetrieben zu Tode geschunden, weitere Tausende starben auf Evakuierungs-märschen, bis zuletzt gepeinigt von verrohten Aufseherinnen; insgesamt etwa 3500 dieser »SS-Helferinnen« waren hier seit 1942 ausgebildet worden, fünf von ihnen verurteilte das amerikanische Militärgericht im Februar 1947 zum Tode.

Nicht nur als Arbeitskraft brachten die weiblichen KZ-Häftlinge der SS hohe Profite, wie erschütternde Auszüge aus Briefen der zur I.G. Farben gehörigen Bayer-Werke AG an den Lagerkommandanten von Auschwitz belegen: »Bezüglich des Vorhabens von Experimenten mit einem neuen Schlafmittel würden wir es begrüßen, wenn Sie uns eine Anzahl von Frauen zur Verfügung stellen würden. Wir sehen Ihrer Antwort entgegen.« – »Wir erhielten Ihre Antwort; jedoch scheint uns der Preis von RM 200,– pro Frau zu hoch. Wir schlagen vor, nicht mehr als RM 170,– pro Kopf zu zahlen. Wenn Ihnen das annehmbar erscheint, werden wir Besitz von den Frauen ergreifen. Wir brauchen ungefähr 150 Frauen.« – »Wir bestätigen Ihr Einverständnis. Bereiten Sie für uns 150 Frauen im bestmöglichen Gesundheitszustand vor, und sobald Sie uns mitteilen, daß sie soweit sind, werden wir diese übernehmen.« – »Erhielten den Auftrag für 150 Frauen. Trotz ihres abgezehrten Zustandes wurden sie als zufriedenstellend befunden. Wir werden Sie bezüglich der Entwicklung des Experiments auf dem laufenden halten.« – »Die Versuche wurden gemacht. Alle Personen starben. Wir werden uns bezüglich einer neuen Sendung bald mit Ihnen in Verbindung setzen.«

Vor allem durch den rücksichtslosen Einsatz von Zwangs-
arbeitern und KZ-Häftlingen konnte das NS-Regime bis Mitte
1944 mehr als drei Millionen Zusatzkräfte für Rüstung und
Wehrmacht freisetzen. Zum gleichen Zeitpunkt erreichte der
Produktionsausstoß seinen höchsten Stand: Durch drastische
Arbeitszeitverlängerung (mit ausdrücklichem Hinweis auf die
Beibehaltung der Arbeitsschutzvorschriften für Frauen!) sowie rigorose Rationalisierung und ein ausgefeiltes Akkord-
system war es gelungen, die Fertigung gegenüber 1942 insgesamt mehr als zu verdreifachen; beispielsweise wurden
1944 fast 40 000 Flugzeuge produziert.
Doch selbst diese fast unglaublichen Steigerungsraten reich-
ten nicht aus, um die maßlosen Materialverluste an den Fronten zu ersetzen. Vor allem aber erschreckte das Ausmaß der
sinnlosen Opfer an Menschen: Nach offiziellen Angaben waren allein von September 1943 bis August 1944 insgesamt

Frauen im
Rüstungseinsatz:
bei der
Flugzeugherstellung.

573 238 Wehrmachtsangehörige gefallen und 974 249 vermißt oder in Kriegsgefangenschaft geraten. Nicht nur das Inferno im Osten verschlang Hunderttausende, auch die anderen Kriegsschauplätze forderten blutigen Tribut – in Nordafrika wie auf dem Atlantik, im Luftkampf über England wie an der Westfront, dort insbesondere nach Beginn der alliierten Invasion im Juni 1944. Überall gerieten die deutschen Truppen in die Defensive, ihr Rückzug glich mehr und mehr einer Flucht; amerikanische und sowjetische Verbände näherten sich den Reichsgrenzen, die von US-Einheiten am 11. September 1944 bei Trier und von der Roten Armee am 10. Oktober in Ostpreußen überschritten wurden – der Krieg war in sein Ursprungsland zurückgekehrt.

Notgemeinschaft

Schon lange vor dem Einmarsch der gegnerischen Streitkräfte hatten diese dem Land schreckliche Male eingebrannt. Fast schutzlos den angloamerikanischen Luftangriffen ausgeliefert, sank eine Stadt nach der anderen in Trümmer; rund 650 000 Tonnen Bomben fielen 1944 auf das Reich. Erbarmungslos machten die Alliierten von ihrer Überlegenheit Gebrauch, wohl wissend, daß im Feuersturm vorwiegend Zivilisten starben – der Terror deutscher Flugzeuge und V-Waffen gegen die Völker Europas schlug vielfach verstärkt zurück. Dennoch blieb die erhoffte psychologische Wirkung aus: Die Moral der Bevölkerung wurde nicht im erwarteten Maße gebrochen, vielmehr der Haß auf die Angreifer geschürt. Mitbürger solidarisierten sich mit den »Ausgebombten«, in der Stunde größter Not wuchs eine Art echter, unverordneter Gemeinschaft.

Dennoch zeigten sich, wie ein Geheimbericht des SS-Sicherheitsdienstes im April 1944 auswies, »viele Volksgenossen …

allmählich müde unter dem ständigen Druck, durch das Bangen um die Entwicklung im Osten und die immer wieder enttäuschte Hoffnung auf ein ›erlösendes Wunder‹. Vor allem sind die Frauen in großer Sorge um das Schicksal ihrer Angehörigen an der Front. Allgemein habe man den Krieg ›bis obenhin satt‹.«

Ausgebombt und bis auf wenige Habseligkeiten alles verloren.

In der NS-Propaganda war zu diesem Zeitpunkt ein völliger Stellungswechsel erfolgt. Hatte sie all die Jahre hindurch Sorglosigkeit genährt, so war sie jetzt tagtäglich bemüht, durch eine beispiellose antibolschewistische Greuelhetze die blanke Angst zu schüren. Und wirklich zeigten sich trotz weitverbreiteter Kriegsmüdigkeit erhebliche Teile auch der weiblichen »Volksgemeinschaft« von der Behauptung beeindruckt, ihr Schicksal sei unlösbar mit dem der »Führung« verbunden.

Anderen Auffassungen begegnete der nach den Katastrophen an der Ostfront voll der SS in Person Himmlers unterstellte Terrorapparat mit brutaler Härte, wie sie beispielsweise im Sommer 1944 gegenüber den Beteiligten an Stauffenbergs Hitler-Attentat demonstriert wurde.

Trotzdem wuchs ziviler Widerstand mit zunehmender Bedrückung, einzeln und in kleinen Gruppen, mitgetragen von mutigen Frauen und Mädchen, unterschiedlich motiviert durch politische Einsicht oder Friedenssehnsucht, christliche Verantwortung oder sozialistische Überzeugung. All dies floß auch in spontanen Reaktionen zusammen. Dazu ein Geheimbericht des SS-Sicherheitsdienstes: »Am 12.4.1943 gegen 12.20 Uhr hielt ein Hauptmann der Wehrmacht einen Flaksoldaten in Dortmund-Hörde wegen schlechten Grüßens an. Die resistente Haltung des Soldaten veranlaßte den Hauptmann, mit einem zur Hilfe herbeigerufenen Soldaten die Personalien des Angehaltenen festzustellen. Es stellte sich heraus, daß der Soldat desertiert war. Der Hauptmann veranlaßte das Nötige, wobei er sich nach einwandfreien Feststellungen völlig korrekt verhielt. Umstehende Volksgenossen wurden aber des Vorfalls gewahr. Es sammelte sich eine 300- bis 400köpfige Menschenmenge an, die in der Hauptsache aus Frauen bestand. Im Handumdrehen bildeten sich unglaubliche Gerüchte, die sämtlich gegen den Offizier gerichtet waren. Der Offizier habe den Soldaten mit dem Koppel geschlagen, habe ihn mit Erschießen bedroht und so weiter. Die Erregung der Menge wuchs ungeheuer schnell, und sie nahm eine so drohende Haltung an, daß der Offizier regelrecht in die Straßenbahn flüchten mußte. Aus der Menge kamen erregte Rufe wie: ›Pfui, es gibt Revolution! Gebt uns unsere Jungen, gebt uns unsere Männer wieder!‹«

Letzte Reserven

Das von außen wie innen in die Enge getriebene Regime mo-
bilisierte die letzten Reserven. Ende September 1944 verfügte
Hitler die Bildung des »Deutschen Volkssturms«, in dessen
Rahmen sämtliche wehrfähigen Männer zwischen 16 und 60
Jahren verpflichtet wurden, »den Heimatboden mit allen Mitteln« zu verteidigen; Frauen und Mädchen wurden auf ausdrückliche Weisung nicht einbezogen. Im November billigte
er die Einrichtung eines Wehrmachthelferinnenkorps, dessen
verspäteter Aufbau sich jedoch als ebenso zögerlich wie alle
sonstigen Maßnahmen zur weiblichen Dienstverpflichtung
erwies.

Wehrmachthelferinnen wurden bereits seit 1940 als Zivilangestellte ohne militärischen Rang eingesetzt. Obwohl uniformiert, waren sie keine weiblichen Soldaten, sondern zählten zum nicht mit der Waffe kämpfenden Wehrmachtgefolge.
Anfangs ausschließlich als Nachrichtenhelferinnen (»Blitzmädel«) zu Fernsprechvermittlung und Fernschreibdienst
herangezogen, wuchs mit Fortgang des Krieges ihre vielfältige
Einbeziehung in den Dienstbetrieb, so als Stabs-, Marine-,
Luftwaffen-, Schwestern- und Betreuungs-, Flak- und Flakwaffenhelferinnen. Ihr Einsatz auch außerhalb des Reiches
wurde von Hitlers demonstrativer Achtsamkeit begleitet, wie
schon im Sommer 1942 ein Erlaß des Oberkommandos der
Wehrmacht belegte: »In steigender Zahl müssen heute Frauen
im Bürodienst, Fernsprechdienst usw. der Wehrmacht auch
in den Gebieten außerhalb der Reichsgrenze den Soldaten
ersetzen, der an der Front gebraucht wird. Es ist der Wille des
Führers, daß allen deutschen Frauen, die fern von Elternhaus und Heimat Helferinnen der deutschen Wehrmacht sind,
alle Fürsorge und Betreuung zuteil wird, um sie zu schützen
und ihnen die Erfüllung dieses Dienstes zu erleichtern. Die
zur Durchführung der Betreuung erforderlichen Maßnahmen

müssen aber der fraulichen Art entsprechen und dürfen keinesfalls zu einer im Bereich der Wehrmacht besonders nahe-
liegenden Militarisierung der Frauen führen. Der ›weibliche
Soldat‹ verträgt sich nicht mit unserer nationalsozialistischen
Auffassung vom Frauentum.«

Sogar noch im Dezember 1944, als fast alles schon im Chaos
unterging, galt ein Erlaß des Luftwaffen-Oberkommandos
speziell der Weihnachtsbetreuung der Wehrmachthelferinnen, da sich gerade zu diesem Zeitpunkt »die Trennung von
den Angehörigen auf das frauliche Gemüt besonders auswirkt
und das Gefühl des Alleinseins stark in den Vordergrund tritt«.

Appell zum »Volksopfer« im Januar 1945, »damit Dein Stolz,
Dein Volkssturmmann, in Uniform sich zeigen kann«.

Nachrichtenhelferin (»Blitzmädel«) beim Sortieren der Post.

Weihnachtsfeiern seien »in jedem Falle, auch wenn sie nur in einfachster Form und mit der geringsten Ausschmückung durchgeführt werden können, abzuhalten«.

Verstärkt wurden ab Herbst 1943 auch sogenannte Kriegshilfsdienstmaiden des Reichsarbeitsdienstes zum zivilen Einsatz speziell in der Luftverteidigung verpflichtet, zunächst im Flugmeldedienst, dann in Flak- und Scheinwerferbatterien. Doch entgegen der sonstigen Totalität dieser Zeit war die diesbezügliche Erfassung der jungen Frauen zwischen 18 und 25 Jahren von einer schon gewohntermaßen praktizierten Inkonsequenz, die in einem kaum noch überschaubaren Wirrwarr von Ausnahmeregelungen zum Ausdruck kam. Nicht eingezogen werden durften weibliche Arbeitskräfte, die in der Rüstungsproduktion beschäftigt waren, desgleichen Mädchen, die nach entsprechender Ausbildung in »kriegswichtigem Spezialeinsatz« standen, beispielsweise Fahrdienstleiterinnen, Telegrafistinnen und Lehrerinnen; ausgenommen waren auch Sozialberufe wie Kindergärtnerinnen und -pflegerinnen, Kranken-, Gemeinde- und Säuglingsschwestern sowie

Hausgehilfinnen in kinderreichen Familien, ebenso haupt- und ehrenamtliche Führerinnen des Bundes Deutscher Mädel. Wenige Tage nach dieser ersten Staffel von Einschränkungen legte Martin Bormann als »Sekretär des Führers« in einem Rundschreiben vom 17. Oktober 1944 noch einmal kräftig nach: »So sind zum Beispiel Mädchen, die sich in landwirtschaftlichen Betrieben in kriegswichtiger Arbeit befinden …, ebenfalls nicht einzuziehen. Das gleiche gilt für Führerinnen und Leiterinnen der Reichsfrauenführung. Fachkräfte, die hier im volks- und hauswirtschaftlichen Sektor oder innerhalb der Abteilung Mütterdienst dringend benötigt werden, sind ebenfalls zurückzustellen. Es bedarf keiner besonderen Erwähnung, daß verheiratete Frauen oder Frauen mit Kindern oder Frauen, die sonstwie aus besonderen Gründen ortsgebunden sind, nicht eingezogen werden dürfen. Auch diejenigen Studentinnen, die nach Durchführung der außerordentlichen, weitgehenden Einschränkungen bei den Hochschulen weiterhin in kriegswichtigen Berufen studieren dürfen, sind ebenfalls von der Einziehung auszunehmen.«

So blieb die Zahl der zum Luftwaffeneinsatz eingezogenen »Kriegshilfsdienstmaiden« gering, belief sich im Frühjahr 1945 beim Flugmeldedienst auf etwa 13 000, in Flakbatterien auf rund 25 000; weitere 30 000 Mädchen standen ab Januar für die Übernahme von Scheinwerferstellungen bereit, kamen aber kaum noch zum Einsatz.

Dienst an der Waffe

Auch die im Herbst 1944 angeordnete Zusammenfassung der Helferinnen aller Wehrmachtteile zu einem unter zentraler Führung stehenden Wehrmachthelferinnenkorps, zu dessen Auffüllung auch Notdienstverpflichtungen vorgesehen waren, kam nicht mehr zum Tragen, da erst am 16. April 1945 der Aufstellungsbefehl erging. Zu diesem Zeitpunkt herrschte bereits das totale Chaos, war ein in die Enge getriebener, um sich schlagender Hitler sogar von seiner bislang geübten »Schonhaltung« gegenüber den »Volksgenossinnen« abgerückt: »Ob Männer oder Frauen, ist ganz wurscht: Eingesetzt muß alles werden.« Ende Februar 1945 verfügte er die Einberufung von 6000 Jungen des Jahrgangs 1929 (!) zur Verstärkung der »hintersten Verteidigungslinie« und genehmigte die probeweise Aufstellung eines Frauenbataillons. Bormann vermerkte: »Die Frauen sollen so rasch wie möglich tadellos ausgebildet werden, Aufstellung des Frauenbataillons in Verbindung mit der Reichsfrauenführung. Bewährt sich dieses Frauenbataillon, sollen sofort weitere aufgestellt werden.« Und Goebbels ergänzte: »Es gibt unzählige Frauen, die sich jetzt zum Fronteinsatz melden, und der Führer ist auch der Meinung, daß diese, soweit sie freiwillig kommen, zweifellos fanatisch kämpfen werden. Man müsse sie in der zweiten Linie einsetzen; dann würde den Männern schon die Lust vergehen, in der ersten Linie zu retirieren.« Am 10. März 1945 schließlich forderte Bormann – sicher nicht ohne Billigung Hitlers – die Gauleiter zur Werbung geeigneter Personen für die Durchführung von »Sonderaufgaben im Rücken des Feindes« in den besetzten deutschen Gebieten auf (NS-Partisanenorganisation »Werwolf«) und bezog dabei ausdrücklich auch »entschlossene, tapfere … Frauen jeden Alters« ein.

Insgesamt war der weibliche Einsatz auf militärischem Gebiet im Durch- und Gegeneinander der Zuständigkeiten viel zu unsystematisch und unkoordiniert, um die erhoffte Wirksamkeit zu erlangen. So blieben die Zahlen der in den einzelnen Wehrmachtteilen tätigen Frauen weit hinter den Erfordernissen der Kriegslage zurück. 1943/44 waren im Ersatzheer rund 300 000 freiwillige oder dienstverpflichtete Zivilangestellte und Arbeiterinnen beschäftigt, im Feldheer und in den besetzten Gebieten 8000 Nachrichten- und 12 500 Stabshelferinnen; bei der Luftwaffe wirkten bis Frühjahr 1945 einschließlich der Helferinnen und »Kriegshilfsdienstmaiden« etwa 130 000, bei der Kriegsmarine samt Marinehelferinnen 20 000 Frauen.

»Züchterische« Visionen

Selbst in dieser Endphase dominierte noch der bevölkerungspolitische Aspekt des weiblichen Geschlechts, allerdings in kaum zu überbietender Pervertierung. »Nach dem Dreißigjährigen Krieg wurde weithin die Vielweiberei wieder gestattet«, hatte Hitler schon im März 1942 monologisiert und damit wohl ein Programm angedacht, das er Ende Januar 1944 nach

Trotz regelmäßiger Luftschutzübungen werden die Auswirkungen des Bombenkrieges immer spürbarer.

218

Aufzeichnungen Bormanns – dessen Gattin Gerda übrigens der Polygamie geradezu begeistert anhing – so präzisierte: »Nach diesem Krieg werden wir, wie der Führer betonte, 3–4 Millionen Frauen haben, die keine Männer mehr haben bzw. bekommen. Der sich hiermit ergebende Geburtenausfall wäre für unser Volk gar nicht zu ertragen: Wie viele Divisionen würden, betonte der Führer, uns in 20 bis 45 Jahren und weiter fehlen.« Um dem gegenzusteuern, sollten Männer in Zukunft »nicht nur mit einer Frau, sondern mit einer weiteren ein festes Eheverhältnis eingehen können, in dem die Frau dann ohne weiteres den Namen des Mannes erhält, die Kinder ohne weiteres den Namen des Vaters«. Noch weiter ging Ernst Kaltenbrunner, Chef des Reichssicherheits-Hauptamts, als er erklärte: »Deutschland muß dafür Sorge tragen, daß die Ostvölker und der größte Teil der Balkan- und Donaustaaten zum Aussterben gezwungen werden durch Sterilisierung und Vernichtung der Herrenschicht dieser Länder. Um jedoch den Führungsanspruch des deutschen Volkes zu sichern und gleichzeitig die deutsche Bevölkerung zu steigern, müssen alle ledigen und verheirateten deutschen Frauen, soweit diese noch nicht vier Kinder haben, im Alter bis zu 35 Jahren verpflichtet werden, von reinrassigen einwandfreien deutschen Männern vier Kinder zu zeugen. Ob diese Männer verheiratet sind, spielt dabei keine Rolle. Jede Familie, die bereits vier Kinder hat, muß den Mann für diese Aktion freigeben.«

Doch auch diese »züchterische« Vision erlag den Realitäten des Alltags. Seit Jahresbeginn 1945 war die Situation immer chaotischer geworden. Es fehlte an Lebensmitteln und den notwendigsten Gebrauchsgütern. Wasser, Strom und Gas waren oft tagelang abgeschaltet. Nach und nach brachen Nah- und Fernverkehr, Postbeförderung und Telefonnetze zusammen. Nochmals fielen 500 000 Tonnen Bomben. Behelfsunterkünfte waren hoffnungslos überfüllt, Obdachlose bevölkerten die Straßen. Zudem zogen aus Ostpreußen und der Danziger Bucht endlose Trecks mit Evakuierten in das Restreich.

Die Stimmung in der Bevölkerung war auf den absoluten Tiefpunkt gesunken. Gedanken an Mitschuld ließen sich nur noch mühsam verdrängen. Dennoch fand die übergroße Mehrheit nicht den Mut, konsequent vom Terrorsystem abzurücken, geschweige denn die Kraft, sich dagegen zu erheben. Man flüchtete sich in fatalistische Ergebenheit, aus der es nur vereinzelt zu verzweifeltem Aufbegehren kam.

Neubeginn

Mit einem »letzten Aufgebot« versuchte das Regime, den längst verlorenen Krieg zu verlängern. Seite an Seite kämpften Kinder und Greise, auch Frauen und Mädchen. Noch einmal flossen Ströme von Blut, wurden vor allem im Kampf um Berlin Zehntausende Menschenleben hingeopfert. Dann erfolgte der Selbstmord Hitlers am 30. April 1945, den der Rundfunk mit den Worten kaschierte, er sei »in seinem Befehlsstand in der Reichskanzlei, bis zum letzten Atemzuge gegen den Bolschewismus kämpfend, für Deutschland gefallen«. Zwei Tage zuvor hatte er dort knapp vor Mitternacht Eva Braun geheiratet, noch in den Morgenstunden darauf sein privates Testament diktiert: »Da ich in den Jahren des Kampfes glaubte, es nicht verantworten zu können, eine Ehe zu gründen, habe ich mich nunmehr vor Beendigung dieser irdischen Laufbahn entschlossen, jenes Mädchen zur Frau zu nehmen, das nach langen Jahren treuer Freundschaft aus freiem Willen in die schon fast belagerte Stadt hereinkam, um ihr Schicksal mit dem meinen zu teilen. Sie geht auf ihren Wunsch als meine Gattin mit mir in den Tod. Es wird ihr das ersetzen, was meine Arbeit im Dienste meines Volkes uns beiden raubte.« In seinem politischen Vermächtnis erklärte er:

»Ich sterbe mit freudigem Herzen angesichts der mir bewußten unermeßlichen Taten und Leistungen unserer Soldaten an der Front, unserer Frauen zu Hause und dem in der Geschichte einmaligen Einsatz unserer Jugend, die meinen Namen trägt.« Auch das Ehepaar Goebbels beging im Führerbunker unter der Reichskanzlei Selbstmord, vergiftete vorher seine sechs Kinder, die aus Berlin auszufliegen die Starpilotin Hanna Reitsch angeboten hatte.

Am 7./9. Mai 1945 erfolgte die bedingungslose Gesamtkapitulation der deutschen Wehrmacht in den amerikanischen und sowjetischen Hauptquartieren in Reims und Berlin-Karlshorst. Der Geschützdonner war verhallt, Friedhofsstille breitete sich aus. Insgesamt waren etwa 5,25 Millionen Deutsche, darunter rund 500 000 Zivilisten, umgekommen, 4 Millionen waren verwundet, die gleiche Anzahl Wohnungen zerstört, 13 Millionen Menschen obdachlos. Es gab fast 1,5 Millionen Kriegswaisen und über 1 Million Kriegerwitwen – eine Schreckensbilanz, die kaum Hoffnung auf das Morgen ließ. Allein in Berlin türmten sich mehr als 50 Millionen Kubikmeter Schutt.

Und dennoch erhob sich das Land zum Neubeginn. An dessen Anfang standen Frauen, heute vielfach vergessen als symbolhafte Personifizierung des Wiederaufbaus: die »Trümmerfrauen«, die nicht nur die materiellen Hinterlassenschaften eines mörderischen Systems beseitigen halfen und sich damit selbst ein bleibendes Denkmal setzten.

Dokumente

Aus der Rede Goebbels' im Berliner Sportpalast über den »totalen Krieg« (18. Februar 1943)

Ihr also, meine Zuhörer, repräsentiert in diesem Augenblick die Nation. Und an euch möchte ich zehn Fragen richten, die ihr mir mit dem deutschen Volke vor der ganzen Welt, insbesondere vor unseren Feinden, die uns auch an ihrem Rundfunk hören, beantworten sollt:

Erstens: Die Engländer behaupten, das deutsche Volk habe den Glauben an den Sieg verloren.

Ich frage euch: Glaubt ihr mit dem Führer und mit uns an den endgültigen totalen Sieg des deutschen Volkes?

Ich frage euch: Seid ihr entschlossen, dem Führer in der

Goebbels im Februar 1943: »Wollt ihr den totalen Krieg?«

Erkämpfung des Sieges durch dick und dünn und unter Aufnahme auch der schwersten persönlichen Belastungen zu folgen?

Zweitens: Die Engländer behaupten, das deutsche Volk ist des Kampfes müde.

Ich frage euch: Seid ihr bereit, mit dem Führer als Phalanx der Heimat hinter der kämpfenden Wehrmacht stehend, diesen Kampf mit wilder Entschlossenheit und unbeirrbar durch alle Schicksalsfügungen fortzusetzen, bis der Sieg in unseren Händen ist? ...

Viertens: Die Engländer behaupten, das deutsche Volk wehrt sich gegen die totalen Kriegsmaßnahmen der Regierung. Es will nicht den totalen Krieg, sondern die Kapitulation.

Ich frage euch: Wollt ihr den totalen Krieg? Wollt ihr ihn, wenn nötig, totaler und radikaler, als wir ihn uns heute überhaupt noch vorstellen können?

Fünftens: Die Engländer behaupten, das deutsche Volk hat sein Vertrauen zum Führer verloren.

Ich frage euch: Ist euer Vertrauen zum Führer heute größer, gläubiger und unerschütterlicher denn je? [Die Menge erhebt sich wie ein Mann. Sprechchöre: »Führer, befiehl, wir folgen!«] Ist eure Bereitschaft, ihm auf allen seinen Wegen zu folgen und alles zu tun, was nötig ist, um den Krieg zum siegreichen Ende zu führen, eine absolute und uneingeschränkte?

Ich frage euch als sechstes: Seid ihr bereit, von nun ab eure ganze Kraft einzusetzen und der Ostfront die Menschen und Waffen zur Verfügung zu stellen, die sie braucht, um dem Bolschewismus den tödlichen Schlag zu versetzen?

Ich frage euch siebentens: Gelobt ihr mit heiligem Eid der Front, daß die Heimat mit starker Moral hinter ihr steht und ihr alles geben wird, was sie nötig hat, um den Sieg zu erkämpfen?

Ich frage euch achtens: Wollt ihr, insbesondere ihr Frauen selbst, daß die Regierung dafür sorgt, daß auch die deutsche Frau ihre ganze Kraft der Kriegführung zur Verfügung stellt und überall da, wo es nur möglich ist, einspringt, um Männer für die Front freizumachen und damit ihren Männern an der Front zu helfen?

Ich frage euch neuntens: Billigt ihr, wenn nötig, die radikalsten Maßnahmen gegen einen kleinen Kreis von Drückebergern und Schiebern, die mitten im Kriege Frieden spielen und die Not des Volkes zu eigensüchtigen Zwecken ausnutzen wollen? Seid ihr damit einverstanden, daß, wer sich am Krieg vergeht, den Kopf verliert? …

Ich habe euch gefragt; ihr habt mir eure Antwort gegeben. Ihr seid ein Stück Volk, durch euren Mund hat sich damit die Stellungnahme des deutschen Volkes manifestiert.

Aus einem Rundschreiben der Parteikanzlei über »groteske Umgestaltungen« von Oratorien und Opern (27. März 1943)

Von verschiedenen Seiten werden immer wieder Bedenken gegen die Texterfassungen mancher Oratorien und Opern geltend gemacht. Eine Reihe von Opern etc. wird vielfach als überholt bezeichnet, weil die Textgestaltung alttestamentarischen und damit jüdischen Schriften entnommen ist oder in Anlehnung an sie erfolgte …

Deshalb wurden mehrfach von verschiedenen Theaterleitungen wegen weltanschaulicher Bedenken Opern mit kirchlichen Szenen und mit Arientexten christlichen Inhalts von den Spielplänen abgesetzt. Dies geschah u. a. mit Werken wie »Tiefland«, »Carmen«, »Tosca«, »Cavalleria rusticana«, »Faust«, »Lohengrin« und »Tannhäuser«. Der »Freischütz« wurde wegen der Rolle des Eremiten gestrichen.

In letzter Zeit haben einzelne Stellen eigenmächtig Textänderungen vorgenommen. Durch ganz willkürliche Änderungen ergaben sich Entstellungen, die eher lächerlich und schädigend als reinigend wirkten. So wurde in »Cavalleria rusticana« der von Orgelklängen begleitete Text »Aus der Kirche gehen wir« in »Nach Hause gehen wir« umgewandelt. Statt des Pilgerchores in »Tannhäuser« trat eine Bauerngruppe auf, die Elisabeth ließ man in innigem Flehen einen Baumstumpf umarmen.

Derartige Umgestaltungen anerkannter Tonschöpfungen wirken grotesk! Sie entspringen einer primitiven weltanschaulichen Wachsamkeit, die nicht zu rechtfertigen ist …

Während des Krieges gibt es lebensnotwendigere Aufgaben als die Überarbeitung der Texte von Oratorien und Opern.

Nach dem Kriege wird der Führer entscheiden, inwieweit textliche Änderungen ausgearbeitet werden sollen.

Aus dem Protokoll einer Führerbesprechung mit Albert Speer über die Einstellung von »nicht mehr für den totalen Krieg erwünschten Produktionen« (25. April 1943)

So scharf der Führer sich gegen unnötige Beunruhigungen der Bevölkerung durch Verbote ausspricht, so sehr ist er damit einverstanden, daß durch Einstellung von Produktionen im Laufe der Zeit Dinge, die nicht mehr für den totalen Krieg erwünscht sind, automatisch zur Einstellung kommen.

Er findet, daß z. B. ein Ausbleiben der Haarfärbemittel und verschiedener anderer zur Schönheitspflege notwendiger Gegenstände besser wäre als ein Verbot von deren Anwendung.

Weiter wäre eine Einstellung der Reparaturen an Apparaten zur Herstellung von Dauerwellen besser als ein Verbot zur Herstellung von Dauerwellen.

Dieses Prinzip sei auch sonst überall anzuwenden, da es leichter und mit weniger Aufregung zum Erfolg führt als Verbote, die doch nicht in ihrer Durchführung kontrolliert werden können.

Aus dem SD-Geheimbericht »Meldungen aus dem Reich« über Reaktionen auf die Kürzung der Fleischrationen (20. Mai 1943)

Die bisher aus einzelnen Reichsgebieten, u. a. aus Bayreuth, Berlin, Breslau, Danzig, Dortmund, Frankfurt/Oder, Graz, Halle, Hamburg, Karlsruhe, Kiel, Litzmannstadt und Stettin, vorliegenden Meldungen zur Kürzung der Fleischration [um fast ein Drittel] lassen erkennen, daß sich trotz der seit Wochen umlaufenden Gerüchte die diesbezüglichen Veröffentlichungen äußerst nachteilig und nahezu schockartig ausgewirkt haben. Ein großer Teil der Volksgenossen hätte eine derartige Wendung in der Lebensmittelversorgung vor allem deshalb für unmöglich gehalten, weil es nach den Worten des Reichsmarschalls mit der deutschen Ernährung nur noch besser, aber nicht mehr schlechter werden könnte. Vielfach werde die Kürzung mit den militärischen Rückschlägen im Osten in Verbindung gebracht, wobei verschiedentlich der Meinung Ausdruck gegeben werde, daß weitere Rationskürzungen folgen würden.

Aus einem an Himmler gerichteten Geheimbericht des SS-Mediziners Carl Clauberg über eine neue Methode zur Massensterilisation von Frauen (7. Juni 1943)

Die von mir erdachte Methode, ohne Operation eine Sterilisation des weiblichen Organismus zu erzielen, ist so gut wie fertig ausgearbeitet. Sie erfolgt durch eine einzige Einspritzung vom Eingang der Gebärmutter her und kann bei der üblichen, jedem Arzt bekannten gynäkologischen Untersuchung vorgenommen werden.

Wenn ich sage, die Methode ist so gut wie fertig, so bedeutet das: ... sie könnte bereits heute bei unseren üblichen eugenischen Sterilisierungen anstelle der Operation regelrecht Anwendung finden und diese ersetzen.

Was die Frage anlangt, die Sie, Reichsführer, mir vor fast Jahresfrist stellten, nämlich in welcher Zeit es etwa möglich sein würde, 1000 Frauen auf diese Weise zu sterilisieren, so kann ich diese heute voraussehend beantworten. Nämlich: ... von einem entsprechend eingeübten Arzt an einer entsprechend eingerichteten Stelle mit vielleicht 10 Mann Hilfspersonal (die

Nicht nur als Glücksbringerin
unterwegs:
die Schornsteinfegerin.

Zahl des Hilfspersonals der gewünschten Beschleunigung entsprechend) höchstwahrscheinlich mehrere hundert – wenn nicht gar 1000 – an einem Tage.

Aus einem Bericht des Generalbevollmächtigten für den Arbeitseinsatz, Fritz Sauckel, über die Erfassung zusätzlicher Arbeitskräfte (Ende Juni 1943)

Durch den unermüdlichen Einsatz der Arbeitsämter und der sonst beteiligten Dienststellen wurde die Durchführung der Verordnung über den Einsatz von Männern und Frauen für Aufgaben der Reichsverteidigung (Meldepflichtverordnung) bis Ende Juni im wesentlichen abgeschlossen. In knapp 5 Monaten haben die Arbeitsämter 544 000 männliche und 3 048 000 weibliche, im ganzen also 3 592 000 Meldepflichtige erfaßt und zum weitaus größten Teil auf ihre Einsatzfähigkeit geprüft. Wie von vornherein zu erwarten war, befanden sich unter den Männern nur noch verhältnismäßig wenig arbeitsfähige Kräfte; im Durchschnitt waren es 26,4 v. H. Dagegen kamen von den weiblichen Meldepflichtigen 54,1 v. H. für einen Einsatz in Betracht.

Die Meldepflichtverordnung hat in den entsprechenden Monaten zu einer beachtlichen Entspannung der Einsatzlage geführt. Insgesamt wurden durch sie bis Ende Juni 1 361 000 Kräfte der Kriegswirtschaft neu zugeführt, darunter 101 000 Männer und 1 260 000 Frauen. Allerdings ist zu berücksichtigen, daß rund die Hälfte aller Eingesetzten nur eine Arbeit von wöchentlich weniger als 48 Stunden aufnehmen konnte.

Die Meldepflichtigen sind zu einem großen Teil in den Dienst der Rüstung gestellt worden. Im ganzen wurden 567 000 Meldepflichtige unmittelbar Rüstungsbetrieben zugewiesen. Darüber hinaus kam eine weitere erhebliche, statistisch allerdings nicht erfaßte Zahl von Arbeitskräften dadurch dem

Rüstungssektor mittelbar zugute, daß durch den Einsatz von Meldepflichtigen andere Kräfte freigemacht und Rüstungsbetrieben zugeführt werden konnten. Die Land- und Forstwirtschaft hat 287 000 Meldepflichtige erhalten, und zwar 25 000 Männer und 262 000 Frauen.

Arbeitskräfte in Deutschland (1939 bis 1944)

in Mill.	1939	1940	1941	1942	1943	1944
Reichsbürger	39,1	34,8	33,1	31,3	30,3	28,4
darunter Frauen	4,6	14,4	14,1	14,4	14,8	14,9
Zwangsarbeiter/ Kriegsgefangene	0,3	1,2	3,0	4,1	6,3	7,1
Einberufene insgesamt	1,4	5,7	7,4	9,4	11,2	13,0

Aus einem Geheimbericht des SD, grüne Serie, über eine spontane Volksempörung (8. Juli 1943)

Am 12. 4. 1943 gegen 12.20 Uhr hielt ein Hauptmann der Wehrmacht einen Flaksoldaten in Dortmund-Hörde wegen schlechten Grüßens an. Die resistente Haltung des Soldaten veranlaßte den Hauptmann, mit einem zur Hilfe herbeigerufenen Soldaten die Personalien des Angehaltenen festzustellen. Es stellte sich heraus, daß der Soldat desertiert war. Der Hauptmann veranlaßte das Nötige, wobei er sich nach einwandfreien Feststellungen völlig korrekt verhielt. Umstehende Volksgenossen wurden aber des Vorfalls gewahr. Es sammelte sich eine 300–400köpfige Menschenmenge an, die in der Hauptsache aus Frauen bestand. Im Handumdrehen bildeten sich unglaubliche Gerüchte, die sämtlich gegen den Offizier gerichtet waren. Der Offizier habe u. a. den Soldaten mit dem Koppel geschlagen, habe ihn mit Erschießen bedroht usw. Die Erregung der Menge wuchs ungeheuer schnell, und sie nahm eine so drohende Haltung an, daß der Offizier regelrecht in die Straßenbahn flüchten mußte. Aus der Menge kamen erregte Rufe wie: »Pfui, es gibt Revolution! Gebt uns unsere Jungen, gebt uns unsere Männer wieder!« Die Erregung war derart, daß eine Pressenotiz den Vorfall klarstellen mußte und in Horde in einer Versammlung der NS-Frauenschaft der Sachverhalt ebenfalls richtiggestellt wurde.

Aus Anweisungen an Führerinnen des BDM über Berufsarbeit als Kriegseinsatz (Juli/August 1943)

Mädelführerin!

Die Front braucht Waffen, Munition, Kleidung und Nahrung. Ihre riesige Ausdehnung macht es notwendig, daß nahezu alle wehrfähigen Männer Soldaten sind. Waffen, Munition, Kleidung und Nahrung müssen deshalb, abgesehen von der Hilfe der Ausländer, in der Hauptsache von der deutschen Jugend und von den Frauen hergestellt werden.

Die deutschen Jugendlichen und Frauen müssen den Ausländern Vorbild und Führer in der Arbeit sein.

Dazu gehört nicht nur, daß sie eine vorbildliche Haltung und Disziplin im Arbeitsleben zeigen, sondern auch, daß sie fachlich mehr verstehen als die anderen. Die deutschen Jugendlichen sollen deshalb im Betrieb für ihr Arbeitsgebiet eine ordnungsgemäße Ausbildung erhalten. Sie müssen die Zeit der Berufsausbildung vom ersten Tage an ausnutzen, um viel, gründlich und schnell zu lernen. Je mehr sie können und je eher sie ihre Arbeit beherrschen, um so mehr tragen sie zum Siege bei.

Sie müssen jeden Morgen pünktlich am Arbeitsplatz sein! Es darf keine Minute verlorengehen!

Keine Berufsschulstunde darf versäumt werden! Der deutsche Arbeiter muß die Fachtheorie beherrschen, muß Zeichnungen lesen können, muß aber auch die nationalsozialistische Betriebsorganisation verstehen, muß wirtschaftliche Zusammenhänge kennen und muß schließlich wissen, wie es in der Welt aussieht und weshalb er stolz sein kann, Deutscher zu sein.

Der deutsche Facharbeiter wird auch an der Front gebraucht. Die weiten Entfernungen, die schlechten Wege, das unterschiedliche Klima beanspruchen Waffen, Munition und Kleidung in außerordentlichem Maße. Laufende Reparaturen können nicht in der Heimat erfolgen, sondern müssen an Ort und Stelle durchgeführt werden. Soldaten, die wirklich etwas

Durch zahlreiche Kurse und regelmäßige Übungen geschult: Frauen und Mädchen im tatkräftigen Einsatz des zivilen und betrieblichen Luftschutzes.

können als Schlosser, Dreher, Klempner, Schmiede, Stellmacher, Zimmerer, Bauarbeiter, Schneider, Schuhmacher usw., sind der Truppe wertvoll. Es gibt kaum einen Beruf, der nicht an der Front wie auch in der Heimat in gleichem Maße gebraucht würde. Für jedes Mädel heißt es lernen, jede Minute der Arbeitszeit auszunutzen, damit die Front gut, sicher und rechtzeitig die besten Waffen, Munition, Kleidung und Nahrung erhält.

Zwischen Jungen und Mädel gibt es hier keine Unterschiede mehr. Beide stehen in ihren Berufen im unmittelbaren Kriegseinsatz. Das Mädel dient durch klugen Verbrauch der Nahrungsmittel im Haushalt, durch die Hilfe für die kinderreiche Mutter, durch seinen Einsatz in der Fabrik und in den sozialen und pflegerischen Berufen genauso dem Siege wie der Junge in einem handwerklichen Beruf.

Arbeitsmaterial, Gerät, Rohstoff und Maschinen müssen sorgfältig, sparsam und schonend behandelt werden. In allem steckt die Arbeit von anderen Arbeitskameraden.

Jede Arbeit hat ihren Wert und ihre Bedeutung. Wir können die Jugend weder in der Rüstungsindustrie noch in der Landwirtschaft entbehren.

Sechs Millionen Jungen und Mädel im Beruf sind ein wichtiger Pfeiler unserer Kriegswirtschaft.

Die deutschen Jugendlichen sollen immer Vorbild sein; dem fremdvölkischen Arbeiter gegenüber freundlich, bestimmt, aber zurückhaltend.

Im deutschen Arbeitsleben müssen Deutsche die Führung haben und sich in jeder Minute wie echte Führer verhalten. Sie müssen am meisten leisten. Der deutsche Facharbeiter ist auch im Kriege der Träger deutscher Facharbeit.

Ziel des Dienstunterrichtes:

Jedes Mädel muß sich darüber klar sein, daß seine Berufsarbeit sein wichtigster Kriegseinsatz ist.

Aus einem Rundschreiben Bormanns über Einsatz und Werbung von Flakwaffenhelferinnen (24. August 1943)

Der Führer hat den Einsatz von weiblichen Kräften als Flakwaffenhelferinnen genehmigt. Diese Frauen werden bei den Einheiten der Flakartillerie im Heimatkriegsgebiet eingesetzt, zur Bedienung von Feuerwaffen jedoch nicht herangezogen.

Die Werbung der Flakwaffenhelferinnen wird durch die NS-Frauenschaft durchgeführt. Vorerst sind der Luftwaffe bis zum 10. 10. 5000 Frauen durch die Reichsfrauenführung zu benennen. Kräfte, die in der Hauswirtschaft, der Landwirtschaft und der gewerblichen Kriegswirtschaft beschäftigt sind, dürfen nicht geworben werden.

Eine Werbung in der Öffentlichkeit, wie z. B. in der Presse, ist vorerst nicht beabsichtigt, vielmehr soll durch Mundpropaganda und Einzelaufklärung das geforderte Kontingent aus den Reihen der Mitglieder der NS-Frauenschaft und des Deutschen Frauenwerks aufgebracht werden.

Aus einem Polizeibericht über die Bombenangriffe auf Hamburg (August 1943)

Die Zahl der Gefallenen steht bis jetzt noch nicht endgültig fest. Diese Tatsache ist nicht auf Mangel der Ermittlungsmethoden, sondern einfach auf den unvorstellbaren Umfang der Zerstörung und die begrenzte Zahl der zur Verfügung stehenden Einsatzkräfte zurückzuführen. Wenn noch heute an manchen Tagen bis zu 100 Gefallene und darüber hinaus gefunden und geborgen werden, so gibt auch das nur ein schwaches Bild. Die Vernichtung im ganzen ist so radikal, daß auch von vielen Menschen buchstäblich nichts geblieben ist. Bei einer losen Aschenschicht in einem großen Luftschutzraum konnte von den Ärzten die Zahl der Menschen, die hier ums Leben kamen, nur schätzungsweise mit 250 bis 300 ange-

Flakhelferinnen werden zur Luftverteidigung herangezogen.

geben werden. Eine genaue Ermittlung wird erst ermöglicht, wenn alle in jener Zeit in Hamburg anwesenden Personen sich, soweit sie leben, wieder gemeldet haben.

Die Schreckensszenen, die sich im Feuersturmgebiet abgespielt haben, sind unbeschreiblich. Kinder wurden durch die Gewalt des Orkans von der Hand der Eltern gerissen und ins Feuer gewirbelt. Menschen, die sich gerettet glaubten, fielen vor der alles vernichtenden Gewalt der Hitze um und starben in Augenblicken. Flüchtende mußten sich ihren Weg über Sterbende und Tote bahnen. Kranke und Gebrechliche mußten von den Rettern zurückgelassen werden, da diese selbst in Gefahr gerieten, zu verbrennen ...

234

Die Straßen waren mit Hunderten von Leichen bedeckt, Mütter mit ihren Kindern, Männer, Greise, verbrannt, verkohlt, unversehrt und bekleidet, nackend und in wächserner Blässe wie Schaufensterpuppen, lagen sie in jeder Stellung, ruhig und friedlich oder verkrampft, den Todeskampf im letzten Ausdruck des Gesichts. Die Schutzräume boten das gleiche Bild, grausiger noch in seiner Wirkung, da es zum Teil den letzten verzweifelten Kampf gegen ein erbarmungsloses Schicksal zeigte. Saßen an einer Stelle die Schutzrauminsassen ruhig, friedlich und unversehrt wie Schlafende auf ihren Stühlen, durch Kohlenoxydgas ahnungslos und ohne Schmerzen getötet, so zeigt die Lage von Knochenresten und Schädeln in anderen Schutzräumen, wie ihre Insassen noch Flucht und Rettung aus dem verschütteten Gefängnis gesucht hatten. In der Zeit vom 25. Juli bis 3. August 1943 hatte Hamburg

Hamburg ist während des Krieges Ziel von 213 Luftangriffen mit zusammen rund 17 000 Kampfflugzeugen; fast eine Million Einwohner werden obdachlos.

235

7 Terrorangriffe des Gegners auszuhalten. 4 schwere Großluftangriffe und 3 mittlere Angriffe, davon 2 Tagesangriffe, wurden geflogen … Nach Schätzungen beteiligten sich ca. 3000 Maschinen an den Angriffen, wovon lt. Wehrmachtsbericht 35 abgeschossen wurden. In den betroffenen Wohngebieten entstanden durch Abwurf großer Mengen Minen, Spreng- und Brandbomben große Verwüstungen. Es bildeten sich ausgedehnte Flächenbrände, die bis zu Feuerstürmen anwuchsen und alles versengten, was sich ihnen auf dem Sturmwege entgegenstellte. Ganze Kraftwagenkolonnen, Baumreihen, flüchtende Menschenströme, Melder und eingesetzte Kräfte der LS-Polizei, Wehrmacht, des RLB, Werkluftschutzes, Erweiterten Selbstschutzes bedeckten verbrannt die Straßenzüge. Ganze Stadtteile wurden total vernichtet … Von 122 328 Wohnhäusern wurden 35 719 total zerstört, 4666 schwer beschädigt und 18 062 leicht beschädigt. An diesen Zahlen ist das Ausmaß der Katastrophe am besten zu übersehen.

Aus einer Rede Himmlers auf der SS-Gruppenführertagung in Posen über die absolute Brutalisierung des Vorgehens gegen nichtgermanische »Menschentiere« (4. Oktober 1943)

Ein Grundsatz muß für den SS-Mann absolut gelten: Ehrlich, anständig, treu und kameradschaftlich haben wir zu Angehörigen unseres eigenen Blutes zu sein und zu sonst niemandem. Wie es den Russen geht, wie es den Tschechen geht, ist mir total gleichgültig. Das, was in den Völkern an gutem Blut unserer Art vorhanden ist, werden wir uns holen, indem wir ihnen, wenn notwendig, die Kinder rauben und sie bei uns großziehen. Ob die anderen Völker in Wohlstand leben oder ob sie verrecken vor Hunger, das interessiert mich nur soweit, als wir sie als Sklaven für unsere Kultur brauchen, anders interessiert mich das nicht. Ob bei dem Bau eines Panzergrabens 10 000 russische Weiber an Entkräftung umfallen oder nicht, interessiert mich nur insoweit, als der Panzergraben für Deutschland fertig wird. Wir werden niemals roh und herzlos sein, wo es nicht sein muß; das ist klar. Wir Deutschen, die wir als einzige auf der Welt eine anständige Einstellung zum Tier haben, werden ja auch zu diesen Menschentieren eine anständige Einstellung einnehmen, aber es ist ein Verbrechen gegen unser eigenes Blut, uns um sie Sorge zu machen und ihnen Ideale zu bringen, damit unsere Söhne und Enkel es noch schwerer haben mit ihnen. Wenn mir einer kommt und sagt: »Ich kann mit den Kindern oder den Frauen den Panzergraben nicht bauen. Das ist unmenschlich, denn dann sterben die daran« – dann muß ich sagen: »Du bist ein Mörder an deinem eigenen Blut, denn wenn der Panzergraben nicht gebaut wird, dann sterben deutsche Soldaten, und das sind Söhne deutscher Mütter. Das ist unser Blut.« Das ist das, was ich dieser SS einimpfen möchte und – wie ich glaube – eingeimpft habe, als eines der heiligsten Gesetze der Zukunft: Unsere Sorge, unsere Pflicht ist unser Volk und unser Blut; dafür haben wir zu sorgen und zu denken, zu arbeiten und zu kämpfen, und für nichts anderes. Alles andere kann uns gleichgültig sein.

Aus einer Aktennotiz Sauckels über die Heraufsetzung des Dienstpflichtalters der Frauen (21. November 1943)
Der Führer hat die Heraufsetzung des Frauendienstpflichtalters auf 50 Jahre sofort abgelehnt, ohne daß Gauleiter Sauckel eine nähere Begründung hierfür vorgebracht hätte. Diese Entscheidung des Führers entspricht der Ansicht des Gauleiters, weil er glaubt, daß durch ein Heraufsetzen des Alters auf 50 Jahre praktisch keine bessere Arbeitskapazität zu erreichen ist. Die Voruntersuchung hat folgendes ergeben:

Durch die Erhöhung des Alters würde etwa 1 Million Frauen erfaßt. Nach den Erfahrungen des im Frühjahr dieses Jahres angelaufenen Arbeitseinsatzes der Frauen würden hiervon im allergünstigsten Falle 25 000 Frauen einsatzfähig sein, voraussichtlich aber nur 140 000–160 000. Da es sich bei diesen Frauen in den meisten Fällen um Ehefrauen von berufstätigen Männern im Alter von ca. 50–60 Jahren handelt, würde ihr Abziehen vom Haushalt die Betreuung ihrer teilweise im schweren Arbeitseinsatz stehenden Männer wesentlich beeinträchtigen, so daß, was eventuell an neuer Arbeitskraft durch die Frauen gewonnen würde, durch Arbeitsabfall bei den Männern wieder verlorengeht.

Die Erfahrungen des Arbeitseinsatzes der Frauen zu Beginn

Antwort auf alle Fragen der Fronturlauber: die Zugabfertigerin.

des Jahres 1943 sind etwa folgende: Es wurden untersucht 3,6 Millionen Frauen, davon sind einsatzfähig 1,6 Millionen. Von diesen wurden nur halbtags beschäftigt 0,7 Millionen. Im Laufe des Jahres mußten von den zu Beginn eingestellten Frauen auf Grund ärztlichen Attests bereits wieder 0,5 Millionen entlassen werden.

Aus einem Geheimbericht des SD, grüne Serie, über »tiefe Friedenssehnsucht« der Bevölkerung (22. November 1943)

1. Wie aus den vorliegenden Meldungen hervorgeht, ist die Bevölkerung von einer tiefen Friedenssehnsucht erfüllt, die in erster Linie von dem Wunsch bestimmt ist, es möchte mit den schweren Blutopfern und den Verwüstungen durch feindliche Terrorangriffe ein Ende haben. Andererseits wird aber vom Frieden im einzelnen so gut wie gar nicht gesprochen. Die Bevölkerung sei nicht dazu aufgelegt, Voraussagen über den kommenden Frieden zu machen ...

2. Soweit vom Frieden gesprochen wird, handelt es sich meist um Pessimisten, Gleichgültige oder Staatsfeinde, die häufig unter dem Einfluß der Feindpropaganda stehen.

Wehrmachtsverluste (1939 bis 1944)

Kriegsjahr (Sept.-Aug.)	1939/40	1940/41	1941/42	1942/43	1943/44	1944 (Sept.–Nov.)
Tote	88 353	160 171	485 000	464 524	573 238	139 713
Vermißte/ Kriegsgefangene	5420	14 228	65 844	389 967	974 249	264 346

Tote insgesamt:	1 910 999
Vermißte/Kriegsgefangene insgesamt:	1 714 054

Aus dem »Merkblatt über das Verhalten der Helferinnen des Heeres im Falle der Gefangennahme« (1943)

1. Deutsche Frauen und Mädchen sollen nicht zum Kampf mit der Waffe in der Hand eingesetzt werden.

2. Wenn Du dem Zugriff des Feindes nicht mehr entgehen kannst, so greife nicht zur Waffe. Du läufst sonst Gefahr, vom Feind als »Flintenweib« behandelt zu werden.

3. Jede Helferin, die unbewaffnet in Feindeshand fällt, kann nach den internationalen Abmachungen verlangen, mit der einer Frau geschuldeten Rücksicht behandelt zu werden.

4. Vernichte oder beseitige bei drohender Gefahr der Gefangennahme alle Schriftstücke (Befehle, Ausweise, Meldungen, Karten, Skizzen, Briefe, Notizbücher usw.) sofort und unauffällig. Behalte nur Erkennungsmarke und Einsatzbuch; vernichte jedoch nach Möglichkeit die Seite über Bezeichnung der Dienststelle.

5. Fällst Du in die Hand des Feindes, so sei Dir immer bewußt, daß Du Ehre und Ansehen Deines Vaterlandes und Würde der deutschen Frau zu wahren hast.

6. Bei Vernehmungen darfst Du nur Namen, Dienstgrad, Geburtstag, Geburtsort und Heimatanschrift angeben! Jede weitere Aussage (nicht nur militärischer Art) nutzt dem Feinde und kann Landesverrat sein. Selbst noch so harmlos erscheinende Fragen haben einen besonderen Grund! Es empfiehlt sich, die Beantwortung jeder weiteren Frage möglichst nur mit dem als praktisch erprobten Satz »Kann ich nicht sagen« abzulehnen.

7. Rede bei Vernehmungen nur in eigener Sprache.

8. Lasse Dich auch nicht in anscheinend harmlose Gespräche verwickeln, beantworte insbesondere keine politischen Fragen.

9. Lasse Dich nicht zu Bestätigungen bereits bekannter Tatsachen oder angeblicher Aussagen von Kameradinnen oder kriegsgefangenen Soldaten verleiten.

10. Versuche nicht, selbständig bewußt falsche und irreführende Angaben zu machen. Die feindlichen Vernehmungsoffiziere sind erfahren und schwer zu täuschen.

11. Sei gegenüber höflicher Behandlung und jeder Bevorzugung vorsichtig! Baue nicht auf Versprechungen! Sie werden nie gehalten. Auch der Feind verachtet den Verräter.

12. Keine schriftlichen Aufzeichnungen, die für den Feind von Bedeutung sein können!

13. Nicht im feindlichen Rundfunk sprechen oder Erklärungen unterschreiben, die der feindlichen Propaganda dienen können!

14. Äußerste Vorsicht vor Spitzeln! Zurückhaltung gegenüber Unbekannten! Auch bei Gesprächen mit Bekannten immer mit Abhörvorrichtungen, besonders in geschlossenen Räumen, rechnen!

Auskunft über sämtliche Anschlußlinien: die Schaffnerin.

15. Nach den internationalen Abmachungen dürfen Dir persönliche Ausweise, Ehrenzeichen und Wertgegenstände nicht abgenommen werden. Auch alle persönlichen Sachen und Gebrauchsgegenstände sowie die Gasmaske verbleiben Dir. Geld wird Dir gegen Empfangsschein abgenommen, aber gutgeschrieben.

Du kannst verlangen, daß man Dir Gelegenheit gibt, einem Angehörigen über Aufenthalt und Gesundheitszustand Mitteilung zu machen.

16. Mißtraue allen Nachrichten des Feindes. Er wird mit allen Mitteln versuchen, Dich in Deinem Glauben an Dein Vaterland und in Deinem Vertrauen zum Sieg zu erschüttern. Bleibe Dir Deiner Verpflichtung als deutsche Frau bewußt. Nur durch entschlossenen Willen und entschiedene Haltung erwirbst Du Dir die Achtung des Feindes.

Aus Aufzeichnungen des Leiters der Parteikanzlei, Martin Bormann, über Auslassungen Hitlers zur Geburtenentwicklung nach dem »Endsieg« (27./28. Januar 1944)

Nach diesem Krieg werden wir, wie der Führer betonte, 3–4 Millionen Frauen haben, die keine Männer mehr haben bzw. bekommen. Der sich hiermit ergebende Geburtenausfall wäre für unser Volk gar nicht zu ertragen: Wie viele Divisionen würden, betonte der Führer, uns in 20 bis 45 Jahren und weiter fehlen …

Die öffentliche, d. h. allgemeine Aufklärung kann aus einleuchtenden Gründen erst nach dem Kriege einsetzen. Nur ein Grund hierfür sei angeführt: Wir können heute noch nicht an die Frauen, deren Männer voraussichtlich noch fallen werden, appellieren, und wir können unsere Aufklärung mit Rücksicht auch auf unsere Soldaten noch nicht beginnen …

Diese Feststellungen zeigen, welche Hemmungen wir beseitigen und welche Voraussetzungen wir schaffen müssen, um die lebensnotwendige Vermehrung der Geburten zu erreichen:

1. Wir müssen auch für die Mütter, die nicht in der bisherigen Weise standesamtlich verheiratet sind, eine ganz ähnlich umfassende ideelle und materielle Sicherung schaffen. Dazu gehört u. a.: Auf jeden Fall müssen die Kinder ohne Schwierigkeiten den Namen des Vaters bekommen.

2. Ferner: Auf besonderen Antrag sollen Männer nicht nur mit einer Frau, sondern mit einer weiteren ein festes Eheverhältnis eingehen können, in dem die Frau dann ohne weiteres den Namen des Mannes erhält, die Kinder ohne weiteres den Namen des Vaters …

4. Wie ich schon früher erwähnte, ist es notwendig, daß wir die jetzigen »Verhältnis«-Bezeichnungen, die einen mehr oder weniger anrüchigen Klang haben, abschaffen und verbieten. Wir müssen im Gegenteil sogar gute, freundliche Namen finden …

5. Nach diesem Krieg müssen die kinderlosen Ehen und die Junggesellen weit schärfer als bisher versteuert werden. Die bisherige Versteuerung der Junggesellen muß ein Kinderspiel gegen die Steuerlasten, die ihnen künftig aufzuerlegen sind, sein. Die Einkommen aus diesen Junggesellensteuern müssen zur Unterstützung der Mütter, die Kinder bekommen, dienen, zur materiellen Unterstützung unserer Nachwuchsbestrebungen.

Aus einem Schreiben Bormanns an Lammers über das Rauchverbot in Straßenbahnen (4. März 1944)

Der Führer betonte am gestrigen Abend, in den Trambahnen aller Städte sei das Rauchen verboten, lediglich in den Straßenbahnen Münchens und einiger anderer deutscher Städte

werde geraucht. Der Führer wünscht, daß sofort ein Rauchverbot in Straßenbahnen ausgesprochen wird, und zwar unter
Hinweis auf die Rücksichtnahme, die gegenüber den Schaffnerinnen und den zum Kriegsdienst verpflichteten jungen
Mädchen, die Schaffnerdienst verrichteten, genommen werden müsse.

Aus einem Geheimbericht des SD, grüne Serie, über »fatalistische Ergebenheit« in das Schicksal (20. April 1944)

Die Meldungen vom Süden der Ostfront und insbesondere
von der Krim haben die Bevölkerung sehr stark aufgeschreckt
und zum Teil in eine Art »Stalingradstimmung« versetzt. Ein
neues Unglück für unsere Ostarmee kündige sich an … Viele
Volksgenossen zeigten sich allmählich müde unter dem ständigen Druck, durch das Bangen um die Entwicklung im Osten
und die immer wieder enttäuschte Hoffnung »auf ein erlösendes Wunder«. Vor allem sind die Frauen in großer Sorge um
das Schicksal ihrer Angehörigen an der Front. Allgemein habe
man den Krieg »bis obenhin satt«. Der Wunsch nach einer
baldigen Beendigung sei überall sehr groß. Selbstverständlich
soll der Kriegsausgang ein für uns günstiger sein. Gerade davon aber könne man sich überhaupt keine Vorstellung mehr
machen.

Große Teile der städtischen Bevölkerung haben es aufgegeben, sich ein festes Bild zu machen. Man lasse sich treiben
und sage das nach, was man von anderen hört. Sei es, daß
»schwarzgemalt« wird, oder sei es, daß einer etwas Hoff-
nungsvolles findet. Ein Teil rutschte in eine »fatalistische
Ergebenheit« in das Schicksal hinein.

Aus einem Geheimbericht des SD, grüne Serie, über Reaktionen der Bevölkerung auf die alliierte Invasion an der Atlantikküste (8. Juni 1944)

Der Eintritt der Invasion wird allgemein als Erlösung aus einer unerträglichen Spannung und drückenden Ungewißheit empfunden. Sie bildet fast den einzigen Gesprächsgegenstand. Alles andere tritt demgegenüber völlig zurück.

Die Nachricht vom Beginn der Invasion wurde teilweise mit großer Begeisterung aufgenommen. Sie kam für die vielen, die wegen des langen Ausbleibens schon nicht mehr daran geglaubt hatten, ganz überraschend. Die Stimmung hat sich mit einem Schlage gewandelt und ist hinsichtlich des Kommenden zwar ernst, aber sehr ruhig und zuversichtlich. Die Meldungen über den Verlauf der Kämpfe am Atlantik werden mit größter Spannung verfolgt.

Die Erörterungen um die Invasion drehen sich in der Hauptsache um folgende Fragen: Bringt die Invasion die sehnlichst erwartete Entscheidung? Wird sie ein dauerhaftes Nachlassen der Luftangriffe auf das Reichsgebiet zur Folge haben? Kommt mit der Invasion endlich auch die Vergeltung? Wird unsere »Geheimwaffe« jetzt eingesetzt?

Aus einem Geheimbericht des SD, grüne Serie, über »täglich zunehmende Sorge« der Bevölkerung (13. Juli 1944)

Die schweren Kämpfe an allen Fronten sind für die gesamte Bevölkerung Gegenstand einer täglich zunehmenden Sorge. Das unerwartete rasche Vordringen der Sowjets ist erschreckend und beschäftigt die Gemüter mehr als alles andere. Im Augenblick erscheint allen die Ostfront auf Grund ganz akuter Gefahren viel wichtiger als der Westen. Die Unmöglichkeit für jeden einzelnen, die Zusammenhänge zu erkennen und die Frage nach dem Zeitpunkt der immer sehnlicher erwarteten

Entscheidung im Westen und einer Wendung im Osten zu beantworten, wirkt so deprimierend, daß nur ein kleiner Teil der Bevölkerung eine unbeirrt zuversichtliche Stimmung bewahrt.

Aus einer Treuebekundung der Hitler-Verehrerin Walpurga Kurz an Goebbels (22. Juli 1944)

Heil Hitler!
Mit felsenfesten fanatiesmus Kämpfen wir und sterben mit treue und mut, opfern wir Gut und Blut für unseren lieben Führer, und Sieg. Wir kennen nur eines, vorwärts, und wieder vorwärts, bevor diese Bestie aus der Steppe nicht ganz ausgerottet ist ... Der Herrgott, steht immer an solchen Herscher, und feldherrn bei, wo Ehrlich treu, und gewissenhaft gegen

Feldpostbriefe – oft für lange Zeit die einzige persönliche Brücke zwischen Front und Heimat.

246

den Feind kämpft, und das ist unser lieber Führer Adolf Hitler. Wir alle müssen den Aufruf von unseren lieben Führer gehorchen, kan kommen was mag, und wen die feindes Mordbomben noch so herunter prasseln, das kan uns nicht erschüttern, wir kennen nur das Ziel, entweder leben oder Sterben, es get nur um dass, das wir Siegen, und das müssen und wir werden auch Siegen …

Unser lieber Führer lebt!

Sieg Heil!

Dass ist das grösste Glük, für das ganze Deutsche Volk, und ferbündeten. Ich danke unsern Herrgott, das ER unsern lieben Führer von diesen grausamen Mordanschlag [gemeint ist der Attentatsversuch vom 20. Juli 1944 in der »Wolfsschanze«], geschützt, und Erhalten hat, und bei leben geblieben ist. Und ich wünsche, unseren feldherrn Adolf Hitler gute, und gründliche, genesung, gesundheit und viel Glük. Die Vorsehung hat uns den Adolf Hitler gesant und schluss. Der Führer ist uns. Führer befiel, wir folgen.

Unser Führer!

Und jetzt erst recht, hinüber mit V.1.2. und 3. letztere »Vergeltungswaffe« existierte gar nicht! in das Jüdische Hunissen Nest zur fernichtung, dieses Mörderkomplott, sind die Judengenossen No. 1.

Herrgott Segne, und beschutze unseren lieben Führer, Adolf Hitler, und die Wehrmacht, und führe Ihn mit Sieg und frieden zurük in die Heimat. Laaange lebe unser *Führer!*

Aus einem Rundspruch des Reichspropagandaministeriums zur Durchführung von »Treuekundgebungen« für Hitler (24. Juli 1944)

Die Volksgenossen sind durch die Blockleiter einzuladen, sich an den Kundgebungen zu beteiligen. Für die Gliederungen

Durchhalteparolen sollen das Ende hinauszögern.

und Verbände der NSDAP, sowie für die in den Ortsringen
für nationalsozialistische Volksaufklärung und Propaganda
erfaßten Organisationen ist die Beteiligung selbstverständlich
Ehrenpflicht ...
Die Kundgebungen sind sorgfältig vorzubereiten. Sie müssen
den revolutionären Schwung der Kampfzeit zum Ausdruck
bringen ...
Die Transparente können folgende Parolen tragen:
»Es lebe der Führer«
»Führer, befiel, wir folgen«
»Adolf Hitler ist der Sieg« ...
Die Aufmärsche dürfen nicht den Eindruck eines müden, bür-
gerlichen Haufens erwecken ...
Es muß auf alle Fälle verhindert werden, daß Redner in den
Kundgebungen pastoral und pathetisch sprechen, entschei-
dend ist nicht, wie lange die Redner sprechen, sondern daß
ihre Worte aus dem Herzen kommen.

Aus einem Rundschreiben Bormanns über das Verhalten der Ehefrauen führender Parteigenossen (7. August 1944)

Im Auftrag des Führers bringe ich folgende Grundsätze in Erinnerung:

1. Die Ehefrauen führender Parteigenossen müssen sich jeglicher Einmischung in die Dienstgeschäfte ihrer Männer enthalten. Es ist geradezu widerwärtig, wenn Frauen Entscheidungen ihrer Ehemänner oder Personalbeurteilungen, die diese abzugeben haben, irgendwie zu beeinflussen suchen.

2. Frauen lassen sich auf keinen Fall mit dem Titel oder dem Dienstrang ihres Mannes ansprechen. Sie führen Titel lediglich dann, wenn sie diese selbst erworben haben.

3. Titel und Dienstrang eines Parteigenossen dürfen für seine Ehefrau und seine sonstigen Familienangehörigen nie Anlaß zu Angeberei oder Prahlsucht geben.

Bescheidenheit und eine vorbildliche Haltung machen stets einen weit günstigeren Eindruck als offene oder versteckte Hinweise auf Titel und Dienstrang.

4. Sogenannte gesellschaftliche Veranstaltungen, die Ehefrauen führender Parteigenossen ohne zwingenden dienstlichen Anlaß der Stellung ihrer Männer schuldig zu sein glauben, sollen ausnahmslos unterbleiben.

5. Je länger der Krieg dauert, desto stärker tritt die Verpflichtung der führenden Parteigenossen in den Vordergrund, allen übrigen Volksgenossen ein Vorbild an Kampfbereitschaft, Siegeszuversicht und bescheidener Zurückhaltung in persönlichen Dingen zu sein. Das gilt im gleichen Maße für ihre Ehefrauen und sonstigen Familienangehörigen. Dazu gehört insbesondere, daß ihre Ehefrauen

a) sich vorbehaltlos und beispielgebend in die vielfältigen Einschränkungen und Belastungen der Kriegszeit einfügen und auch den Schein vermeiden, als verlangten sie irgendwie bessergestellt zu werden als andere Volksgenossen,

b) ihre Arbeit im Kriegseinsatz mustergültig erfüllen,

c) in der Anforderung und Verwendung von Hauspersonal im Rahmen der für alle geltenden Vorschriften die gebotene Zurückhaltung üben,

d) Reisen jeder Art nur in wirklich notwendigen Fällen unternehmen.

Aus einer Verfügung des SS-Wirtschafts-Verwaltungshauptamtes über den Einsatz weiblicher Häftlinge in der Rüstungsindustrie (17. August 1944)

An den Kommandanten FKL. [Frauenkonzentrationslager] Ravensbrück

Kommandanten KL. Buchenwald

1. Das FKL. Ravensbrück gibt an das KL. Buchenwald bis spätestens zum 31. 8. 1944 folgende Arbeitslager bzw. Kommandos und die dort eingesetzten Wachmannschaften und Aufseherinnen, soweit bis jetzt vom FKL. Ravensbrück gestellt, ab:

Arbeitslager b. d. Fa. Hugo Schneider AG, Leipzig
Stärke am 15.8.1944   2951 weibl. Häftlinge

Arbeitslager b. d. Fa. Hugo Schneider AG, Schlieben
Stärke am 15.8.1944   998 weibl. Häftlinge

Arbeitslager b. d. Fa. Hugo Schneider AG, Altenburg
Stärke am 15.8.1944   1000 weibl. Häftlinge

Arbeitslager b. d. Fa. Polte-Werke, Magdeburg
Stärke am 15.8.1944   1174 weibl. Häftlinge

Arbeitslager b. d. Fa. I. G. Farbenindustrie AG, Wolfen
Stärke am 15.8.1944   425 weibl. Häftlinge

Arbeitslager b. d. Fa. Sonderkommando Buchenwald
Stärke am 15.8.1944   19 weibl. Häftlinge

Arbeitslager b. d. Fa. Sonderkommando »15« Buchenwald
Stärke am 15.8.1944   1 weibl. Häftling

2. Das KL. Buchenwald erfaßt in der Übersicht für weibliche Häftlinge außerdem ab sofort die Arbeitslager Gelsenkirchen, Hessisch-Lichtenau und Lippstadt.

Aus einer Anordnung über die Erhöhung der Mindestarbeitszeit (7. September 1944)

1. In allen Verwaltungen und Betrieben, in denen der Arbeitsanfall es erfordert, ist die Mindestarbeitszeit auf 60 Stunden, in Orten mit durchgehender Arbeitszeit auf 57 Stunden wöchentlich zu erhöhen. Die durch die Erhöhung der regelmäßigen Arbeitszeit zu leistenden Mehrstunden werden nach den geltenden Bestimmungen vergütet.

2. Die Bestimmungen der Ziffer 1 gelten nicht für gesundheitsgefährliche Arbeiten, für die eine besondere Regelung der Arbeitszeit besteht. Unberührt bleiben auch die Vorschriften über den Arbeitsschutz der Frauen und Jugendlichen. Die regelmäßige Arbeitszeit der Frauen und Jugendlichen über 16 Jahre wird um 8 Stunden wöchentlich erhöht. Die regelmäßige Arbeitszeit der Jugendlichen unter 16 Jahren ausschließlich Berufsschulzeit beträgt 48 Stunden wöchentlich.

Aus einem Rundschreiben Bormanns über den weiblichen Kriegshilfsdienst (7. Oktober 1944)

Zur sofortigen Freimachung von 100 000 kv-[kriegsverwendungsfähigen] Soldaten aus der Luftwaffe müssen die gesamten Scheinwerferbatterien umgehend durch Frauen besetzt werden. Hierzu war es erforderlich, kurzfristig 100 000 Frauen einzuziehen. Der Reichsarbeitsdienst hat sich bereit erklärt, sofort 20 000 Arbeitsmaiden, die bereits jetzt im aktiven Arbeitsdienst sind, zur Verfügung zu stellen, wenn weitere 80 000 Mädchen, und zwar möglichst solche, die bereits

Frauen im Einsatz des zivilen Luftschutzes.

durch den Reichsarbeitsdienst gegangen sind, eingezogen und
ihm für den Wehrmachteinsatz zur Verfügung gestellt werden. Obwohl ich mehrfach auf die großen Schwierigkeiten
hingewiesen hatte, die durch diese Einziehung hervorgerufen
werden müssen, da die in Frage kommenden Jahrgänge ausnahmslos im kriegswichtigen Arbeitseinsatz stehen, habe ich
wegen der unabweisbaren Notwendigkeit, die Scheinwerferbatterien sofort zu besetzen, meine Bedenken zurückgestellt.
Um die Belange der Bedarfsträger weitgehendst zu berücksichtigen, wurde die Einziehung der Mädchen aufgrund einer
Dienstverpflichtung durch den Generalbevollmächtigten für
den Arbeitseinsatz vorgenommen. Der Generalbevollmächtigte für den Arbeitseinsatz wird versuchen, vorzugsweise solche Mädchen einzuziehen, die bereits im Arbeitsdienst waren, da diese für einen Einsatz in der Wehrmacht besonders
geeignet erscheinen. Soweit solche Mädchen nicht zur Verfügung stehen, können auch andere weibliche Kräfte, die zu

diesem Einsatz geeignet sind, eingezogen werden. Bei diesen Einziehungen dürfen Mädchen, die in der Rüstungsproduktion (nicht Rüstungsverwaltung) beschäftigt sind, nicht eingezogen werden. Das gleiche gilt von Mädchen, die nach Ausbildung in sonstigem kriegswichtigem Spezialeinsatz stehen, z. B. Fahrdienstleiterinnen, Telegrafistinnen, Lehrerinnen, hauptamtlich in Sozialberufen, z. B. bei der NSV [NS-Volkswohlfahrt] als Kindergärtnerinnen, Kinderpflegerinnen, Krankenschwestern, Gemeindeschwestern, Säuglingsschwestern oder Hausgehilfinnen in kinderreichen Haushaltungen. Außerdem sind auszunehmen die hauptberuflichen Führerinnen des BDM [Jungmädel-, Mädel- und BDM-Werk]. Hier ist möglichst auch von der Einziehung der ehrenamtlichen Führerinnen abzusehen, damit der Dienst des BDM aufrechterhalten bleibt.

Aus einem ergänzenden Rundschreiben Bormanns über den weiblichen Kriegshilfsdienst (17. Oktober 1944)

Mein Fernschreiben vom 7.10.1944 [s. o.] gab den Gauleitern Richtlinien über die Einziehung der Mädchen für den Wehrmachteinsatz beim RAD [Reichsarbeitsdienst]. Ich habe insbesondere darauf hingewiesen, daß Mädchen, die nach Ausbildung im kriegswichtigen Spezialeinsatz stehen, nicht eingezogen werden dürfen. Die in dem Fernschreiben genannten Berufe sind selbstverständlich nur als Beispiele von kriegswichtigem Fraueneinsatz genannt … So sind zum Beispiel Mädchen, die sich in landwirtschaftlichen Betrieben in kriegswichtiger Arbeit befinden und dort nach dem Urteil des Kreisbauernführers ohne Gefährdung des Betriebes nicht abkömmlich sind, ebenfalls nicht einzuziehen. Das gleiche gilt für Führerinnen und Leiterinnen der Reichsfrauenführung. Fachkräfte, die hier im volks- und hauswirtschaftlichen Sektor oder innerhalb der Abteilung Mütterdienst dringend benötigt werden, sind ebenfalls zurückzustellen. Es bedarf keiner besonderen Erwähnung, daß verheiratete Frauen oder Frauen mit Kindern oder Frauen, die sonstwie aus besonderen Gründen ortsgebunden sind, nicht eingezogen werden dürfen.

In regelmäßigen Übungen wird der Kriegshilfsdienst geprobt.

Auch diejenigen Studentinnen, die nach Durchführung der außerordentlichen weitgehenden Einschränkungen bei den Hochschulen weiterhin in kriegswichtigen Berufen studieren dürfen, sind ebenfalls von der Einziehung auszunehmen. Im einzelnen bleibt es der verantwortlichen Überprüfung der Gau- und Kreisleiter überlassen, welche Zurückstellungen zu veranlassen sind.

Durch Verhandlungen mit dem RAD konnte erreicht werden, daß die Zahl der einzuziehenden Mädchen der Jahrgänge 1920 bis 1924 von 80 000 zunächst auf 52 000 herabgesetzt wird. Die Gesamtzahl von 100 000 Frauen wird dadurch erreicht werden, daß der RAD statt bisher 20 000 insgesamt 33 000 Mädchen aus dem aktiven Reichsarbeitsdienst zur Verfügung stellt. Weitere 15 000 Frauen werden im Anschluß an die jetzt laufende Aktion aus den Jahrgängen bis zu 35 Jahren vom GBA [Generalbevollmächtigten für den Arbeitseinsatz] der Wehrmacht unmittelbar und nicht über den Reichsarbeitsdienst zur Verfügung gestellt werden.

Aus einem Todesurteil wegen »Wehrkraftzersetzung« (6. November 1944)

Im Namen des deutschen Volkes!

In der Strafsache gegen

Frau Ehrengard Frank-Schultz geborene Besser aus Berlin-Wilmersdorf, geboren am 23. März 1885 in Magdeburg, zur Zeit in dieser Sache in gerichtlicher Untersuchungshaft, wegen Wehrkraftzersetzung, hat der Volksgerichtshof, 1. Senat, auf die am 2. November 1944 eingegangene Anklage des Herrn Oberreichsanwalts, in der Hauptverhandlung vom 6. November 1944 ... für Recht erkannt:

Frau Frank-Schultz bedauerte einer Rote-Kreuz-Schwester gegenüber, daß der Mordanschlag auf unseren Führer mißglückte, und erfrechte sich zu der Behauptung, einige Jahre unter angelsächsischer Herrschaft seien besser als die »gegenwärtige Gewaltherrschaft«.

Sie hat also gemeinsame Sache mit den Verrätern vom 20. Juli gemacht.

Dadurch ist sie für immer ehrlos geworden. Sie wird mit dem Tode bestraft.

Aus einer Anordnung Bormanns über die Nichteingliederung von Frauen und Mädchen in den Deutschen Volkssturm (30. November 1944)

Nach einer Weisung des Führers sollen Frauen und Mädchen im allgemeinen den Zonen unmittelbarer Kampfhandlungen ferngehalten werden. Ein organisatorischer Einbau der NS-Frauenschaft und des Bundes Deutscher Mädel in den Deutschen Volkssturm wird daher nicht vorgenommen.

Die Mitglieder dieser Organisationen können dagegen durch ihren Einsatz in den Ortsgruppen zu einer beschleunigten Ausrüstung und Bekleidung der Volkssturmsoldaten beitragen.

Jugendgruppenmädel im Bahnhofsdienst; praktische Hilfe für die »Volksgenossen«.

Aus einem Erlaß des Oberkommandos der Luftwaffe über die Weihnachtsbetreuung der Wehrmachthelferinnen (6. Dezember 1944)

Durch die jetzt beginnenden Einberufungen zum Wehrmacht-helferinnenkorps wird ein großer Teil der für die Lw [Luft-waffe] neu zum Einsatz kommenden Frauen und Mädchen gerade um die Weihnachtszeit aus dem Kreis der Familie oder der gewohnten Umgebung herausgerissen. Um den Frauen und Mädchen die Umstellung auf ihren neuen Einsatz und das Eingewöhnen in das Gemeinschaftsleben zu erleichtern, ist es vordringliche Aufgabe aller Lw-Dienststellen, besonders zu Weihnachten, wo sich die Trennung von den Angehörigen auf das frauliche Gemüt besonders auswirkt und das Gefühl des Alleinseins stark in den Vordergrund tritt, der Betreuung der in Auffanglagern, Schulungslagern und bei den Einsatzstellen untergebrachten Frauen und Mädchen ihr besonderes Augen-merk zuzuwenden. Gemeinsame Weihnachtsfeiern sind in jedem Falle, auch wenn sie nur in einfachster Form und mit der geringsten Ausschmückung durchgeführt werden kön-nen, abzuhalten.

Aus einer Anordnung Keitels über »Sippenhaftung« (5. Februar 1945)

Während die überwältigende Mehrzahl aller kriegsgefange-nen deutschen Soldaten es für ihre selbstverständliche Pflicht hält, lieber den Tod oder schwerste Mißhandlungen zu er-leiden, als Führer, Volk und Vaterland zu verraten, haben einzelne ehrvergessene Elemente in der Kriegsgefangenschaft Angaben über Stärke, Bewaffnung und Einsatzort ihrer Truppe gemacht oder sind sonst zum Landesverräter geworden. Die Gefahr, die dadurch für die kämpfende Front und die Kriegs-anstrengungen der Heimat beschworen wird, muß rücksichts-

257

los und mit allen Mitteln bekämpft werden. Die Sicherheit des Reiches und die Erhaltung der Nation verlangen das.

Auf Grund der Weisungen des Führers wird daher befohlen: Für Wehrmachtsangehörige, die in der Kriegsgefangenschaft Landesverrat begehen und deswegen rechtskräftig zum Tode verurteilt werden, haftet die Sippe mit Vermögen, Freiheit oder Leben. Den Umfang der Sippenhaftung im Einzelfalle bestimmt der Reichsführer SS und Chef der deutschen Polizei.

Aus einem Aktenvermerk Bormanns über die Aufstellung von Frauenbataillonen (28. Februar 1945)

1. RFSS [Reichsführer SS] Himmler sagte mir am gestrigen Abend, der Führer habe genehmigt, daß er 6000 Jungen des Jahrgangs 1929 zur Verstärkung seiner hintersten Verteidigungslinie heranzöge.

2. Außerdem habe der Führer, wie mir ja genau bekannt ist, inzwischen die probeweise Aufstellung eines Frauenbataillons genehmigt. Die Frauen sollen so rasch wie möglich tadellos ausgebildet werden. Aufstellung des Frauenbataillons in Verbindung mit der Reichsfrauenführung. Bewährt sich dieses Frauenbataillon, sollen sofort weitere aufgestellt werden.

Aus einer Aktennotiz des Führerhauptquartiers über Antikriegsstimmungen in der Zivilbevölkerung (8. März 1945)

Aus einem Aufruf von Gauleiter Stöhr, 18.10 Uhr. Im Lagebericht der Heeresgruppe Gustav befände sich heute folgender Satz: »Die feindselige Haltung der Bevölkerung in der Eifel erschwert den aufopferungsvollen Kampf der Truppe.«

Das gleiche hat mir heute die Armee durch ihren Beauftragten mitteilen lassen. Im Gau Moselland habe die Bevölkerung in einem Ort die eigenen Truppen am Schießen gehindert. In einem anderen Ort seien die Bauern mit Mistgabeln auf die Soldaten losgegangen, die Sprengungen vornehmen wollten. Ein Trupp Soldaten, die aus amerikanischer Gefangenschaft sich zu den eigenen Linien durchgeschlagen hatten, wurden von den Bewohnern eines Ortes mit den Rufen »ihr Kriegsverlängerer« begrüßt.

Aus einem Rundschreiben Bormanns an die Gauleiter zur Werbung geeigneter Personen für die Durchführung von »Sonderaufgaben im Rücken des Feindes« (10. März 1945)

Die Kriegslage zwingt uns, schnellstens und verstärkt alle Möglichkeiten auszuschöpfen, um die Angriffskraft unserer Feinde zu verringern. Dies kann erreicht werden:
durch Anschläge auf seinen Nachschub,
durch Zerstörung der Lager,
durch Zerstörung seiner Nachrichtenverbindungen,
durch Erkundung der Verhältnisse im Rücken des Feindes, zwecks Vorbereitung von Luftlandeunternehmungen u. a. m.
Nur entschlossene, tapfere Männer und Frauen jeden Alters sind für diese besonderen Kampfaufgaben geeignet.
Denen ist die Durchführung solcher Aufgaben erleichtert, die in ihrer Heimat zum Einsatz kommen. Daher ist die Werbung vor allem unter den Flüchtlingen, aber auch bei anderen Volksgenossen durchzuführen, die aus den heute vom Feind besetzten und feindgefährdeten Gebieten des Reiches stammen oder deren Verhältnisse genau kennen …
Die Namen und die genauen Anschriften der für die Sonderaufgabe geeigneten Personen sind von Fall zu Fall dem zuständigen höheren SS- und Polizeiführer unter dem Stichwort

»Werwolf« zu melden. Von dort aus wird alles Weitere veranlaßt. Die Werbung ist sofort in Angriff zu nehmen.

Aus Richtlinien für die Leiter der »Gauämter für Volksge-sundheit« der NSDAP über »neuartige Nahrungsmittel« (5. April 1945)

Die zur Zeit zur Verfügung stehenden Nahrungsmittelratio-
nen liegen im Reichsgebiet unter dem Erhaltungsminimum.
Es droht somit in absehbarer Zeit eine Hungersnot …

Im einzelnen werden zur Erleichterung der Ernährungslage
folgende Richtlinien herausgegeben.

Als in großen Mengen greifbare, somit für die Volksernährung
wichtige neuartige Nahrungsmittel kommen in Frage:

1. Raps, Rapskuchen und Rapsextraktionsschrot. In gleicher
Weise wie Raps sind Mohnkuchen, Leinsamen verwendbar.
Hierbei Entbitterung nicht erforderlich …

3. Kastanien enthalten wertvolle Stärke.

4. Eicheln werden zweckmäßig geröstet und dann als Getränk
(Eichelkaffee) benutzt.

5. Zucker- und Runkelrüben stellen Massengemüse dar. Er-
trag je Flächeneinheit sehr hoch, deshalb Anbau auch im
Gartengelände zu empfehlen.

6. Weiteres Massengemüse sind Serradella, Klee, Luzerne,
wenn jung geschnitten. Diese Pflanzen können, wenn sie
immer jung geschnitten werden, mehrfach geerntet werden.

7. Für den Haushalt kommt die Sammlung von Wildpflanzen,
Wildbeeren, Wurzeln und Pilzen in Frage.

8. Verbesserung der Eiweißgrundlage durch Schlachtung aller
greifbaren warmblütigen Tiere oder durch Sammlung niede-
rer Wildtiere, z. B. Fische jeder Art, Frösche (Fang mit bunten
Lappen, die im Wasser am Ufer entlanggezogen werden),
Schnecken (Fang durch Benetzen von Stroh mit gärender oder

faulender Masse, evtl. süßen Produkten, z. B. Melasse, Obst-
resten).
9. Verbesserung der Vitaminversorgung durch Aufbrühung
von Kiefer- und Fichtennadel-Jungtrieben, einen Tag stehen-
lassen. Wirksam gegen Skorbuterkrankungen.

Aus einem Tagesbefehl Hitlers an »meine Ostkämpfer« (14. April 1945)

Zum letzten Mal ist der jüdisch-bolschewistische Todfeind mit
seinen Massen zum Angriff angetreten. Er versucht, Deutschland zu zertrümmern und unser Volk auszurotten. Ihr Soldaten aus dem Osten wißt zu einem hohen Teil heute bereits
selbst, welches Schicksal vor allem den deutschen Frauen,
Mädchen und Kindern droht.
Während die alten Männer und Kinder ermordet werden,
werden Frauen und Mädchen zu Kasernenhuren erniedrigt.
Der Rest marschiert nach Sibirien …
Wer in diesem Augenblick seine Pflicht nicht erfüllt, handelt als
Verräter an unserem Volk. Das Regiment oder die Division, die
ihre Stellung verlassen, benehmen sich so schimpflich, daß sie
sich vor den Frauen und Kindern, die in unseren Städten dem
Bombenterror standhalten, werden schämen müssen …
Wenn in diesen kommenden Tagen und Wochen jeder Soldat
an der Ostfront seine Pflicht erfüllt, wird der letzte Ansturm
Asiens zerbrechen, genauso wie am Ende auch der Einbruch
unserer Gegner im Westen trotz allem scheitern wird.
Berlin bleibt deutsch, Wien wird wieder deutsch, und Europa
wird niemals russisch.
Bildet eine verschworene Gemeinschaft zur Verteidigung
nicht des leeren Begriffes eines Vaterlandes, sondern zur
Verteidigung Eurer Heimat, Eurer Frauen, Eurer Kinder und
damit unserer Zukunft.

Aus einer Verfügung des Chefs des Oberkommandos der Wehrmacht, Wilhelm Keitel, über den Einsatz von Wehrmachthelferinnen (20. April 1945)

Der Führer hat aufgrund der veränderten Kriegslage über den Einsatz und die Verwendung von Frauen und Mädchen in der Wehrmacht entschieden:

1. Oberster Grundsatz bleibt für den Soldaten, den Schutz der deutschen Frau, soweit es nur irgend möglich ist, sicherzustellen.

2. Einsatz außerhalb des Territorialbefehlsbereiches der Heeresgruppen bzw. O.B. West und Wehrm.Befh.: unbeschränkt.

3. Einsatz innerhalb des Territorialbefehlsbereichs der Heeresgruppen, O.B. West und W.Befh. wie folgt:

a) verboten im Gefechtsgebiet vorwärts der Korpsgefechtsstände, im Osten und Südosten vorwärts der AOK [Armee-Oberkommandos] ;

b) unbeschränkt im sonstigen rückwärtigen Bereich – ausgenommen bandenverseuchte Gebiete –; hier nur dort, wo zum Schutz der Frauen und Mädchen ständig ausreichende männliche Kräfte an Ort und Stelle sind …

4. Rechtzeitige Rückführung bei drohenden Kampfhandlungen, zuerst für alle nicht unbedingt zur Aufrechterhaltung der Einsatzbereitschaft erforderlichen Frauen und Mädchen, demnächst Ablösung auch dieser durch Soldaten, ist durch die Oberbefehlshaber der Heeresgruppen, Wehrmachtbefehlshaber bzw. bevollmächtigten Generale weitgehend sicherzustellen.

5. Zur Bedienung von Feuerwaffen zum Kampf dürfen Frauen und Mädchen im allgemeinen nicht herangezogen werden (Ausnahme: die vom Führer genehmigten Flakbatterien, ferner zum freiwilligen Einsatz ausdrücklich sich Anbietende).

Ausstattung mit Handfeuerwaffen für den persönlichen Schutz, soweit im Einzelfall erforderlich, auch mit Panzerfaust pp., ist zulässig.

Soweit Frauen und Mädchen im Heimatkriegsgebiet zum Wachdienst eingesetzt sind, wird Ausstattung mit Handfeuerwaffen genehmigt.

6. Außerhalb des Heimatkriegsgebietes dürfen nur Frauen und Mädchen über 21 Jahre Verwendung finden.

7. Für weibliche Hilfskräfte, die nicht am Kampf teilnehmen, ist es hinsichtlich ihrer Behandlung als Kriegsgefangene ohne Bedeutung, ob sie uniformiert sind oder nicht. Auf alle Fälle ist ein gültiger Personalausweis einer militärischen Dienst-

Mütter mit ihren Kindern
auf der Flucht.

stelle mit sich zu führen, aus dem die Zugehörigkeit zur Deutschen Wehrmacht hervorgeht.

Weibliche Hilfskräfte, die Kampfbefehle übermitteln oder Waffen und Geräte bei der Truppe bedienen (z. B. Nachrichtenhelferinnen, Helferinnen im Flakeinsatz usw.), nehmen damit am Kampf teil und sind als Kombattanten zu betrachten. Sofern sie ausnahmsweise nicht uniformiert sind, sind sie mit der gelben Armbinde mit der Aufschrift »Deutsche Wehrmacht« und mit dem Kombattantenausweis auszustatten.

Verboten ist für alle nicht zum Personal der freiwilligen Krankenpflege gehörigen und nicht mit dem hierfür gültigen Ausweis versehenen Personen die Anlegung der Roten-Kreuz-Armbinde.

8. Über Verhalten im Falle einer Gefangennahme sind die weiblichen Kräfte in gleicher Weise wie Wehrmachtsangehörige regelmäßig zu belehren.

Aus einem illegalen Flugblatt an die Frauen der Reichshauptstadt (April 1945)

Berlinerinnen!

Berlin verteidigen heißt Berlin vernichten.

Allein die sofortige Einstellung der Verteidigung der Reichshauptstadt kann retten, was an Leben und Werten erhalten geblieben ist.

Berlinerinnen!

Helft mit, das zu erhalten, was Ihr liebt! Das kann nur durch die Tat geschehen, die entschlossene und rücksichtslose Notwehr gegen die Kriegsverlängerer, die zur Herauszögerung ihres eigenen verwirkten Lebens Euch und Euer Liebstes in die Vernichtung treiben!

Berlinerinnen!

Ihr Frauen seid stärker als alle SS-Männer und Gestapo, wenn
Ihr Euch mit ganzem Einsatz gegen sie erhebt!
Berlinerinnen!
Schließt Euch zusammen und verweigert die Schanzarbeiten
und Wachdienste und jede andere Mithilfe zur Verteidigung
Berlins!

Frauen unterm Hakenkreuz

Eine Chronik 1933 bis 1945

Vorherige Seite:
Weiblicher Reichsarbeitsdienst:
Fahnenappell unter den Symbolen Hakenkreuz und Ähre.

1933

30. Januar: Reichspräsident Paul von Hindenburg ernennt Adolf Hitler zum Reichskanzler; Vereidigung des neuen Kabinetts.

Der NSDAP gehören 56 386 Frauen an, was bei rund 850 000 Gesamtmitgliedern einem Anteil von 6,6 Prozent entspricht.

31. Januar: Die Arbeitslosenzahl hat die 6-Millionen-Grenze überschritten.

Rundfunkansprache Hitlers an das deutsche Volk: »Gebt uns vier Jahre Zeit!«

4. Februar: Verordnung des Reichspräsidenten »zum Schutze des deutschen Volkes«: drastische Einschränkung der Versammlungs-, Rede- und Pressefreiheit; Inhaftierungen ohne Gerichtsbeschluß werden möglich.

15. Februar: Käthe Kollwitz und Heinrich Mann werden zum

Mitglieder der NS-Frauenschaft beim Fahnennähen.

Ausscheiden aus der Preußischen Akademie der Künste gezwungen.

27. Februar: Reichstagsbrand; Vorwand zur Verhaftung von etwa 10 000 Kommunisten, Sozialdemokraten und oppositionellen Demokraten noch in der Nacht; Verbot der kommunistischen und befristet auch der sozialdemokratischen Presse.

28. Februar: Verordnung des Reichspräsidenten »zum Schutze von Volk und Staat«: Aufhebung zahlreicher demokratischer Grundrechte der Weimarer Verfassung wie Freiheit der Person, Meinungs-, Presse-, Vereins- und Versammlungsfreiheit, Post- und Fernmeldegeheimnis, Unverletzlichkeit von Eigentum und Wohnung; Zehntausende von Straßenprostituierten werden verhaftet; Beginn der »Schutzhaft«-Willkür.

Ende Februar: Einrichtung der ersten »wilden« Konzentrationslager.

5. März: Reichstagswahl; trotz massiver Behinderungen vor allem der linken Parteien stimmen nur 43,9 Prozent der Wähler für die NSDAP; die Regierungskoalition erreicht die knappe absolute Mehrheit.

6. März: Ein Runderlaß des preußischen Innenministeriums verpflichtet die Polizei zur verschärften Bekämpfung der sogenannten Nacktkultur.

12. März: Schwarz-Weiß-Rot des Kaiserreichs und die Hakenkreuzfahne lösen die bisherigen Reichsfarben Schwarz-Rot-Gold ab; zur Feier des »Sieges der nationalen Revolution« werden alle öffentlichen Gebäude drei Tage lang beflaggt.

13. März: Bildung des Reichsministeriums für Volksaufklärung und Propaganda unter Joseph Goebbels.

15. März: Erstmals geht die Arbeitslosenzahl um 65 000 zurück.

21. März: »Tag von Potsdam«: Konstituierung des neuen Reichstags in der Garnisonkirche.

Verordnung »zur Abwehr heimtückischer Angriffe gegen die

Regierung der nationalen Erhebung«: Schaffung von Sonder-
gerichten gegen Regimegegner.

22. März: Belegung des ersten offiziellen Konzentrations-
lagers in Dachau bei München.

Im Reichsinnenministerium wird das Referat »Rassenhygiene«
geschaffen.

23. März: Ermächtigungsgesetz »zur Behebung der Not von
Volk und Reich«: Die Regierung übernimmt die gesetzgebe-
rische Gewalt und kann ohne Zustimmung des Reichstags
Verfassungsänderungen beschließen; Ende der Demokratie in
Deutschland.

1. April: Erster reichsweiter Boykott jüdischer Geschäfte und
Einrichtungen; SA und SS behindern unter der Parole »Deutsche, wehrt euch! Kauft nicht bei Juden!« den Zugang.

7. April: Gesetz »zur Wiederherstellung des Berufsbeamtentums«: »Arierparagraph« zur Ausschließung von Juden.

In einem Wald bei Zossen wird der berühmte Hellseher Erik
Jan Hanussen (eigentlich Hermann Steinschneider) erschossen aufgefunden; die von einem Mordkommando der SA aus-
geführte Tat bleibt offiziell unaufgeklärt.

25. April: Gesetz »gegen die Überfüllung deutscher Schulen
und Hochschulen«: Beschränkung des Anteils von Juden und
Frauen, letztere auf zehn Prozent der jährlich zugelassenen
15 000 Studienanfänger.

27. April: Bildung des Geheimen Staatspolizeiamtes (Gesta-
pa) in Berlin.

29. April: Gründung des Reichsluftschutzbundes.

30. April: Die Arbeitslosenzahl ist um über 700 000 zurückgegangen.

1. Mai: Erstmals wird der »Tag der nationalen Arbeit« als gesetzlicher Feiertag begangen; auf dem Tempelhofer Feld in
Berlin versammeln sich etwa 1,5 Millionen Menschen.

Aufnahmesperre für die NSDAP; seit Hitlers Machtübernahme

am 30. Januar 1933 sind 1,6 Millionen neue Mitglieder der Partei beigetreten (nunmehr 2,5 Millionen).

2. Mai: Liquidierung der Freien Gewerkschaften.

7. Mai: Veröffentlichung »Schwarzer Listen« mit Namen und Werken mißliebiger Schriftsteller zur Aussortierung in Buchhandlungen und Bibliotheken; der Index der verbotenen Bücher umfaßt schließlich rund 12 400 Titel sowie das Gesamtwerk von 149 Autoren.

10. Mai: Öffentliche Bücherverbrennung »undeutscher« Schriftsteller durch nationalsozialistische Korpsstudenten in Berlin und anderen Universitätsstädten.

Gründung der Deutschen Arbeitsfront (DAF); Zwangseingliederung der ehemaligen Gewerkschaftsmitglieder.

15. Mai: Zwischen Hamburg und Berlin wird der Dieseltriebzug »Fliegender Hamburger« eingesetzt; er bewältigt die

Wie aus dem Modejournal: die Gasableserin.

287 Kilometer lange Strecke in zwei Stunden 18 Minuten und ist damit der schnellste fahrplanmäßig verkehrende Zug der Welt.

16. Mai: Verbot von Streiks und Aussperrungen.

26. Mai: Mit der Wiedereinführung der 1926 gestrichenen Paragraphen 219 und 220 des Strafgesetzbuches werden Schwangerschaftsabbrüche verschärft geahndet.

1. Juni: Gesetz »zur Minderung der Arbeitslosigkeit«: Neben der Bereitstellung von einer Milliarde Reichsmark für öffentliche Baumaßnahmen werden auch Zuschüsse für private Bauten und Ehestandsdarlehen (bis 1000 Reichsmark) gewährt, jedoch an die Bedingung geknüpft, daß die künftige Ehefrau ihre Berufstätigkeit aufgibt.

17. Juni: Ernennung Baldur von Schirachs zum »Jugendführer des Deutschen Reiches«.

22. Juni: Verbot der SPD und Verhaftungswelle unter ihren Funktionären; nachfolgende Selbstauflösung der bürgerlichen Parteien.

29. Juni: Einsetzung einer Kommission zur Prüfung aller Konzertprogramme auf »arischen« Ursprung.

Exmatrikulationserlaß für »kommunistische« Studenten.

Verbot der »Zeugen Jehovas«.

6. Juli: Unter großem öffentlichem Interesse findet in Berlin die Trauung des ehemaligen Schwergewichts-Boxweltmeisters Max Schmeling mit der Filmschauspielerin Anny Ondra statt.

14. Juli: Gesetzliches Verbot der Neubildung von Parteien; die NSDAP ist damit die einzige legale Partei in Deutschland.

Das Gesetz »zur Verhütung erbkranken Nachwuchses« läßt Zwangssterilisierungen zu; allein von 1934 bis 1936 werden etwa 168 000 Eingriffe vorgenommen, bis Kriegsende rund eine halbe Million Menschen beiderlei Geschlechts – Frauen und Männer mit etwa gleichem Anteil – sterilisiert.

Im öffentlichen Dienst wird der Deutsche Gruß (Hitlergruß) eingeführt.

18. Juli: Ein Erlaß verpflichtet die Beamten zum Studium von Hitlers programmatischem Buch »Mein Kampf«.

20. Juli: Reichskonkordat zwischen Deutschland und dem Vatikan: sichert einerseits den Fortbestand katholischer Einrichtungen im religiösen, kulturellen und karitativen Bereich zu, andererseits den Verzicht auf jede politische Betätigung.

31. Juli: 26 789 Personen befinden sich in »Schutzhaft«.

10. August: Das 1919 in Weimar gegründete, 1925 nach Dessau und 1932 nach Berlin verlegte Bauhaus erklärt sich für aufgelöst.

18. August: Auf der 10. Deutschen Funkausstellung in Berlin wird der im Auftrag des Reichspropagandaministeriums entwickelte Volksempfänger VE 301 (steht für den 30.1. als den

Wichtigstes Instrument der NS-Propaganda: das seit 1933 millionenfach produzierte Einheitsradio, im Volksmund »Goebbels-Schnauze« genannt.

Tag der Machtübernahme Hitlers) vorgestellt; das von der Bevölkerung später insgeheim als »Goebbels-Schnauze« bezeichnete Einheitsradio kostet 76 Reichsmark; binnen eines Jahres werden eine Million Stück produziert.

11. September: Beginn des evangelischen Kirchenkampfes: Rund ein Drittel aller Pfarrer um Martin Niemöller (»Bekennende Kirche«) wenden sich gegen Gleichschaltung und »Arierparagraph« in einer staatlich angestrebten »Reichskirche« (NS-Glaubensbewegung »Deutsche Christen«).

12. September: Uraufführung des Propagandafilms »Hitlerjunge Quex« in München.

13. September: Gründung des Winterhilfswerks (WHW) zum »Kampf gegen Hunger und Kälte« durch Spenden, Sammlungen, Lohnabgaben, Konsumeinschränkung und freiwillige Arbeitsleistungen.

Gesetz über den »Reichsnährstand« als Zwangsorganisation der Bauern bestimmt für die Landwirtschaft weitgehende Markt- und Preisregulierungen.

Einführung der »Rassenkunde« in den Biologie-Unterricht der preußischen Schulen; zugleich Grundlage für die Fächer Deutsch, Geschichte und Erdkunde.

22. September: Gründung der Reichskulturkammer zur Gleichschaltung des gesamten kulturellen Lebens; Goebbels wird Präsident.

29. September: Reichserbhofgesetz: »Bauer kann nur sein, wer ... deutschen oder stammesgleichen Blutes und ehrbar ist«; Töchter werden von der Erbfolge ausgeschlossen.

1. Oktober: Mit 700 000 Teilnehmern wird auf dem Bückeberg bei Hameln der »Tag des deutschen Bauern« als erstes staatlich organisiertes Erntedankfest begangen.

Premiere des reichsweiten Eintopfessens, welches künftig am ersten Sonntag jeden Wintermonats stattfindet; die Portion soll nicht mehr als 50 Pfennig kosten, die Differenz zur üblichen Mahlzeit dem Winterhilfswerk gespendet werden.

2. Oktober: Hitlers »Mein Kampf« erreicht eine Auflage von einer Million Exemplaren.

4. Oktober: Schriftleitergesetz zur Gleichschaltung des Pressewesens; rund 1300 jüdische Journalisten verlieren ihre Arbeit.

5. Oktober: Der Reichsminister des Innern, Wilhelm Frick, warnt vor weitgehendem Abbau weiblicher Beamter, Lehrer und Angestellter.

8. Oktober: Das erste zentrale Frauen-Konzentrationslager wird in Moringen eingerichtet; es besteht bis März 1938. Verbot von Preissteigerungen.

12. November: Reichstagswahl; bei einer Beteiligung von

Einer der wichtigsten nationalen Feiertage: das Erntedankfest, mit Brauchtumsgruppen zentral begangen von Hunderttausenden auf dem Bückeberg bei Hameln.

95,2 Prozent erhält die Einheitsliste der NSDAP 92,2 Prozent der gültigen Stimmen.

23. November: Gesetzliche Einschränkung unerwünschter Eheschließungen und Adoptionen.

24. November: Erstes deutsches Tierschutzgesetz.

27. November: Gründung der NS-Gemeinschaft für Urlaubs- und Freizeitgestaltung »Kraft durch Freude« (KdF) im Rahmen der Deutschen Arbeitsfront.

29. November: Einführung von Pflichtinnungen im Handwerk.

1. Dezember: Premiere des Films »Der Sieg des Glaubens« von Leni Riefenstahl in Berlin: verherrlichende Dokumentation des NSDAP-»Parteitags des Sieges« vom 31. August bis 3. September 1933 in Nürnberg.

20. Dezember: Beginn einer Straßenlotterie im Rahmen des Winterhilfswerks; bei einem Lospreis von 50 Pfennig beträgt der Hauptgewinn jeder Serie 5000 Reichsmark.

31. Dezember: Die Statistik registriert für das Jahr 1933 in Deutschland rund 639 000 Eheschließungen, 43 000 Scheidungen und 971 000 Lebendgeburten.

Die Arbeitslosenzahl ist auf 2,7 Millionen zurückgegangen.

1934

4. Januar: Der Reichsbischof untersagt den evangelischen Pfarrern jegliche politische Kritik in den Predigten.

20. Januar: Gesetz »zur Ordnung der nationalen Arbeit«: Einführung des »Führerprinzips« in den Betrieben; Unternehmer werden zu »Betriebsführern«, Arbeiter und Angestellte zur »Gefolgschaft«.

Der Deutsche Gruß (Hitlergruß) wird in den Schulen zur Pflicht.

12. Februar: In Preußen wird Mädchen der Besuch von Knabenschulen verboten (ab 1936 reichsweit).

17. Februar: Mit den ersten zwölf KdF-Urlaubszügen reisen mehr als 10 000 Arbeiter in die Ferien.

27. Februar: Per Gesetz werden drei nationale und damit arbeitsfreie Feiertage festgelegt: der 1. Mai als Tag der nationalen Arbeit, der fünfte Sonntag vor Ostern als Heldengedenktag (ab 1939 auf den 16. März als Jahrestag der Wiedereinführung der allgemeinen Wehrpflicht 1935 verlegt) und der Sonntag nach Michaeli (29. September) als Erntedanktag; 1939 wird der 9. November als Gedenktag für die Gefallenen der »Bewegung« (Hitlerputsch 1923) zum vierten nationalen Feiertag erhoben.

4. März: Eingliederung der evangelischen Jugend in die HJ.

7. März: Zur Eröffnung der Internationalen Automobil- und Motorradausstellung in Berlin fordert Hitler perspektivisch die Verdopplung des derzeit rund eineinhalb Millionen Kraftfahrzeuge betragenden Bestandes.

29. März: In Preußen wird für Volksschulabgänger das »Landjahr« eingeführt; 1934 werden etwa 20 000 ehemalige Schüler vor allem aus »gesundheitlich und politisch gefährdeten« Familien für die Dauer von neun Monaten zu unbezahlter Landarbeit verschickt.

Ausbürgerung des jüdischen Nobelpreisträgers Albert Einstein.

3. April: Einführung des Führer-Prinzips an allen preußischen Volks- und Mittelschulen.

6. April: Eingliederung des Frauenwerkes der Deutschen Evangelischen Kirche in das seit Oktober 1933 als Zusammenschluß der gleichgeschalteten bürgerlichen Frauenverbände bestehende Deutsche Frauenwerk.

14. April: In Dresden wird die Staatsakademie für Rassen- und Gesundheitspflege eröffnet.

24. April: Schaffung des Volksgerichtshofes.

2. Mai: Einführung des »Hauswirtschaftlichen Jahres«, das

Urlaub unter Palmen mit Kreuzfahrtschiffen der populärsten NS-Organisation »Kraft durch Freude«.

alle Schulabgängerinnen entgeltlos in Privathaushalten abzuleisten haben.

Start des ersten KdF-Urlauberschiffs.

5. Mai: Studienbewerber müssen vor der Immatrikulation eine halbjährige Arbeitsdienstpflicht erfüllen.

28. Mai: Im Loburger Schloß Hohenfels wird die erste Reichsschule der NS-Frauenschaft eröffnet.

5. Juni: Erste kultische Aufführung eines »Thingfestspiels« auf dem Thingplatz bei Halle.

8. Juni: Neueinteilung des Schuljahrs; die Dauer der Sommerferien wird auf acht Wochen verdoppelt.

11. Juli: Erster »Staatsjugendtag« als schulfreier Sonnabend jeder Woche für HJ-Dienst und nationalpolitische Schulung (bis 1937).

Juli: Bau des ersten deutschen Heimfernsehers; die Braunsche Röhre hat ein Format von 24 x 26 Zentimetern.

19. August: Volksabstimmung über die Vereinigung der Ämter des Reichspräsidenten und des Reichskanzlers; bei einer Wahlbeteiligung von 95,7 Prozent sind 89,9 Prozent aller gültigen Stimmen dafür.

25. August: Auf dem Internationalen Kongreß für Hauswirtschaftsunterricht in Berlin erklärt die Reichsfrauenführerin Gertrud Scholtz-Klink, die deutsche Frau müsse auf Luxus und Genuß verzichten können, »wenn es die Lage des Volkes fordert«.

8. September: In einer Rede vor der NS-Frauenschaft bezeichnet Hitler die Emanzipation als »ein nur vom jüdischen Intellekt erfundenes Wort«.

1. Oktober: Eine neue Straßenverkehrsordnung tritt in Kraft; Automobile dürfen ab dem 18. Lebensjahr gefahren werden.

31. Oktober: »Schulgemeinden« mit HJ-Beauftragten ersetzen die Elternbeiräte.

»Die Frauen packen zu, wenn die Scholle ruft!«

13. November: Für den Handel werden Preise und Gewinnspannen staatlich festgeschrieben.

17. November: Proklamierung der »Erzeugungsschlacht«; landwirtschaftliche Importe sollen weitgehend durch eigene Produktion ersetzt werden.

30. November: Eingliederung der Turn- und Sportjugend in die HJ.

November: Der Reichsausschuß für Volksgesundheit erläßt »Zehn Gebote für die Gattenwahl«.

4. Dezember: Wilhelm Furtwängler tritt aus Protest gegen die NS-Kulturpolitik von seinen öffentlichen Ämtern u. a. als Leiter der Berliner Philharmoniker und Direktor der Staatsoper zurück.

31. Dezember: Die Statistik registriert für 1934 in Deutschland rund 739 000 Eheschließungen, 55 000 Scheidungen und 1 198 000 Lebendgeburten.

1935

1. Januar: Der NSDAP gehören zweieinhalb, der HJ dreieinhalb Millionen Mitglieder an, darunter 1,3 Millionen Mädchen.

Abschaffung der Eintänzer (»Gigolos«).

26. Februar: Einführung von Arbeitsbüchern zum Nachweis über Art und Dauer der Beschäftigung.

10. bis 29. März: Erste Madeira-Fahrt mit drei KdF-Schiffen; der Preis von nur 120 Reichsmark pro Person ist mehr als die Hälfte billiger als bei herkömmlichen Reiseangeboten.

16. März: Gesetz über den Aufbau der Wehrmacht auf der Grundlage allgemeiner Wehrpflicht; für den Kriegsfall ist auch jede deutsche Frau »zur Dienstleistung für das Vaterland« verpflichtet; Heeresstärke: 12 Armeekorps mit 36 Divisionen und 560 000 Mann.

19./20. März: Bei einer ersten großen Luftschutzübung in Berlin wird die gesamte Stadt verdunkelt.

22. März: In Berlin startet das erste regelmäßig ausgestrahlte Fernsehprogramm der Welt; gesendet werden Filme und Wochenschau-Auszüge jeweils montags, mittwochs und samstags von 20.30 bis 22 Uhr.

23. März: Eröffnung der rassischen Propagandaschau »Wunder des Lebens« in der Reichshauptstadt.

27. März: Erlaß über den Ausschluß von der Höheren Schule bei Versagen in den Leibesübungen.

28. März: Uraufführung des Parteitagsfilms »Triumph des Willens«; Leni Riefenstahl wird dafür am 1. Mai der Nationalpreis für Film verliehen.

Hermann Göring verkostet auf der »Grünen Woche« 1937 in Berlin bei der »Sparsamen Hausfrau« einen neuentwickelten Brotaufstrich aus einheimischen Rohstoffen.

29. März: Die 1931 als Zusammenschluß verschiedener Verbände von der NSDAP gegründete, seit 1934 von Gertrud Scholtz-Klink geführte NS-Frauenschaft wird als offizielle Gliederung in die Partei eingebunden.

1. April: In Deutschland sind 6 725 216 Rundfunkhörer registriert; es gibt 4781 Filmtheater mit 1,8 Millionen Sitzplätzen. Für Studenten wird eine Arbeitsdienstpflicht verfügt.

3. April: Laut Goebbels sind während fünf Wintermonaten 362 Millionen Reichsmark für das Winterhilfswerk gesammelt worden.

10. April: Mit einer pompösen Feierlichkeit im Berliner Dom läßt sich Göring mit der Staatsschauspielerin Emmy Sonnemann trauen; Zehntausende bilden ein begeistertes Spalier.

30. April: Rückgang der Arbeitslosenzahl auf 2,2 Millionen.

11. Mai: Eröffnung der Reichsausstellung »Frau und Volk« in Düsseldorf.

17. Mai: Verbot des Esperanto-Lehrprogramms an deutschen Schulen.

19. Mai: Übergabe der ersten 23 Kilometer langen Teilstrecke der Reichsautobahn Frankfurt am Main–Darmstadt–Heidelberg.

21. Mai: Das Wehrgesetz verordnet die aktive Dienstpflicht vom 18. bis 45. Lebensjahr.

22. Mai: Die Wehrdienstzeit wird auf ein Jahr festgesetzt.

8. Juni: Bertolt Brecht und die Thomas-Mann-Tochter Erika sowie zahlreiche weitere Emigranten werden ausgebürgert.

25. Juni: Verschärfung des Strafgesetzes gegen die Homosexualität.

26. Juni: Einführung des Reichsarbeitsdienstes (RAD) »für alle jungen Deutschen beiderlei Geschlechts«; Männer zwischen dem 18. und 25. Lebensjahr haben sechs Monate abzuleisten, für Frauen ist der Dienst bis September 1939 freiwillig; vorläufige Stärke: 200 000.

Reichsluftschutzgesetz; die Bevölkerung wird zu entsprechenden Sach- und Dienstleistungen verpflichtet.

30. Juni: Die Arbeitslosenzahl ist erstmals unter die 2-Millionen-Grenze gesunken.

13. Juli: Richard Strauss tritt als Präsident der Reichsmusikkammer zurück.

14. bis 18. Juli: In Berlin finden antijüdische Demonstrationen statt.

24. Juli: Auflösung aller Traditionsvereine.

16. August: Erste deutsche Fernseh- und Rundfunklotterie; Hauptpreise sind zehn Fernsehgeräte.

30. August: Uraufführung des Films »Ich liebe alle Frauen« mit Jan Kiepura in der Hauptrolle.

31. August: Die Arbeitslosenzahl ist auf 1,7 Millionen zurückgegangen.

15. September: Erlaß der antisemitischen Nürnberger Gesetze (»Gesetz zum Schutze des deutschen Blutes und der deutschen Ehre« sowie »Reichsbürgergesetz«), welche die Arbeits- und Lebensbedingungen von rund 500 000 deutschen Juden stark einschränken; u. a. werden »Mischehen« und außereheliche Beziehungen zwischen »Ariern« und Juden als »Rassenschande« verboten.

Verordnung über einmalige Beihilfen an kinderreiche Familien.

6. Oktober: Goebbels gibt die Kürzung der Lebensmittelimporte von zweieinhalb auf eine Milliarde Reichsmark bekannt.

10. Oktober: Erste Trauung nach dem Zeremoniell der Deutschen Volkskirche: Anstelle des bisherigen Jawortes hat das Brautpaar mit »Jawohl, Heil Hitler!« zu antworten.

11. Oktober: Von allen Oberschülerinnen wird der Nachweis hausfraulicher Kenntnisse gefordert.

12. Oktober: Verbot des »Niggerjazz« im deutschen Rundfunk.

18. Oktober: Das Gesetz »zum Schutze der Erbgesundheit des deutschen Volkes« untersagt Eheschließungen bei bestimmten Krankheiten; Einführung der Ehetauglichkeitszeugnisse.

7. November: Vereidigung der ersten Rekruten (Jahrgang 1914) unter der neuen, die Farben Schwarz, Weiß und Rot tragenden Reichskriegsflagge.

14. November: Juden verlieren das Wahlrecht und werden aus öffentlichen Ämtern ausgeschlossen.

3. Dezember: Hitler befiehlt die »Ertüchtigung der gesamten deutschen Jugend vom 10. bis 18. Lebensjahr außerhalb der Schulen«.

13. Dezember: Zulassungsverbot für »nichtarische« Ärzte. Himmler gründet den »Lebensborn e. V.« zur Förderung von Geburt und Aufzucht »rassisch hochwertiger« SS-Kinder.

16. Dezember 1936: Öffentliche Verpflichtung von Mitgliedern der deutschen Olympia-Kernmannschaften in Berlin und Garmisch-Partenkirchen, wo zugleich das Eisstadion für die Winterspiele eröffnet wird.

31. Dezember: Die Statistik registriert für 1935 in Deutschland rund 651 000 Eheschließungen, 50 000 Scheidungen und 1 264 000 Lebendgeburten.
Die Lufthansa verzeichnet für das Jahr etwa 175 000 Fluggäste.

1936

1. Januar: In Deutschland sind 7 192 952 Rundfunkteilnehmer registriert; damit hat sich die Zahl binnen eines Jahres um über eine Million erhöht.

17. Januar: Goebbels reagiert auf zunehmende Klagen über Butterknappheit; »Damit werden wir fertig. Aber wir werden nicht fertig ohne Kanonen!«

25. Januar: Die Reichspost kündigt Fernsehübertragungen zur XI. Olympiade in Berlin an.

6. Februar: Hitler eröffnet in Garmisch-Partenkirchen die 4. Olympischen Winterspiele, die mit Rekordbeteiligung zu den größten und glanzvollsten werden; bis 16. Februar erleben rund eine halbe Million Besucher den Wettstreit von 80 Frauen und 675 Männern aus 28 Ländern in 17 Disziplinen und nunmehr sechs Sportarten (alpiner und nordischer Skisport, Eisschnellauf, Eiskunstlauf, Bob und Eishockey). Deutschlands bisher umfangreichste Winter-Olympiamannschaft (sieben Frauen und 70 Männer) erkämpft je drei Gold- und Silbermedaillen.

1. März: Eröffnung der ersten Ausstellung »Entartete Kunst« in München.

14. März: Premiere des Films »Familienparade« mit Curd Jürgens in seiner ersten Hauptrolle.

29. März: Reichstagswahl und Volksabstimmung: Bei einer Beteiligung von 99 Prozent entscheiden sich 98,8 Prozent aller Stimmen für Hitlers »Einheitsliste« und seine Politik.

30. März: Nach einem Erlaß sind schulische Förderung, Auszeichnungen und Stipendien den HJ-Mitgliedern vorzubehalten.

4. April: Ein Erlaß bestimmt den Abbau privater Vorschulen und -klassen.

20. April: Aus Anlaß des 47. Hitler-Geburtstags wird in Berlin eine große Truppenparade mit rund 500 Offizieren und 14 000 Mann, fast 1000 Pferden und über 1500 Fahrzeugen abgehalten.

Mit der Einrichtung eines »Dankopfers der Nation« will die SA Spendengelder für Hitler eintreiben.

2. Mai: Grundsteinlegung für das KdF-Seebad Saßnitz auf Rügen.

7. Mai: An allen höheren Schulen außer den Knabengymnasien wird Englisch erste Fremdsprache.

22. Juni: Für erpresserischen Kindesraub bestimmt ein Gesetz die Todesstrafe.

In Berlin heiratet Gustaf Gründgens die Filmschauspielerin Marianne Hoppe.

26. Juni: An den Schulen wird der Sportunterricht auf drei Stunden pro Woche ausgeweitet.

1. Juli: Die Arbeitslosenzahl ist auf 1,3 Millionen zurückgegangen.

Zusätzliche Unterstützungen für kinderreiche Familien.

1. August: Hitler eröffnet in Berlin vor rund 100 000 Zuschauern die Spiele der XI. Olympiade; mit einer Rekordbeteiligung von 328 Frauen und 3634 Männern aus 49 Ländern finden bis 16. August 129 Wettbewerbe in 19 Sportarten sowie zahlreiche Rahmenveranstaltungen mit insgesamt 3,7 Millionen Besuchern statt; die deutsche Mannschaft mit 348 Aktiven erkämpft 38 Gold-, 31 Silber- und 32 Bronzemedaillen und belegt mit großem Abstand vor den USA und Ungarn den ersten Platz in der Nationenwertung.

Erstmals bei Olympia wird das Fernsehen eingesetzt; mehr als 160 000 Menschen erleben in Berliner (25), Leipziger (2) und Potsdamer (1) »Fernsehstuben« sowie drei in der Reichshauptstadt eingerichteten »Groß-Fernsehstellen« (Bildschirmformat 100 x 120 Zentimeter) bei freiem Eintritt Direktübertragungen der sportlichen Höhepunkte (insgesamt 138 Sendestunden); vier elektronische Kameras sind in den Stadien installiert, darunter als größte ein von Telefunken entwickeltes Ikonoskop, das mit seinen 2,2 Metern Länge als »Fernsehkanone« bezeichnet wird.

Auch der Rundfunk überträgt die Spiele erstmals direkt, wobei rund 3000 Sendungen in 40 Länder gehen; ein Sonderdienst des bei Zeesen in Betrieb genommenen leistungsstärksten Kurzwellensenders der Welt verbreitet die aktuellen Nachrichten mit Ausnahme von Australien auf allen Kontinenten.

Insgesamt sind 1800 Journalisten aus 58 Staaten akkreditiert.

45 Kameraleute nehmen die Dreharbeiten zu Leni Riefen-

stahls zweiteiligem Olympia-Dokumentarfilm »Fest der Völker« und »Fest der Schönheit« auf und belichten 400 Kilometer (!) Negativmaterial; nach aufwendiger Bearbeitung erlebt der monumentale Vier-Stunden-Streifen erst am 20. April 1938 zu Hitlers 49. Geburtstag seine gefeierte Uraufführung.

Über 2000 Prostituierte, Bardamen und Tänzerinnen werden laut amtlichem Bericht während der Spiele zwangsweise auf Geschlechtskrankheiten untersucht und 350 zwangsbehandelt; von den verhafteten Taschendieben gelangen 49 sofort vor ein Schnellgericht, das empfindliche Zuchthausstrafen verhängt.

4. August: Als erster deutscher Farbfilm wird »Das Schönheitsfleckchen« uraufgeführt.

14. August: Himmler verlangt bei Verlobungsgesuchen von SS-Angehörigen den Nachweis, daß die Bräute an Mütterschulungskursen teilgenommen haben.

24. August: Verdopplung der Wehrdienstzeit auf zwei Jahre; der 1935 als erster rekrutierte Jahrgang 1914 wird nicht entlassen und muß weiterdienen.

In einem Schreiben an den Reichsminister der Justiz, Franz Gürtner, teilt Bormann die Entscheidung Hitlers mit, daß Frauen weder Richter noch Anwalt werden sollen und Juristinnen im Staatsdienst nur in der Verwaltung verwandt werden.

26. September: Ein Erlaß regelt die Stärke des Reichsarbeitsdienstes bis 1939: 300 000 Jungen sowie 25 000 Mädchen (»Arbeitsmaiden« auf immer noch freiwilliger Basis).

1. Oktober: Die Arbeitslosenzahl ist auf rund eine Million zurückgegangen.

6. Oktober: Hitler eröffnet das 4. Winterhilfswerk; 1935/36 hat die Aktion 372 Millionen Reichsmark erbracht.

24. Oktober: Verpflichtung des gesamten Reichsarbeitsdienstes zur Hackfruchternte.

5. November: Im Entwurf eines neuen Strafrechts werden 21 Delikte mit der Todesstrafe bedroht.

30. November: Auf Verlangen der Wehrmacht wird die Oberschuldauer auf zwölf Jahre verkürzt.

1. Dezember: Gesetz über die Hitlerjugend, welches die gesamte junge Generation zur »Staatsjugend« erklärt und in dieser Organisation »zum Dienst am Volk« zusammenfaßt; 10- bis 14jährige sind »Jungvolk« bzw. »Jungmädel«, 14- bis 18jährige HJ bzw. »Bund Deutscher Mädel« (BDM).

4. Dezember: Im Handel werden Kundenlisten für die Versorgung mit Speisefetten eingeführt.

31. Dezember: Die Statistik registriert für das Jahr 1936 in Deutschland rund 610 000 Eheschließungen, 50 000 Scheidungen und 1 279 000 Lebendgeburten.

1937

1. Januar: Deutschland besitzt mit 8,16 Millionen Rundfunkteilnehmern vor England (7,96 Millionen) die in Europa größte Hörerzahl.

15. Januar: Himmler bezeichnet in einer Rundfunkansprache die Sicherung des Straßenverkehrs sowie den Kampf gegen Homosexualität und Abtreibung als wichtigste Polizeiaufgaben.

26. Januar: Beamte werden gesetzlich zu »unbedingtem Gehorsam und äußerster Pflichterfüllung« verpflichtet.

31. Januar: Durch einen anhaltenden Kälteeinbruch ist die Arbeitslosenzahl wieder auf 1,9 Millionen gewachsen.

20. März: Abschaffung der Gymnasialbildung für Mädchen.

24. März: Goebbels erklärt das Winterhilfswerk zur Dauereinrichtung.

5. April: Ausgabe der ersten Hitler-Briefmarke; der »Führer« reklamiert das »Recht am eigenen Bild« und partizipiert damit an den Erlösen der Reichspost.

20. April: Aus Anlaß des 48. »Führer«-Geburtstags wird eine »Adolf Hitler Dank«-Stiftung für notleidende Parteimitglieder eingerichtet.

30. April: Die Arbeitslosenzahl hat wieder die Millionengrenze unterschritten.

3. Mai: Gleichzeitige Grundsteinlegung für insgesamt 543 HJ-Heime.

5. Mai: Das KdF-Schiff »Wilhelm Gustloff« läuft vom Stapel.

5. Juni: Göring kündigt vor dem Reichsluftschutzbund in Berlin die Ausgabe von Millionen neuentwickelter »Volksgasmasken« an; sie werden zwar ausgeliefert, kommen aber nicht zum Einsatz, da der befürchtete Giftgasangriff ausbleibt. Erster sportlicher Reichswettkampf der HJ.

2. Juli: Schulträgern wird die »abgesonderte Beschulung der jüdischen Schüler« empfohlen.

19. Juli: Bei der Eröffnung der zweiten Ausstellung »Entartete Kunst« in München kündigt Hitler an: »Wir werden von jetzt an einen unerbittlichen Säuberungskrieg führen gegen die letzten Elemente unserer Kulturzersetzung«; die Exposition verzeichnet bis zur Schließung am 30. November über zwei Millionen Besucher.

31. August: Die Arbeitslosenzahl ist auf 509 000 gesunken. Als erster deutscher Spielfilm mit Zarah Leander wird der Streifen »Zu neuen Ufern« uraufgeführt.

4. September: Reichsweite »regelmäßige allgemeine Beflaggungstage« werden bestimmt: Reichsgründungstag (18. Januar), Tag der nationalen Erhebung (30. Januar), Heldengedenktag (fünfter Sonntag vor Ostern), Geburtstag des »Führers und Reichskanzlers« (20. April), Nationaler Feiertag des deutschen Volkes (1. Mai), Erntedanktag (erster Sonntag nach Michaeli).

5. Oktober: Das 5. Winterhilfswerk beginnt; 1936/37 sind 422,8 Millionen Reichsmark gespendet worden.

13. Oktober: Uraufführung des Spielfilms »Der Mustergatte« mit Heinz Rühmann in der Titelrolle sowie Leny Marenbach, Hans Söhnker und Heli Finkenzeller.

19. Oktober: Verordnung eines »Reichsschwimmscheins« für die gesamte deutsche Jugend.

31. Oktober: Goebbels eröffnet die »Woche des Buches« in Weimar und proklamiert »Buch und Schwert« als Symbole der nationalen Politik.

3. November: Ehestandsdarlehen werden auch bei Fortbestehen weiblicher Berufstätigkeit gewährt.

Um den Getreideimport zu verringern, verordnet der »Reichsnährstand«, dem Roggenbrotmehl Kartoffel- und dem Weizenbrotmehl Maismehl beizumischen.

8. November: Beginn der rassistischen Ausstellung »Der ewige Jude« in München.

Straßensammlung für das alljährliche Winterhilfswerk der NS-Volkswohlfahrt.

Himmler beklagt in einer Rede die Existenz »entsetzlicher Pantoffelhelden« in der SS.

25. November: Gesetzliche Bestimmungen fördern den Bau weiterer Kleinsiedlungen.

2. Dezember: Erste Verleihung eines »Ehrenbuches für die deutsche kinderreiche Familie«.

17. Dezember: Die ersten 2000 Kilometer der Reichsautobahnen sind fertiggestellt.

31. Dezember: Die Statistik registriert für das Jahr 1937 in Deutschland rund 620 000 Eheschließungen, 47 000 Scheidungen und 1 277 000 Lebendgeburten.

1938

1. Januar: Mit nunmehr über neun Millionen Rundfunkteilnehmern sind abermals binnen Jahresfrist fast eine Million Neuzugänge zu verzeichnen.

19. Januar: Für 17- bis 21jährige Mädchen wird das BDM-Werk »Glaube und Schönheit« gegründet; in Arbeitsgemeinschaften werden Sport und Gymnastik betrieben und Fächer wie Körper- und Gesundheitspflege, Hauswirtschaft, Wohn- und Raumgestaltung unterrichtet.

29. Januar: Für höhere Schulen werden grundsätzlich acht Klassenstufen festgelegt und die wöchentlichen Turnstunden auf fünf vermehrt.

Eine vom Chemiker Paul Schlack entwickelte neue Kunstfaser wird als »Perlon« patentiert.

9. Februar: Reichsweit werden auf öffentlichen Straßen und Plätzen Lautsprechersäulen installiert.

11. Februar: Erster Reichsberufswettkampf »aller schaffenden Deutschen«.

15. Februar: Unverheiratete Frauen unter 25 Jahren sollen ein Pflichtjahr in der Land- oder Hauswirtschaft ableisten.

Gymnastikgruppe des BDM-Werkes »Glaube und Schönheit«.

1. März: Einrichtung einer zentralen Zensur- und Kontrollbehörde für Schulbücher.

29. März: Das KdF-Schiff »Robert Ley« läuft vom Stapel; sämtliche Zwei- und Vierbettkabinen (alle mit Seeblick) sind solide möbliert und mit fließend Warmwasser sowie Klimaanlagen versehen; sparsam ist dagegen die sanitäre Ausstattung: Für mehr als 1600 Passagiere stehen lediglich 40 Badezimmer und 100 Duschen zur Verfügung.

10. April: Volksabstimmung über den »Anschluß« Österreichs: Im »Altreich« stimmen 99 Prozent dafür.

20. April: Einführung eines Hauswirtschafts-Pflichtjahrs für Abiturientinnen; erst nach Ableistung wird das Reifezeugnis ausgehändigt.

1. Mai: 54,62 Prozent aller deutschen Haushalte besitzen ein Rundfunkgerät.

Leni Riefenstahl erhält für ihr zweiteiliges Olympia-Dokumentarwerk den Nationalen Filmpreis und noch im selben Jahr beim Festival von Venedig die Auszeichnung mit dem »Goldenen Löwen von San Marco«.

6. Mai: Der HJ wird das »Führersportabzeichen« gestiftet.

19. Mai: Für den »Volkswohnungsbau« werden zusätzlich 48 Millionen Reichsmark bereitgestellt.

25. Mai: In Düsseldorf wird die Ausstellung »Entartete Musik« eröffnet.

31. Mai: Die Arbeitslosenzahl ist auf 338 000 zurückgegangen. Gesetz zur entschädigungslosen Einziehung aller als »entartet« eingestufter Kunstwerke; der Beschlagnahmung unterliegen rund 5000 Gemälde und Plastiken sowie 12 000 Grafiken.

18. Juni: Eröffnung der Ausstellung »Frauen schaffen für Deutschland« in Hamburg.

1. Juli: Erlaß über das sechsklassige Mittelschulwesen.

6. Juli: Ein neues Ehegesetz bestimmt für den Mann ein Mindestalter von 21, für die Frau von 16 Jahren; vorehelicher Geschlechtsverkehr der Frau (nicht aber der des Mannes!), Nachwuchsverweigerung und Unfruchtbarkeit sind Scheidungsgründe.

18. Juli: Die gesamte Bevölkerung wird zu Sachleistungen für Wehrzwecke verpflichtet.

1. August: Beginn der Sparaktion für den »KdF-Wagen« (Volkswagen); bei wöchentlichen Mindestraten von 5 Reichsmark beträgt der Gesamtpreis 990 Reichsmark; alle 336 000 Besteller gehen jedoch leer aus, da das neue Werk während des Krieges ausschließlich Kübelwagen für die Wehrmacht produziert.

5. August: Fertigstellung des 100 000. »Deutschen Kleinempfängers DKE 1938«; das Radio wird für 35 Reichsmark verkauft.

16. August: Für Kleinsiedlungen wird ein zusätzliches Reichsdarlehen von 80 Millionen Reichsmark bereitgestellt.

17. August: Verordnung zur Einführung der jüdischen Zwangsvornamen »Sara« bzw. »Israel« (ab 1. Januar 1939).

31. August: Weiterer Rückgang der Arbeitslosenzahl auf 179 000.

16. September: Reichsarbeitsminister Franz Seldte erläßt geheime Richtlinien für die Beschäftigung von Frauen im Mobilmachungsfall.

1. Oktober: Als polizeilicher Inlandsausweis wird für alle erwachsenen »Reichsbürger« die »Kennkarte« eingeführt.

Freigabe des Fernsehempfangs für die Allgemeinheit; Tisch-»Heimfernseher« mit einem Bildschirmformat von 20 x 23 Zentimetern kosten etwa 800 Reichsmark.

1. November: Achtjähriger Volksschul- und anschließender dreijähriger Berufsschulbesuch werden reichseinheitlich zur gesetzlichen Pflicht.

9. November: Nach einem aus Verzweiflung über die Abschiebung seiner Eltern von Deutschland nach Polen verübten Attentat des 17jährigen jüdischen Emigranten Herschel Grünspan in der Deutschen Botschaft in Paris stirbt Legationssekretär Ernst vom Rath; dies wird der NS-Führung zum willkommenen Anlaß für die »Reichskristallnacht«: Den organisierten Ausschreitungen gegen die Juden fallen über 7500 Geschäfte sowie Waren- und Wohnhäuser zum Opfer; 191 Synagogen werden in Brand gesteckt, weitere 76 vollständig zerstört, desgleichen Gemeindehäuser und Friedhofskapellen; 91 Menschen werden sofort ermordet, rund 30 000 verhaftet und in die KZ Buchenwald, Dachau und Sachsenhausen verschleppt.

15. November: Jüdische Kinder dürfen keine öffentlichen Schulen besuchen.

8. Dezember: Ausschluß der jüdischen Studenten aus Universitäten und Hochschulen.

Himmler verfügt die systematische Erfassung und »erkennungsdienstliche Behandlung« aller Zigeuner.

Mütterschulungskurs der NS-Frauenschaft: Unterricht in Säuglingspflege.

16. Dezember: Hitler stiftet das »Ehrenkreuz der Deutschen Mutter« (Mutterkreuz); die Auszeichnung, welche die Inschrift »Das Kind adelt die Mutter« trägt, wird alljährlich am Muttertag (zweiter Mai-Sonntag) in drei Klassen verliehen: Bronze ab dem vierten, Silber ab dem sechsten, Gold ab dem achten Kind.

21. Dezember: Berufsverbot für »nichtarische« Hebammen.

31. Dezember: Im Reich existieren etwa 25 000 Mütterberatungsstellen.

Die Statistik registriert für das Jahr 1938 in Deutschland rund 645 000 Eheschließungen, 50 000 Scheidungen und 1 349 000 Lebendgeburten.

1939

1. Januar: Die Arbeitslosenzahl ist auf 119 000 gesunken.

In Deutschland sind 3,63 Millionen Kraftfahrzeuge zugelassen.

2. Januar: Reichsweite Einrichtung von Postsparkassen in mehr als 80 000 Postämtern.

3. Januar: Erlaß von Richtlinien für die ärztliche Untersuchung von Ehestandsbewerbern.

8. Januar: In den Unter- und Mittelstufen der Schulen werden Mädchen vom Lateinunterricht ausgeschlossen.

17. Januar: Berufsverbot für jüdische Zahnärzte, Dentisten und Zahntechniker, Tierärzte, Apotheker, Heilpraktiker und Krankenpfleger.

»Nichtariern« wird die Benutzung von Schlaf- und Speisewagen untersagt.

1. Februar: Für deutsche Sportler wird die Beteiligung an Auslandsveranstaltungen genehmigungspflichtig.

8. Februar: Abschaffung der männlichen Kellner; nach Ansicht Hitlers ist dies »die gegebene Arbeit für Frauen und Mädchen«.

19. Februar: Bei den Ski-Weltmeisterschaften in Zakopane gewinnt Christl Cranz alle drei alpinen Damenwettbewerbe.

1. März: Erlaß über den 9. November: Der Jahrestag des Nazi-Putsches von 1923 wird künftig als Staatsfeiertag begangen.

Die NS-Frauenschaft zählt 2,3 Millionen Mitglieder.

Die deutschen Konzentrationslager sind mit rund 20 000 Häftlingen belegt.

10. März: Italienisch wird Pflichtfach an den »Adolf-Hitler-Schulen«.

19. März: Eröffnung der Ausstellung »Die Frau« in Berlin.

20. März: 4800 Werke »Entarteter Kunst« werden in der Berliner Hauptfeuerwache auf dem Scheiterhaufen verbrannt.

25. März: Alle Jugendlichen zwischen 10 und 18 Jahren werden zum Dienst in der HJ verpflichtet; Verstöße können u.a. mit Arrest, Geldbußen sowie Bestrafung der Erziehungsberechtigten geahndet werden.

5. April: An den Schulen ist Turnen nunmehr Abiturfach.

10. April: Nach einem Bericht der Gestapo befinden sich wegen »politischer Vergehen« 162 734 »Schutzhäftlinge«, 112 434 Verurteilte und 27 369 Angeklagte in Haft.

30. April: Jüdische Mieter müssen »arische« Häuser räumen und werden in »Judenhäuser« zwangseingewiesen; diese Konzentration in bestimmten Wohnvierteln ist eine Vorstufe der späteren Ghettoisierung im besetzten Osteuropa und erste Station auf dem Weg zur Deportation.

16. Mai: Die erste Deutsche Reichslotterie schüttet Gewinne von 372 000 Reichsmark aus.

17. Mai: Volkszählung: Das »Altreich« (Deutschland ohne die Protektorate Böhmen und Mähren) hat knapp 70 Millionen Einwohner; es gibt 19,3 Millionen Haushaltungen, jedoch nur 17,8 Millionen Wohnungen.

18. Mai: Ankunft der ersten Häftlinge im neuerrichteten Frauen-KZ Ravensbrück.

21. Mai: Erstmals werden Mütter von vier und mehr Kindern mit dem »Ehrenkreuz der Deutschen Mutter« ausgezeichnet; die Trägerinnen genießen Bevorzugungen bei Behördengängen, Veranstaltungen, Eisen- und Straßenbahnfahrten sowie bei der Altersversorgung; für alle Mitglieder der NSDAP-Jugendorganisationen besteht Grußpflicht.

Mai: Die Zahl der erwerbstätigen Frauen beträgt 14,6 Millionen.

29. Juni: In der deutsche Landwirtschaft sind 113 000 ausländische Gastarbeiter, vor allem Slowaken und Italiener, beschäftigt.

3. Juli: Ab sofort müssen alle Häuser mit Luft- und Selbstschutzgeräten ausgerüstet sein.

5. Juli: Sämtliche Lehrer werden Reichsbeamte.

28. Juli: Auf der Berliner Funkausstellung wird der Einheits-Fernsehempfänger E 1 mit einer Bildschirmgröße von 20 x 23 Zentimetern vorgestellt; er soll noch vor Weihnachten zum

Preis von 650 Reichsmark lieferbar sein, geht jedoch wegen des Krieges nicht in Serie.

18. August: Ein Runderlaß verpflichtet Ärzte und Hebammen, dem »Reichsausschuß zur wissenschaftlichen Erfassung von erb- und anlagebedingten schweren Leiden« alle betreffenden Kinder bis zu drei Jahren zu melden.

26. August: Gründung der »Wehrmachtsauskunftstelle für Kriegsverluste und Kriegsgefangene« in Berlin; noch heute sind in dieser Einrichtung 490 Mitarbeiter tätig.

27. August: Zur »Sicherstellung des lebenswichtigen Bedarfs des deutschen Volkes« werden das Bezugsscheinsystem und die Zwangsrationierung von Lebensmitteln eingeführt; »Normalverbraucher« (sogenannte Unproduktive wie Angestellte und Hausfrauen) erhalten nur etwa die Hälfte ihres bisher üblichen Konsums.

Weiblicher Reichsarbeitsdienst: Zweimal wöchentlich erteilt die Lagerführerin »staatspolitischen Unterricht«.

31. August: In Deutschland stehen etwa viereinhalb Millionen Soldaten unter Waffen; im Heer sind rund 140 000 Frauen beschäftigt, etwa 50 000 als Zivilangestellte und 90 000 als Arbeiterinnen.

1. September: Mit dem Einmarsch der Wehrmacht in Polen beginnt der Zweite Weltkrieg.

Einführung der Verdunklungspflicht bei Fliegeralarm.

Reichsweit wird das Abhören ausländischer Rundfunksender verboten.

4. September: Cuxhaven und Wilhelmshaven sind die Ziele des ersten britischen Luftangriffs.

Der sechsmonatige Reichsarbeitsdienst wird auch für die (ledige, nicht in Ausbildung stehende) weibliche Jugend zwischen dem 18. und 25. Lebensjahr zur Pflicht; Erhöhung der Stärke auf 100 000 »Arbeitsmaiden«.

11. September: Die zulässige tägliche Höchstarbeitszeit für erwerbstätige Frauen wird von acht auf zehn, die wöchentliche von 48 auf 56 Stunden heraufgesetzt.

Ab November 1939 werden Eheschließungen in Abwesenheit des Mannes (Ferntrauungen), später sogar mit Gefallenen möglich.

25. September: Lebensmittelrationen werden festgelegt: Der »Normalverbraucher« (sogenannte Unproduktive wie Angestellte und Hausfrauen) erhält wöchentlich 2400 Gramm Brot, 500 Gramm Fleisch und 270 Gramm Fett.

1. Oktober: Als »Bindeglied zwischen Front und Heimat« wird im Rundfunk das erste Wunschkonzert gesendet.

14. Oktober: Einführung der Reichskleiderkarte.

28. Oktober: »Zeugungsbefehl« Himmlers an SS und Polizei: Vor dem Einrücken ins Feld soll auch jeder unverheiratete Mann eine Frau schwängern.

Ende Oktober: Auf den 1. September zurückdatierter »Euthanasie«-Erlaß Hitlers zur Vernichtung »lebensunwerten Lebens«; insgesamt etwa 120 000 Geisteskranke und Behinderte werden mit Giftspritzen und Kohlenmonoxyd ermordet.

In den beiden ersten Kriegsmonaten sind rund 100 000 Handwerksbetriebe stillgelegt worden, vor allem Schneider, Schuhmacher, Tischler, Friseure, Bäcker und Fleischer.

Die im öffentlichen Dienst tätigen Frauen erhalten das gleiche Entgelt wie ihre männlichen Kollegen.

4. November: Eheschließungen in Abwesenheit des Mannes (Ferntrauungen) werden möglich.

31. Dezember: Die geschätzte Zahl der Schwangerschaftsabbrüche im Reich beläuft sich auf etwa 600 000.

Die Statistik registriert für das Jahr 1939 in Deutschland rund 774 000 Eheschließungen, 62 000 Scheidungen und 1 407 000 Lebendgeburten.

1940

Februar: Beginn der Juden-Deportationen aus Deutschland in polnische Ghettos.

9. März: Jugendlichen unter 18 Jahren wird der abendliche Besuch von Gaststätten und Kinos gesetzlich verboten.

13. März: Noch vor der Premiere ihres Films »Der Stern von Rio« stirbt die Tänzerin La Jana an einer Lungenentzündung.

27. April: Eine geheime Weisung verbietet der Presse ab sofort bis auf weiteres Verlautbarungen aller Art über den kriegswirtschaftlichen Einsatz der Frauen.

10. Mai: Drei deutsche Kampfflugzeuge bombardieren irrtümlich Freiburg im Breisgau; 57 Menschen sterben, darunter 22 Kinder, über 100 werden verletzt; unter dem von Goebbels geprägten Schlagwort »Kindermord in Freiburg« wird der britischen Luftwaffe die Schuld zugeschoben.

18. Mai: Das Reichspropagandaministerium ordnet eine starke Einschränkung der Kunst- und Filmrezensionen in der Presse an; »gefühlvoll-lyrische« Feuilletons haben künftig zu entfallen.

Ende Mai: Konzentration der Presse zugunsten des NSDAP-Trusts (Franz-Eher-Verlag mit rund 300 Zeitungen und 13 Millionen Exemplaren Auflage); 540 Tageszeitungen sowie 200 Zeitschriften stellen ihr Erscheinen ein.

29. Juli: Die Telefonanschlüsse für Juden werden gekündigt.

28./29. August: Ein britischer Luftangriff auf Berlin fordert die ersten acht Toten und 28 Verletzten.

31. August: Seit 1. September 1939 sind 88 353 Wehrmachtsangehörige gefallen und 5420 vermißt bzw. in Kriegsgefangenschaft geraten.

17. September: Die 14- bis 18jährigen HJ-Mitglieder müssen künftig an allen Sonntagvormittagen Luftschutzdienst leisten.

24. September: Der antisemitischen Propagandafilm »Jud Süß« von Veit Harlan wird in Berlin aufgeführt.

November: Fünf verschiedene Wochenschauen werden zur »Deutschen Wochenschau« des Ufa-Konzerns zusammengelegt, die mit jeweils 1900 Kopien rund 20 Millionen Kinobesucher erreicht.

31. Dezember: Auf das Reich sind in diesem Jahr rund 10 000 Tonnen Bomben abgeworfen worden.

1941

2. Februar: Deutschland belegt bei den Ski-Weltmeisterschaften in Cortina d'Ampezzo den ersten Platz in der Nationenwertung.

1./2. März: Über 100 britische Bomber greifen Köln an.

16. März: Hitler verfügt die Einrichtung von Kriegerfriedhöfen.

28. April: Die Hauptschule wird in Deutschland als neuer Bildungstyp eingeführt.

4. Mai: Hitler fordert vor dem Reichstag die zusätzliche Mobilisierung der Frauen und Mädchen für den Arbeitsprozeß.

8./9. Mai: Im bisher massivsten Luftangriff bombardieren 359 britische Maschinen Hamburg und Bremen.

Mai: Seit 1939 sind etwa 4,7 Millionen »Mutterkreuze« an kinderreiche Frauen verliehen worden.

2. Juni: Erhebliche Kürzung der Fleischrationen.

3. Juni: Hitler ordnet an, daß Schillers »Wilhelm Tell« nicht mehr aufgeführt und in der Schule nicht mehr behandelt wird; der Titelheld sei ein »hinterlistiger Heckenschütze«.

12. Juni: Schwerer Luftangriff auf das Ruhrgebiet.

26. Juni: In einem Hirtenbrief begrüßen die deutschen katholischen Bischöfe den Überfall auf die Sowjetunion (22. Juni) als »Dienst am Vaterland«; auch der Vertrauensrat der Deutschen Evangelischen Kirche befürwortet in einem Telegramm an Hitler den Kampf »gegen den Todfeind aller Ordnung und abendländisch-christlichen Kultur« (30. Juni).

2. Juli: Goebbels fordert (vergeblich) eine Dienstverpflichtung des müßiggängerischen »Weibergesindels aus Plutokratenkreisen«.

29. Juli: Der bisher vorwiegend in der Landwirtschaft abzuleistende halbjährige Reichsarbeitsdienst für die weibliche Jugend wird um sechs Monate verlängert und in einen »Kriegshilfsdienst« umgewandelt, der im Bürobetrieb der Wehrmacht, bei

Behörden, in Krankenhäusern und sozialen Einrichtungen zu absolvieren ist.

12./13. August: Britische Flugzeuge werfen auf Berlin 82 Tonnen Sprengbomben ab.

22. August: Zur Verbesserung der Arbeitsdisziplin in den Betrieben wird ein dreistufiges Strafsystem eingeführt, das bis zur Einweisung in Sonderkommandos reicht.

31. August: Seit 1. September 1940 sind 160 171 Wehrmachtsangehörige gefallen und 14 228 vermißt bzw. in Kriegsgefangenschaft geraten.

August: Der Belgrader Soldatensender beginnt mit der allabendlichen Ausstrahlung des von Lale Andersen gesungenen berühmtesten Kriegsschlagers »Lili Marleen«.

1. September: An den Schulen wird anstelle der bisherigen Frakturschrift die lateinische Antiqua eingeführt.

Mit fortschreitendem Rohstoffmangel werden in verstärktem Maße Kleider- und Altmaterialsammlungen organisiert.

12./13. September: Britischer Luftangriff mit 111 Maschinen auf Frankfurt am Main; 135 Tonnen Bomben werden abgeworfen.

17. September: Erste Todesurteile für das verbotene Abhören von »Feindsendern«.

18. September: Jüdische Bürger dürfen öffentliche Verkehrsmittel nur mit einer Sondergenehmigung benutzen.

19. September: Juden im Alter ab sechs Jahren müssen fortan »sichtbar auf der linken Brustseite der Kleidung« und »fest angenäht« einen handtellergroßen sechszackigen gelben Stern mit der Aufschrift »Jude« tragen; die Stigmatisierung leitet die kommende Deportation ein.

4. Oktober: Für Eheschließungen wird die amtliche Bestätigung der »Erbgesundheit« zur Voraussetzung.

30. Oktober: Verordnung über das »Eiserne Sparen«: Zehn Prozent des Lohns sollen zum Abbau des Geldüberhangs einbehalten werden (1943 reichsweit eingeführt).

31. Oktober: Als erster deutscher Farbspielfilm wird der Streifen »Frauen sind doch bessere Diplomaten« mit Marika Rökk uraufgeführt.

7./8. November: 400 britische Maschinen bombardieren Berlin, Köln, Mannheim und das Ruhrgebiet.

8. November: Reichssammlung »Flaschen für unsere Wehrmacht«; rund 500000 ehrenamtliche Helfer werden eingesetzt.

16. Dezember: Uraufführung des Lustspielfilms »Quax, der Bruchpilot« in der Regie von Kurt Hoffmann mit Heinz Rühmann in der Titelrolle.

20. Dezember: Goebbels verliest den Aufruf Hitlers zur Sammlung von Wintersachen für die Ostfront.

31. Dezember: Auf Deutschland sind in diesem Jahr rund 30 000 Tonnen Bomben abgeworfen worden.

1942

12. Januar: Reichsweit wird in allen Gaststätten ein »Feldküchengericht« angeboten, das künftig als Eintopf oder Tellergericht »einfachster Art« jeden Montag und Donnerstag ausgegeben wird.

20. Januar: Die sogenannte Wannsee-Konferenz beschließt die »Endlösung der europäischen Judenfrage«; dafür »kommen rund 11 Millionen Juden in Betracht«; nachfolgend schreitet in Deutschland die weitere Entrechtung rasch voran: Jüdische Bürger dürfen keine Haustiere halten (15. Februar), weder Zeitungen noch Zeitschriften abonnieren (17. Februar), müssen ihre Wohnungen markieren (13. März), »arische« Friseure meiden (12. Mai), sämtliche elektrischen und opti-

Im Februar 1933 verpflichtet die Reichsregierung alle deutschen Restaurants und Haushalte, künftig am ersten Sonntag jeden Wintermonats nur ein Eintopfgericht im Wert von nicht mehr als 50 Pfennig anzubieten; die Differenz zur üblichen Mahlzeit soll dem Winterhilfswerk gespendet werden.

schen Geräte sowie Schreibmaschinen und Fahrräder abliefern (12. Juni), auf Fleisch- und Milchmarken verzichten (19. September) usw.

18. Februar: Die SS erhält die Genehmigung Hitlers, Freiwillige mit vollendetem 17. Lebensjahr auch ohne elterliche Zustimmung einzuberufen.

7. März: Verordnung zum »Einsatz zusätzlicher Arbeitskräfte für die Ernährungssicherung des deutschen Volkes«: Ortsbauernführer können Frauen, Alte und Jugendliche aus Landgemeinden und -städten zwangsverpflichten lassen; schon bei der Ernte dieses Jahres werden rund 800 000 Zusatzkräfte eingesetzt.

9. März: In Schulzeugnissen wird das Fach Religion nicht mehr benotet.

28./29. März: Lübeck ist Ziel des ersten britischen Flächenbombardements.

4. April: Himmler weist die KZ-Kommandanten an, die verschärfte Stufe der Prügelstrafe auch bei weiblichen Häftlingen »auf das unbekleidete Gesäß« vollziehen zu lassen.

6. April: Himmler erläßt an SS und Polizei einen Befehl über den »Schutz der weiblichen Jugend«.
Kürzung der Rationen für Fleisch, Fett, Zucker und Brot.

13. April: Im Auftrag Hitlers spricht sich Himmler gegen die Pflege der Dialekte aus.

20. April: Der Generalbevollmächtigte für den Arbeitseinsatz, Fritz Sauckel, erklärt auf Weisung Hitlers den Verzicht auf Dienstverpflichtung aller Frauen.

24./25. April: Flächenbombardement auf Rostock.

17. Mai: Die Reichsregierung beschließt ein weitreichendes Gesetz »zum Schutze der erwerbstätigen Mutter«.

30./31. Mai: Erster britischer 1000-Bomber-Angriff auf Köln; im Hagel von 1500 Tonnen Bomben sterben 460 Einwohner, 45 000 werden obdachlos.

1. Juni: Goebbels-Erlaß über die Buchproduktion: Infolge der Kürzung der Papierkontingente auf ein Drittel des Vorkriegsstandes werden nur noch »kriegswichtige« Editionen zugelassen; Hitlers »Mein Kampf« beispielsweise erreicht 1943 eine Gesamtauflage von fast zehn Millionen, Alfred Rosenbergs »Mythus des XX. Jahrhunderts« knapp eine Million.

19. Juni: Hitler verfügt die Beisetzung »verdienter Deutscher« in Ehrenhallen; dabei ist »Vorsorge dafür zu treffen, daß neben ihm ein Platz für die Beisetzung seiner Gattin freigehalten wird«.

30. Juni: Schließung aller jüdischen Schulen.

Juni: Kartoffeln werden streng rationiert.

26./27. Juli: Auf Hamburg werden 724 Tonnen britische Bomben abgeworfen.

31. Juli: Hitler verfügt die Einschränkung von polizei- und richterlichen Vernehmungen zum Geschlechtsverkehr.

1. August: In den Konzentrationslagern befinden sich 115 000 Häftlinge; über zehn Prozent davon sterben noch im selben Monat.

31. August: Seit dem 1. September 1941 sind 485 000 Wehrmachtsangehörige gefallen und 65 844 vermißt bzw. in Gefangenschaft geraten.

10./11. September: 760 Tonnen Bomben fallen auf Düsseldorf.

27. September: Über den britischen Rundfunksender BBC enthüllt der emigrierte Schriftsteller Thomas Mann den deutschen Hörern erschütternde Einzelheiten vom Massenmord an jüdischen Mitbürgern.

3. Oktober: Nach mehreren Fehlstarts glückt in Peenemünde ein 120-Kilometer-Probeflug der weltweit ersten Fernrakete A-4, die jedoch erst ab September 1944 als »Wunderwaffe« V 2 (»V« für »Vergeltung«) militärisch eingesetzt werden kann; sie wird technisch zum Ursprung aller späteren Weltraumraketen.

Anschauungsunterricht beim
Koppeln von Triebwagen
und Anhänger:
die Straßenbahnerin.

5. Oktober: Himmler befiehlt die Deportation aller Juden aus deutschen KZ nach Auschwitz.

7. bis 9. Oktober: Verordnungen über die Wiederbeschäftigung von Beamten im Ruhestand und von nach 1933 entlassenen weiblichen Beamten.

Oktober: Agfa stellt ein Verfahren für farbige Papierfotos vor.

2. November: Eheschließungen von Wehrmachtsangehörigen mit Frauen, die vordem mit einem Juden verheiratet waren, werden »ohne jede Ausnahme« verboten.

10. November: 75jähriges Jubiläum von »Reclams Universalbibliothek«, der mit 7600 Titeln weltgrößten Buchreihe.

18. Dezember: Ein Rundschreiben Bormanns registriert die allgemeine Stimmungsverschlechterung bei der Bevölkerung und verlangt, jeden Zweifel am Sieg »mit massiven Mitteln zum Schweigen« zu bringen.

31. Dezember: Auf Deutschland sind in diesem Jahr rund 40 000 Tonnen Bomben abgeworfen worden.

1943

1. Januar: Friseuren wird aus Zeitgründen verboten, Frauen mit einer Haarlänge von mehr als 15 Zentimetern zu bedienen.

13. Januar: Erlaß Hitlers »über den umfassenden Einsatz von Männern und Frauen für die Aufgaben der Reichsverteidigung«.

In seiner Festrede anläßlich des 470jährigen Bestehens der Universität München fordert Gauleiter Paul Giesler die Studentinnen auf, dem »Führer« alljährlich ein Kind zu schenken.

30. Januar: Stillegung von Geschäften, Gaststätten, Handwerksbetrieben sowie ganzen »nicht lebenswichtigen Branchen«.

4. Februar: Ein Bericht des Sicherheitsdienstes der SS registriert die »allgemeine Auffassung« der Bevölkerung, Stalingrad sei der »Wendepunkt des Krieges« bzw. der »Anfang vom Ende«.

18. Februar: Im Berliner Sportpalast verkündet Goebbels unter dem Jubel der fanatisierten Massen den »totalen Krieg«.

22. Februar: Als führende Köpfe der studentischen Widerstandsgruppe »Weiße Rose« werden die Geschwister Sophie und Hans Scholl sowie Christoph Probst hingerichtet; bis zum 13. Oktober 1944 finden insgesamt fünf Prozesse statt, in denen weitere Todesurteile und hohe Freiheitsstrafen verhängt werden.

5. März: Uraufführung des Farbfilms »Münchhausen« mit Hans Albers in der Titelrolle.

27. April: Hitler lehnt die Angleichung der Frauenlöhne mit der Begründung ab, daß »grundsätzlich nur der Mann verdient«.

16. Mai: 137 950 Frauen erhalten das »Ehrenkreuz der Deutschen Mutter«.

31. Mai: Einschließlich der Kriegsgefangenen sind über 12 Millionen ausländische Arbeitskräfte vor allem in die Rüstungsproduktion gezwungen.

Die wöchentliche Fleischration wird um 100 auf 250 Gramm gesenkt.

10. Juni: Beginn einer westalliierten Luftoffensive gegen Deutschland; tags fliegen US-Maschinen ausgewählte Ziele an, nachts erfolgen britische Flächenbombardements.

11./12. Juni: Rund 2000 Tonnen Bomben fallen auf Düsseldorf; 120 000 Einwohner werden obdachlos.

24. bis 30. Juli: Bei schweren angloamerikanischen Luftangriffen auf Hamburg sterben über 30 000 Menschen, fast ausschließlich Zivilisten; insgesamt muß die Hansestadt während des Krieges 213 Angriffe mit zusammen rund 17 000 Kampfflugzeugen über sich ergehen lassen, wobei 55 000 Einwohner getötet und nahezu eine Million obdachlos werden.

31. Juli: Die Belieferung der dritten und vierten Kleiderkarte wird ausgesetzt; verkauft werden nur noch Arbeits- und Berufsmonturen sowie Bekleidung für Ausgebombte, Kinder und Jugendliche.

1. August: Goebbels erläßt einen Panik verbreitenden Aufruf zur sofortigen Evakuierung der Berliner Zivilbevölkerung; Tausende flüchten in die Umgebung der Stadt.

10. August: Ein Erlaß des Oberkommandos des Heeres bezeichnet das Auftreten von Rechtsanwältinnen als Verteidiger von Soldaten und Wehrmachtsbeamten vor den Kriegsgerichten als »unerwünscht«.

24. August: Rundschreiben Bormanns über Einsatz und Werbung von Flakwaffenhelferinnen.

31. August: Seit 1. September 1942 sind 464 524 Wehrmachtsangehörige gefallen und 389 967 vermißt bzw. in Kriegsgefangenschaft geraten.

1. September: Die Wehrmacht nimmt Freiwillige ab sechzehneinhalb Jahren auf; die Zustimmung der Eltern ist nicht mehr erforderlich.

1. Oktober: Die Zahl der Zeitungen ist zugunsten der zentralen NSDAP-Presse um rund 200 auf weniger als 1000 gesunken, die der Zeitschriften seit Jahresbeginn um 1000 auf 1500; Städten bis 100 000 Einwohnern wird nur noch eine Tageszeitung erlaubt.

4. Oktober: Vor SS-Führern in Posen betont Himmler die Notwendigkeit, die innere Front »brutal und gnadenlos« zu halten.

1. November: Die Betriebsdirektoren werden verpflichtet, bei unentschuldigtem Fehlen, Unpünktlichkeit und vorzeitigem Verlassen des Arbeitsplatzes Geldbußen bis zur Höhe eines Wochenlohns zu verhängen sowie Meldung an die Treuhänder, bei Ausländern an die Gestapo zu erstatten.

3. November: Der Chef des britischen Bomberkommandos, Arthur Travers Harris, bezeichnet 19 deutsche Städte als

Kinder als einzige Hoffnung auf das Leben danach.

»praktisch zerstört«, weitere 19 als »schwer beschädigt« und neun als »beschädigt«.

6. November: Die Altersgrenze im Jugendstrafrecht wird vom 14. auf das 12. Lebensjahr herabgesetzt; das Strafmaß reicht bis zu zehn Jahren oder unbefristetem Gefängnis, wobei die HJ-Führungen ein Mitspracherecht bei der Urteilsfindung haben.

18. November bis 3. Dezember: Eine Serie von fünf schweren Luftangriffen fordert in der Reichshauptstadt 27 000 Opfer; 250 000 Menschen werden obdachlos.

31. Dezember: Auf Deutschland sind in diesem Jahr rund 120 000 Tonnen Bomben abgeworfen worden.

Das Reich befindet sich mit insgesamt 43 Staaten im Kriegszustand.

Die Statistik registriert für 1943 mehr als eine Milliarde Kinobesucher.

1944

27./28. Januar: Für die Zeit nach dem »Endsieg« regt Hitler zur »lebensnotwendigen Vermehrung der Geburten« u. a. die »Ehe zu dritt« an.

28. Januar: In Berlin wird der nach dem gleichnamigen Roman von Spoerl gedrehte Spielfilm »Die Feuerzangenbowle« mit Heinz Rühmann uraufgeführt.

3. März: Hitler fordert ein generelles Rauchverbot in Straßenbahnen »unter Hinweis auf die Rücksichtnahme, die gegenüber den Schaffnerinnen und den zum Kriegsdienst verpflichteten jungen Mädchen, die Schaffnerdienst verrichteten, genommen werden müsse«.

7. März: Beginn einer reichsweiten Kampagne zur Gewinnung nichtberufstätiger Frauen für den Einsatz vor allem in Rüstungsbetrieben.

21. April: Sämtliche allgemeinbildenden Schulen sind aus Berlin verlegt worden.

21. Juni: 700 amerikanische Langstreckenbomber Boeing B-17 (»Fliegende Festungen«) greifen die Reichshauptstadt an.

28. Juni: Das Meldepflichtalter für den Arbeitseinsatz nicht-berufstätiger Frauen wird von 45 auf 50 Jahre heraufgesetzt.

20. Juli: Nach zwei vorherigen Attentatsversuchen bringt Claus Graf Schenk von Stauffenberg im Führerhauptquartier »Wolfsschanze« nahe dem ostpreußischen Rastenburg eine Bombe zur Explosion, die Hitler jedoch nur leicht verletzt; von Stauffenberg und drei Mitverschwörer werden schon am nächsten Tag standrechtlich erschossen, nachfolgend mehr als 7000 Verdächtige verhaftet und Hunderte hingerichtet.

24. Juli: Das Reichspropagandaministerium ruft zu »Treue-kundgebungen« für den »Führer« auf.

Mit Kreide auf rauchgeschwärzten Mauern: Suche nach verlorenen Angehörigen.

24. bis 29. Juli: Drei britische Luftangriffe auf Stuttgart zerstören fast die gesamte Innenstadt; 898 Einwohner werden getötet, 1916 verletzt, mehr als 100 000 obdachlos.

25. Juli: Goebbels wird »Reichsbevollmächtigter für den totalen Kriegseinsatz«; er läßt nachfolgend Theater, Orchester, Konservatorien, Kunstakademien und -hochschulen, Kabaretts und Varietés sowie andere kulturelle Einrichtungen schließen und die Künstler und das sonstige Personal zum Dienst an der Front oder in der Rüstungsindustrie verpflichten; zahlreiche Zeitungen werden zusammengelegt, die Umfänge auf vier Seiten reduziert.

Juli: Seit Januar 1943 sind über drei Millionen Männer und Frauen zusätzlich für Rüstung und Wehrmacht mobilisiert worden.

2. August: Im Sport werden ab sofort keine Reichsmeisterschaften ausgetragen.

7. August: Im Auftrag Hitlers fordert Bormann in einem Rundschreiben von Ehefrauen und sonstigen Familienangehörigen führender Parteigenossen »Bescheidenheit und eine vorbildliche Haltung« statt »Angeberei oder Prahlsucht«.

14. August: Die Post stellt die Beförderung von Päckchen und Drucksachen ein.

31. August: Seit 1. September 1943 sind 573 238 Wehrmachtsangehörige gefallen und 974 249 vermißt bzw. in Kriegsgefangenschaft geraten.

August: Rund die Hälfte aller Arbeitskräfte in der Landwirtschaft und ein Drittel im Bergbau sowie in metallverarbeitenden und Baubetrieben sind (größtenteils zwangsverpflichtete) Ausländer.

Ende August: In der Spielfilmproduktion werden 5300 Beschäftigte und damit über 50 Prozent der Gesamtbelegschaft für den Kriegseinsatz erfaßt.

7. September: Die Mindestarbeitszeit wird auf wöchentlich

Liebesgaben aus der Heimat für
»unsere Soldaten dort draußen«.

60 Stunden festgelegt; für Jugendliche unter 16 Jahren beträgt sie ausschließlich des Berufsschulbesuchs 48 Stunden.

11. September: Amerikanische Einheiten erreichen bei Trier die Reichsgrenze; der Zweite Weltkrieg ist in sein Ursprungsland zurückgekehrt.

25. September: Erlaß Hitlers zur Bildung des »Deutschen Volkssturms«; sämtliche wehrfähigen Männer zwischen 16 und 60 Jahren sollen »den Heimatboden mit allen Mitteln« verteidigen; Frauen und Mädchen werden auf ausdrückliche Weisung nicht einbezogen.

September: Die Zahl der erwerbstätigen Frauen beträgt 14,9 Millionen.

7. Oktober: In einem Rundschreiben an die Gauleiter fordert Bormann die Ausweitung des weiblichen Kriegshilfsdienstes.

10. Oktober: Sowjetische Truppen überschreiten in Ostpreußen die Reichsgrenze.

2. November: Eine Anordnung verpflichtet die Zivilbevölkerung zur Behebung von Schäden an Reichsbahnanlagen und Wasserstraßen.

16. November: Der Ufa-Film »Ein fröhliches Haus« mit Georg Thomalla kommt in die Kinos.

29. November: Bildung eines Wehrmachthelferinnenkorps; bisher sind rund 300 000 Frauen und Mädchen als Nachrichten- und Stabshelferinnen tätig, nun werden bis Mitte Januar 1945 weitere 150 000 ab 18 Jahren eingezogen.

30. November: Seit 1. September sind 139 713 Wehrmachtsangehörige gefallen und 264 346 vermißt bzw. in Kriegsgefangenschaft geraten.

6. Dezember: Erlaß des Oberkommandos der Luftwaffe über die Weihnachtsbetreuung der Wehrmachthelferinnen: Alle Dienststellen werden angewiesen, »den Frauen und Mädchen die Umstellung auf ihren neuen Einsatz ... zu erleichtern«.

24. Dezember: In einer Rundfunkansprache zur sechsten Kriegsweihnacht beschwört Goebbels: »Dieses Volk will in dieser feierlichen Stunde wie eine Mauer vor dem Führer stehen.«

31. Dezember: Auf Deutschland sind in diesem Jahr rund 650 000 Tonnen Bomben abgeworfen worden.

1945

1. Januar: Über 600 000 Häftlinge sind in Konzentrationslagern eingekerkert.

5. Januar: Die Aktion »Volksopfer« ruft zu Kleidersammlungen für Wehrmacht und »Volkssturm« auf; mehr als 60 000 Annahmestellen werden eingerichtet.

23. Januar: Evakuierungsbeginn von Flüchtlingen, Soldaten und Verwundeten aus Ostpreußen und den Häfen der Danziger Bucht; insgesamt gehen bis Kriegsende rund zwei Millionen Menschen auf Transport.

Die Post stellt die Briefbeförderung außerhalb von Ortschaften ein.

Es verkehren keine Schnell- und Eilzüge mehr.

24. Januar: Als erste deutsche Nachkriegszeitung erscheinen in US-Lizenz die »Aachener Nachrichten«.

30. Januar: Das ehemalige KdF- und spätere Lazarettschiff »Wilhelm Gustloff« sinkt nach sowjetischer Torpedierung vor der pommerschen Küste; im eisigen Wasser sterben 5348 Flüchtlinge und Besatzungsmitglieder.

Letzte Rundfunkansprache Hitlers.

Uraufführung des von Veit Harlan gedrehten Durchhaltefilms »Kolberg« mit Heinrich George und Kristina Söderbaum in den Hauptrollen.

31. Januar: Einheiten der Roten Armee überqueren die Oder.

5. Februar: Der Chef des Oberkommandos der Wehrmacht, Wilhelm Keitel, ordnet für Landesverrat in Kriegsgefangenschaft »Sippenhaftung« an.

12. Februar: »Volkssturm«-Hilfsdienst für Frauen und Mädchen.

13./14. Februar: Angloamerikanische Luftangriffe vernichten die Dresdner Innenstadt; bis zu 60 000 Menschen sterben im Feuersturm.

23./24. Februar: In Pforzheim töten britische Bomben 17 000 Zivilisten und zerstören fast zwei Drittel aller Wohnungen; nachfolgend erleiden Würzburg, Freiburg im Breisgau, Bayreuth und Heilbronn sowie zahlreiche andere Städte ein ähnliches Schicksal.

24. Februar: In einer Botschaft verspricht Hitler »noch in diesem Jahre die geschichtliche Wende«.

26. Februar: Hitler genehmigt die probeweise Aufstellung eines Frauenbataillons; bei Bewährung sollen sofort weitere folgen.

5. März: Der Jahrgang 1929 wird zur Wehrmacht einberufen.

7. März: US-Verbände überschreiten den Rhein bei Remagen.

8. März: Androhung von »Sippenhaft« für jeden, der »in Gefangenschaft gerät, ohne verwundet zu sein oder nachweisbar bis zum Äußersten gekämpft zu haben«.

10. März: Bormann fordert die Gauleiter zur Werbung geeigneter Personen für die Durchführung von »Sonderaufgaben im Rücken des Feindes« in den besetzten deutschen Gebieten auf und schließt dabei auch »tapfere ... Frauen jeden Alters« ein (NS-Partisanenorganisation »Werwolf«).

19. März: Der Hitler-Befehl »Verbrannte Erde« (»Nero-Befehl«) ordnet die Zerstörung aller »Verkehrs-, Nachrichten-, Industrie- und Versorgungsanlagen sowie Sachwerte« in Rückzugsgebieten auch innerhalb Deutschlands an; Durchführungserlasse des Rüstungsministers Albert Speer schwächen weitestgehend auf bloße Lähmung ab (30. März, 4. April).

20. März: Im Garten der Berliner Reichskanzlei zeichnet Hitler 20 Jungen, darunter Zwölfjährige, für »Verdienste im Kampf« mit dem Eisernen Kreuz aus; in Berlin stehen 5000 HJ-Mitglieder offiziell unter Waffen.

27. März: Als letzter von insgesamt 59 Staaten erklärt Argentinien dem Deutschen Reich den Krieg.

28. März: Festlegung der Lebensmittelrationen für April: »Normalverbraucher« erhalten pro Woche 1700 Gramm Brot, 250 Gramm Fleisch, je 125 Gramm Fett und Zucker sowie 225 Gramm Nährmittel.

3. April: »Flaggen-Befehl« Himmlers: »Aus einem Haus, aus dem eine weiße Fahne erscheint, sind alle männlichen Personen zu erschießen.«

5. April: Das »Reichsamt für Volksgesundheit« empfiehlt seinen Gauämtern die Propagierung von Ersatzlebensmitteln wie Raps, Mohn und Leinsamen, Kastanien, Eicheln und Rüben, Klee und Luzerne, Wildpflanzen, Wurzeln und Pilze, außerdem Frösche und Schnecken, zudem die Streckung des Brotmehls durch Sägespäne und Baumrinde sowie die Vitaminversorgung mit Jungtrieben von Kiefern und Fichten.

14. April: Hitler verkündet in seinem Tagesbefehl: »Berlin bleibt deutsch, Wien wird wieder deutsch.«

Himmler befiehlt, bei der Räumung der Konzentrationslager keine Häftlinge lebend zurückzulassen.

16. April: Die Rote Armee beginnt ihre Offensive in Richtung der Reichshauptstadt und schließt diese ein (25. April).

20. April: Eine Verfügung des Chefs des Oberkommandos der Wehrmacht, Wilhelm Keitel, über den Einsatz von Wehrmachthelferinnen betont: »Oberster Grundsatz bleibt für den Soldaten, den Schutz der deutschen Frau ... sicherzustellen.«

25. April: Amerikanische und sowjetische Verbände treffen bei Torgau an der Elbe zusammen.

26. April: Ein Bericht des Heeresamtes im Oberkommando des Heeres beziffert die Verluste im Zeitraum vom 1. September 1939 bis 20. April 1945 mit insgesamt 1 211 222 Gefallenen, 4 708 977 Verwundeten und 2 394 751 Vermißten.

28. April: Sowjetische Truppen befreien das KZ Ravensbrück,

Chaotisches Kriegsende in Berlin: Rote-Kreuz-Schwestern im aufopfernden Einsatz Unter den Linden.

in dem etwa 30 000 Frauen und Mädchen umkamen; weitere Tausende starben auf Evakuierungsmärschen (27./28. April); insgesamt ist die Ermordung von über acht Millionen Menschen in den nationalsozialistischen Konzentrations- und Vernichtungslagern belegt.

Im Bunker der Reichskanzlei heiratet Hitler Eva Braun und diktiert tags darauf sein »politisches Testament«: »Ich sterbe mit freudigem Herzen angesichts der mir bewußten unermeßlichen Taten und Leistungen unserer Soldaten an der Front, unserer Frauen zu Hause, den Leistungen unserer Bauern und Arbeiter und dem in der Geschichte einmaligen Einsatz unserer Jugend, die meinen Namen trägt.«

30. April: Erstürmung des Reichstags; Hitler begeht Selbstmord.

2. Mai: Auf Deutschland sind seit 1. Januar rund 500 000 Tonnen Bomben abgeworfen worden.

7. bis 9. Mai: Bedingungslose Gesamtkapitulation der deutschen Wehrmacht im amerikanischen bzw. sowjetischen Hauptquartier in Reims bzw. Berlin-Karlshorst.

Die Bilanz: Insgesamt sind während des Zweiten Weltkriegs etwa 5,25 Millionen Deutsche, darunter eine halbe Million Zivilisten, umgekommen; es gibt 4 Millionen Verwundete, fast 1,5 Millionen Kriegswaisen und über 1 Million Kriegerwitwen; 4 Millionen Wohnungen sind zerstört, 13 Millionen Menschen obdachlos; allein in Berlin türmen sich mehr als 50 Millionen Kubikmeter Trümmer.

Anhang

Namensregister

Register der Dokumente

327

Abbildungsnachweis

Bildarchiv Heinz Bergschicker, Berlin GbR